# ワールドカップ王者のたどった光と影
# ラグビーと南アフリカ

著 杉谷 健一郎

ベースボール・マガジン社

目次

## 第2章　王者の帰還〜スプリングボックスの復活

## 第3章 王者の現実～スプリングボックスの革新

## 南アフリカの位置と州区分地図

## 略語表

| 略称 | 正式名 | 日本語訳 |
|---|---|---|
| ANC | African National Conferrence | アフリカ民族会議 |
| ARFU | Australia Rugby Football Union | オーストラリア・ラグビー<br>フットボールユニオン |
| EU | European Union | 欧州連合 |
| GBV | Gender Based Violence | ジェンダーに基づく暴力 |
| IFC | Inkatha Freedom Party | インタカ自由党 |
| IOC | International Olympic Committee | 国際オリンピック委員会 |
| IRB | International Rugby Board | 国際ラグビー評議会 |
| IRFB | International Rugby Football Board | 国際ラグビーフットボール評議会 |
| MPO | MyPlayers Organisation | マイ・プレイヤーズ・オーガニゼーション |
| NZRFU | New Zealand Rugby Football Union | ニュージーランド・ラグビー<br>フットボールユニオン |
| SAARB | South African African Rugby Board | 南アフリカ・アフリカン・ラグビー評議会 |
| SABC | South African Broadcasting Corporation | 南アフリカ放送協会 |
| SABRB | South African Bantu Rugby Board | 南アフリカ・バンツー・ラグビー評議会 |
| SACOS | South African Council on Sport | 南アフリカ・スポーツ評議会 |
| SACRFB | South African Coloured Rugby Football Board | 南アフリカ・カラード・ラグビー<br>フットボール評議会 |
| SAHRC | South Africa Human Rights Commission | 南アフリカ人権委員会 |
| SANZAAR | South Africa, New Zealand,<br>Australia and Argentina Rugby | 南アフリカ、ニュージーランド、<br>オーストラリア、アルゼンチンラグビー |
| SARA | South African Rugby Association | 南アフリカラグビー連合 |
| SARB | South African Rugby Board | 南アフリカラグビー評議会 |
| SAREO | South African Rugby Employer's Organisation | 南アフリカラグビー雇用者協会 |
| SARFF | South African Rugby Football Federation | 南アフリカラグビーフットボール連盟 |
| SARLA | South African Rugby Legends Association | 南アフリカラグビー・レジェンド協会 |
| SARFU | South African Rugby Football Union | 南アフリカ・ラグビーフットボールユニオン |
| SARPA | South African Rugby Payers Association | 南アフリカラグビー選手組合 |
| SARU | South African Rugby Union | 南アフリカ・ラグビーユニオン |
| SARU-SACOS | South African Rugby Union （旧） | 南アフリカ・ラグビーユニオン（旧） |
| WR | World Rugby | ワールドラグビー |
| WRC | World Rugby Corporation | ワールドラグビー・コーポレーション |

※本文中に出てくる南アフリカ・ランドやニュージーランド（NZ）ドルなどの外貨は時代の変遷により大きく換算レートが変わっており、当時のレートで換算した日本円を目安として記した。

# プロローグ

２０１９年11月2日、秋涼を感じる横浜国際総合競技場。カクテル光線が芝生の青さを引き立てるグラウンドの上で、グリーン・アンド・ゴールドのジャージを着た男たちが歓喜に酔いしれる姿を目の当たりにした。この年、日本で開催されたラグビー・ワールドカップ（以下、ワールドカップ）決勝で、南アフリカ代表スプリングボックスがイングランドを下し、主将のシヤ・コリシが表彰台でウェブ・エリスカップ(1)を高々と掲げたのである。試合前の下馬評としてはイングランドが優勢だったが、周囲の予想を覆し、スプリングボックスは32－13とダブルスコアで快勝した。

筆者は、悪名高きアパルトヘイト(2)と呼ばれる人種隔離政策が廃止される間際の１９９１年から今日に至るまで、この南アフリカという国と仕事やプライベートで深く関わってきた。したがって、ワールドカップ決勝後、南アフリカラグビーについても聞かれることが増えた。その際気付いたのは、かなりのラグビー通であっても南アフリカラグビーに関する知識は乏しいということである。現在、これだけ多くの南アフリカ出身の選手やコーチが日本のリーグワンで活躍しているにもかかわらず、南アフリカラグビーの実態は日本ではあまり知られていない。

さらに、ラグビーとは関係のない友人からも「アフリカなのになぜ白人がいるの？」「南アフリカ人は何語で話すの？」などの質問を受けたことがある。実際にアフリカ諸国の中でも特異な存在である南アフリカは、日本人からするとイメージの掴みにくい国なのかもしれない。なぜなら、地理的に遠く、歴史的にも関係が浅いうえ、南アフリカは治安の悪さから気軽に行ける国ではないということがその理由だろう。

また、ラグビーに関しても、南アフリカは1990年代に入りアパルトヘイト政策を廃止するまでは国際社会と断絶していたこともあるが、かつての日本と南アフリカでは圧倒的な実力差があり、両者の交流はほとんどなかった。そういう意味では、95年の南アフリカで開催された第3回ワールドカップは、貴重な接点ではあった。しかし、日本代表はこの大会でスプリングボックスとの対戦はなく、〝ブルームフォンテーンの惨劇〟(3)の印象が強すぎて、南アフリカという国

(1) ウェブ・エリスカップ(Webb Ellis Cup):ラグビー・ワールドカップの優勝杯。カップ名は、ラグビーの発端ともいわれる「エリス少年伝説」のウィリアム・ウェブ・エリスに由来する。1823年にイングランドのパブリック・スクールであるラグビー校でサッカーをしていたエリス少年が勢い余ってボールを手に取り走り出したことがラグビーの起源とする伝説。

(2) アパルトヘイト(Apartheid):南アフリカのアフリカーナー(基本的にはオランダ系白人)が使うアフリカーンス語(オランダ語が変化した言語)で「隔離」を意味する。1910年の南アフリカ連邦設立以来、さまざまな人種差別的な法案が成立。48年、アフリカーナー主体の国民党が政権与党となりアパルトヘイトは制度として確立される。国連をはじめ国際社会から非難を浴びながらも、その後40年以上継続された。

(3) ブルームフォンテーンの惨劇:グループリーグで日本とニュージーランドがワールドカップで初めて対戦し、17-145という記録的大敗に終わる。試合があったフリー・ステート・スタジアムが内陸部のブルームフォンテーンという都市にあったため、メディアによりそう名付けられた。

への印象は薄かった。

２０００年代に入ると、スプリングボックスのスター選手が日本のトップリーグに移籍するようにはなったが、日本で南アフリカラグビーの存在が感じられるようになったのは、何といっても15年ワールドカップのプールリーグ初戦で日本と対戦してからではないだろうか。この試合はシーソーゲームの末、34－32で日本が勝利し、〝ブライトンの奇跡〟と呼ばれた。その後、日本からサンウルブズがスーパーラグビー(4)に参戦し、最初の2年間は南アフリカ・カンファレンスに入ったこともあり、南アフリカラグビーとの距離はさらに近づいた。しかし、ニュージーランドやオーストラリアと比べると、南アフリカラグビーは日本人にはいまだ遠い存在である。

ここであらためて指摘したいのは、南アフリカは、今や日本代表の次の目標となったということだ。２０１９年のワールドカップのグループリーグで、アイルランド、スコットランドという強豪を撃破し、初のベスト8まで駒を進めた日本代表の快進撃を止めたのが、このスプリングボックスだったからである。日本のラグビー関係者、そして我々ラグビーファンも、この南アフリカとの一戦では〝上には上がいる〟と思い知らされた。そして同時に、南アフリカという新たなターゲットができたのである。しかし、筆者が憂慮するのは、この新しい目標となった南アフリカラグビーの実情が日本ではほとんど知られていないという状況である。挑戦者として南アフリカに勝つためには、この国においてラグビーという競技がどういう存在で、どのように行われているのか、また、どのような歴史をたどりワールドカップで3度の栄冠に輝くことができたのかということを知るべきではないだろうか。

南アフリカは、アパルトヘイトという負の歴史はもとより、国全体がさまざまな問題を抱えている。その影響はラグビーをはじめとするすべてのスポーツや文化、そして国民の生活にまで如実に表れている。もちろん、問題がない国など存在しない。しかし、1948年にアパルトヘイトが国の政策方針として確立される以前から、国策として人種隔離を徹底して実施してきた南アフリカの歴史は、世界中を見渡してもかなり特殊なものだといえる。

そのような政治的および歴史的な問題に直面しながらも、南アフリカラグビーは試行錯誤を重ねて発展を遂げ、2019年のワールドカップでは3度目の頂点に立ち、優勝回数ではニュージーランドと肩を並べた。

本書では、そうした南アフリカラグビーと国の歴史や現状について紹介する。第1章では、数奇な運命に弄ばれながらも、ときにはアパルトヘイトの象徴として世界中から非難を浴び、またときには人種融合策のツールとして逆に称賛を受けた南アフリカラグビーの歴史をたどる。第2章では、アパルトヘイト廃止後、ラグビーのプロ化という環境変化の中で、南アフリカラグビーがさまざまな問題に直面しながら、ラグビーにおける国際社会への復帰を進め、3度の栄冠に輝

(4) スーパーラグビー (Super Rugby):南アフリカ、ニュージーランド、オーストラリア、アルゼンチンの4か国から15のプロチームが参加する大会。1996年の発足当初はアルゼンチンを除く3か国による「スーパー12」、2006年からは「スーパー14」と徐々に参加チームが増え、16年には日本からもサンウルブズが加入して18チームとさらに規模が拡大した。23年現在は新型コロナ禍の影響を受けて4か国での大会は休止中で各国において形を変えて実施されている。

いた軌跡を追う。第3章では、南アフリカで賛否両論に分かれるクォータ制度（試合に出場する選手の人種別割合を定める制度）や〝プレイヤーズ・ドレイン〟と揶揄される海外への選手の流出など、今や完全にプロスポーツとして運営されている南アフリカラグビーの現状や課題を踏まえたうえで、将来的な方向性について分析する。ただし、日本ラグビーとは取り巻く環境があまりにも異なるため、プロラグビーの先駆者として南アフリカを参考にするという意図はまったくない。むしろ南アフリカラグビーが失敗してきた部分については、反面教師として学べることがあるかもしれない。

本書が、日本ではこれまであまり馴染みはなかったが、世界でも唯一無二の存在である南アフリカラグビーと、南アフリカという国の理解の一助になれば幸いである。

# 第1章

# 王者の歴史

## ～スプリングボックスの孤独

# 南アフリカ〜マンデラが望んだ虹の国

背番号6を付けたスプリングボックス初の黒人キャプテンであるシヤ・コリシは、2019年のワールドカップ優勝後のインタビューでこのような言葉を残した。

We have so many problems in our country but to have a team like this… we come from different backgrounds, different races and we came together with one goal and we wanted to achieve it. I really hope we have done that for South Africa to show that we can pull together if we want to achieve something.

（我々の国にはさまざまな問題がある。しかし、異なる生い立ちを持ち、さまざまな人種からなるチームが一丸となり一つの目標を達成しようとした。私は南アフリカのために最善を尽くし、また、何かを成し遂げたいと思った時、我々は一つになれるということを示したかった）

また、ヘッドコーチのラッシー・エラスムスはイングランドとの決勝戦を前にこのような言葉で選手を鼓舞した。

You are not representing yourself.（中略）I want you to understand what are we fighting for?

You think what happening in South Africa.
（君たちは自分だけを代表しているわけではない。我々が何のために戦っているのか理解してほしい。南アフリカで何が起こっているのか考えてくれ）

そして、彼は決勝後のプレスカンファレンスでは次のように静かに語った。

In South Africa, pressure is not having a job. Pressure is one of your close relatives being murdered.（中略）There are a lot of problems in South Africa - which are real pressure. Rugby shouldn't be something that creates pressure, rugby should be something that creates hope.（中略）No matter your political difference or your religious difference
（南アフリカでは苦難とは仕事がないということではない。苦難とは親戚の一人が殺されることだ。南アフリカでは多くの苦難、本当の意味の苦難がある。ラグビーは苦難をつくる存在であってはならない。ラグビーは希望をつくる存在でなければならない。政治的信条や宗教は関係ない）

このようにスプリングボックスの選手やコーチのインタビューには、枕詞のように〝国の問題〟と関連するキーワードが含まれている。このほか、〝政治的に難しい中〟や〝国民を一つにする〟などの類似した言葉を用いて試合後のインタビューに応じた選手もいた。南アフリカの選手やコーチの発言には国や国民を想う気持ちが表れている。実際にはスポーツと政治は深い部分で絡み合っているのだが、一方で、建前としてはスポーツと政治は分離されるべきという考えも存在している。ではなぜ彼らはここまで政治や国情に関するコメントをするのだろうか。その説明をするには、南アフリカラグビーが、国の歴史にどのように翻弄されてきたのかを振り返る必要がある。

故ネルソン・マンデラ大統領(5)は、かつては白人のスポーツかつアパルトヘイト期の白人の象徴的存在であったラグビーを、あえて人種融合のツールとして利用した。

1995年ワールドカップ表彰式でそのマンデラ大統領がフランソワ・ピナール主将にウェブ・エリスカップを手渡してから四半世紀が経った。ホスト国の元首としてカップのプレゼンターとなった彼は、国民へのアピールのため、ピナールと同じスプリングボックスの背番号6のジャージを着て式に臨んだ。そして、ピナールがエリス杯を掲げた瞬間、感極まったマンデラはガッツポーズをして応えた。

この光景は、世界中でこの試合を観戦していた人々を感動させ、英国放送協会(BBC)の〝100 Great Sporting Moment(スポーツの偉大な瞬間100選)〟にも選ばれた。その後四半世紀を経て、果たしてラグビーはマンデラが望んだ役目を担い、南アフリカの国と国民を一つにできたのだろうか。

## 人種の壁~南アフリカはワンチームになったのか

2019年のワールドカップ、プールBの初戦は、いきなりスプリングボックスとニュージーランド代表オールブラックスの大一番で始まった。仕事の都合で南アフリカに滞在していた筆者は、南アフリカ人の友人から彼の自宅での観戦に誘われた。

ちなみに友人はラグビー狂の白人だ。南アフリカの白人社会ではよくあることで、代表戦や大会の決勝のような大きな試合は、親戚や友人が一か所に集まり、ブライ（南アフリカ風ＢＢＱ）で食欲を満たした後、ビールやワインを片手にＴＶの前でスプリングボックスを応援する。もちろん、全員、グリーン・アンド・ゴールドのジャージを着ている。その日は老若男女の白人４家族が友人宅に集まった。試合内容はほぼ互角だったが、スプリングボックスが23－13で敗れた。わずかだが、タックルミスの差がトライ数（ニュージーランド2、南アフリカ１）に結びついた。

この試合のある瞬間に、南アフリカの現状が垣間見えた。それは前半51分、黒人の主将シヤ・コリシがけがで退場し、リザーブの白人選手フランソワ・ロウが交代でピッチに入った。その際、その場にいた人たちから拍手喝采が起こったのである。コリシの退場が分かった瞬間、一斉に歓声が沸き起こったので、おそらくは皆、同じ心情だったと思われる。何となく答えは想像できたが、「主将が退いたのに、今の拍手は何に対して?」とあえて友人に尋ねた。彼は「別にシヤが

（5）ネルソン・マンデラ（Nelson Mandela, 1918～2013年）：南アフリカの第8代大統領。青年時代より反アパルトヘイト運動に傾倒し、64年に国家反逆罪で終身刑の判決を受ける。以後、90年に開放されるまで27年にわたり獄中生活を送り、反アパルトヘイト運動の象徴的存在となる。解放後はアフリカ民族会議（ＡＮＣ）の議長となり、94年に南アフリカで行われた初めての普通選挙で黒人初の大統領に就任する。93年にノーベル平和賞を受賞した。

嫌いなわけではないが、特に彼のポジション（フランカー）には白人でよい選手が山ほどいる。彼が6番をつけてキャプテンをしているのには政治的な理由がある。みんな交代で出たロウのほうがよいと思っているから拍手したんだ」と、明確に答えた。

友人は、学生時代には黒人選手と一緒にラグビーをした若い世代である。少なくとも筆者の前では人種差別的な言動はしたことがない常識人である。実際、彼の中ではワールドカップに3度出場した実力者であるロウのほうがコリシより評価が高いのだと思うし、差別的な感情から出たコメントではない。ただ、もし友人が黒人であれば、そのような反応にはならなかっただろう。そういう意味では人種の壁がそこにあったのである。

そして、詳細は後述するが、友人が言った「政治的な理由」とは、具体的にはチームの人種比率を、白人選手：非白人（黒人とカラード(6)）選手＝50：50にすべしという、クォータ制度のことである。

一般にクォータ制度とは、議会などの政治の場において性別比率の割り当てを意味することが多い。つまり女性議員を増やすために議会の定数の中で、男女の比率を決めておくというものである。日本語では「積極的格差是正措置」と訳され、社会的弱者を差別から救済する取り組みであるアファーマティブアクションの一部とされている。南アフリカでも、クォータ制度は国会議員総数に占める女性議員の割合という意味でも使われるが、この国の場合は、スポーツ、入学試験、就職の採用数など、さまざまな場でこれが適用される。しかも、アパルトヘイトという負の歴史を抱えていることから、男女比率に対してではなく、白人対非白人の人種比率に対して使われることが圧倒的に多い。特にラグビーに関しては、稀代の指導者であるネルソン・マンデラがどこまでそれを望んでいたかは議論の余地があるが、彼はラグビーを「人種融合の媒介として使いたい」という意向を明言していた。したがって、この偉人の教えを踏襲すべく、彼の後に続いた為政者たちは、ラグビーのクォータ制度については特に目を光らせることになった。

話をシヤ・コリシに戻す。コリシは南アフリカU18代表を皮切りに、各年代別の代表に選出され、21歳でストーマーズ(7)のレギュラーポジションを獲得しスーパーラグビーにデビュー。翌年には、早くも正代表であるスプリングボックスに初選出されている。つまり、彼のラグビー選手としての実力は誰もが認めるところである。確かに南アフリカの第3列(フランカーやナンバーエイトを指し、スクラム時は最後列に位置する)は、どのチームにもアグレッシブなハードタックラーがいる。しかも、白人選手の場合はサイズが大きく、フランカーでも身長が190セン

(6) カラード(Coloured):一般には白人と、サン人やコイコイ人などの黒人先住民族との混血を中心にした混成グループ。17世紀にオランダ人がケープ地方に入植した当初女性が少なかったため、現地の女性と結婚することが多かった。また、オランダやイギリスの植民地であったインドネシアやマレーシアから奴隷として連れられてきた住民との混血も含まれるためアジア系の顔を持つ人もいる。使用言語はアフリカーンス語を使うことが多い。アパルトヘイト時代は黒人と同じように差別を受けた。

(7) ストーマーズ(Stormers):正式名称はDHL Stormers。1883年に設立し、南アフリカでは最も古い。本拠地はケープタウンのケープタウン・スタジアム。黎明期から1960年代後半まではストーマーズが南アフリカラグビーの中心だった。国内のカリーカップではウェスタン・プロビンスと呼ばれている。

チ台後半から、ピーターステフ・デュトイのような2メートル超えの選手も存在する。188センチあるコリシも、この国ではけっして大きいほうではない。しかし、コリシはストーマーズでもデビュー以来、けが以外では常に先発出場している。こうしたことを考えれば、クォータ制度のために、言い換えれば黒人選手を優遇した結果としてコリシが試合に出してもらっているという説明には無理がある。また彼は、2017年からはストーマーズにおいてもキャプテンを務めており、ヘッドコーチのラッシー・エラスムスも、彼の卓越したリーダーシップを評価してスプリングボックスのキャプテンに選出したと明言している。コリシのこのような非の打ちどころのないバックグラウンドについては、前述のラグビーに詳しい白人の友人ならば知っており、コリシがクォータ制度の恩恵を被って、代表選手やキャプテンに選ばれたわけではないということは理解しているはずである。政府が先導し、人種融合策を浸透させてきたラグビーにおいても、まだ人種間の高い壁は存在している。それを実感した瞬間だった。

マンデラが「スポーツは誰もが解する共通の言語」と掲げ、ラグビーを人種融合の媒介にするという理念を表明して四半世紀が過ぎた。前項の〝南アフリカはワンチーム（一つ）になったのか〟という問いには、まだ道半ばという答えが適当であろう。

## 南アフリカの成り立ち～白人国家の誕生

南アフリカラグビーは、同国の歴史の産物であり、まずは南アフリカという国の歴史を振り返る必要がある。

南アフリカでは、約2～300万年前に存在したとされる初期のヒト科生物であるアウストラロピテクス・アフリカヌスの化石が4か所（ハウテン州2か所、リンポポ州1か所、ノースウェスト州1か所）で発見されている。特に、ハウテン州の州都かつ南アフリカ最大の都市であるヨハネスブルグの北西にあるスタークフォンテーンでは、石灰石洞窟の中から大量のアウストラロピテクス・アフリカヌスの化石が産出した。この事実は、この地域に人類創生期より人が存在していたという証拠になっている。

一般的な世界の歴史においては、南アフリカは、1488年にポルトガル人バルトロメウ・ディアスがヨーロッパ人として初めてケープタウンの南にある喜望峰に到達したことにより〝発見〟された。その後、やはりポルトガル人の航海者であるヴァスコ・ダ・ガマがモーセルベイやダーバンに上陸した。しかし、当時、隆盛を極めたポルトガルやスペインの最終目的はインドを中心としたアジア交易路の確立であり、南アフリカには興味を示さなかった。

また、この時期までの先住民の居住地域の分布としては、北部にはコサ族やズールー族などのバントゥー系民族(8)が、南部にはそのバントゥー系民族に土地を追われたサン族とコイコイ族が住み分けしていた。映画で話題になった〝ブッシュマン〟とはサン族の別称である。ただし、ブッシュマンという名称は差別的な意味を含むため、現在、この映画の題名はコイコイ族とサン族をまとめた呼び方の『コイサンマン』に改題されている。

時は移り、南アフリカの歴史が大きく動くのは1652年、日本では第4代将軍徳川家綱の時代である。この年、長崎の出島にも滞在していたヤン・ファン・リーベックがオランダ東インド会社の補給基地建設の責任者としてケープタウンに派遣された。

海外交易の覇権を握っていた東インド会社の目的は、あくまで喜望峰付近に補給基地を建造することだった。しかし、ケープタウン付近の快適な気候はヨーロッパの人々を魅了し、1657年より本格的な自由入植が開始された。ここから南アフリカの激動の歴史が始まることになる。移民のマジョリティはオランダ系だったが、当時のヨーロッパでたびたび発生した宗教弾圧を受けた人々がフランスやドイツなどから合流した。彼らはオランダ語で「農民」を意味するBoer（ブール、本書では英語読みでのボーアと表記する）人と呼ばれ、オランダ系中心のコミュニティを構築していく。このボーア人が現代の南アフリカラグビーの主体となるアフリカーナー（一般にはオランダ系南アフリカ人）の源流となる。

日本に来ている白人の南アフリカ出身選手の名前が、例えば、ピーター・ラブスカフニやゲラード・ファンデンヒーファー、そしてヴィンピー・ファンデルヴァルトのように日本人には発音しづらく馴染みのない姓であるのは、彼らがオランダ系移民の子孫だからだ。そして、このボーア人は、その後、ケープタウンから奥地へと開拓を進め、現在のウェスタン、ノーザンおよびイースタンケープ州を合わせたケープ植民地と呼ばれる植民地を形成した。

それから100年後、南アフリカの歴史はさらに動く。1792年に始まったフランス革命戦争、引き続き99年に開始されたナポレオン戦争で、ほとんどのヨーロッパ諸国は戦火を交えることになる。これらの争いの結果、1814年にケープタウンを含むケープ植民地は戦勝国であるイギリスの領土となる。当時のオランダはホラント王国と呼ばれ、敗戦国となったフランスの傀《かい》儡《らい》国家であった。イギリスは、戦後に締結された第二パリ条約によりケープ植民地をはじめとするフランスの海外領土を獲得。当然、植民地内の言語は英語に統一された。

そして、1833年に大英帝国では奴隷制が廃止になり、ケープ植民地もそれに倣う。しかし、黒人奴隷による大農園経営が経済の基盤となっていたボーア人はこれに猛反発し、両者の関係は悪化する。35年、最終的にボーア人はケープ植民地から出て、イギリスの影響の及ばない場所へ“グレート・トレック”と呼ばれる大移動を開始する。余談だが、山登りのトレッキングはこのトレックから来ており、大元はオランダ語でアフリカーンス語を経由して英語になったといわれている。英語ではTrekは困難を伴う旅という意味になる。移動は約300人程度の集団ごとに分かれ、幌付きの牛車で荷物や人を運んだ。彼らにとっては未開の地を進むことになり、途中、先住民の襲撃を受けたり、病気に罹患したりして多くのボーア人が命を落とした。

しかし、その犠牲の下に、ボーア人はまず1839年に現在のクワズールナタール州周辺にナタール共和国を建国する。しかし政府の行政能力が低いことに目を付けたイギリスに攻められ、同国は4年後に滅亡する。ナタールはイギリスの植民地となり、ボーア人は再び北部へグレート・

（8）バントゥー系民族(Bantu peoples)：アフリカ大陸で最大の言語集団であるバントゥー語系に属する民族。基本的にアフリカ大陸は、サン族とコイサン族の居住区域である南部アフリカ以外はすべてバントゥー語系になる。起源はナイジェリアとカメルーンの国境付近であるとされている。

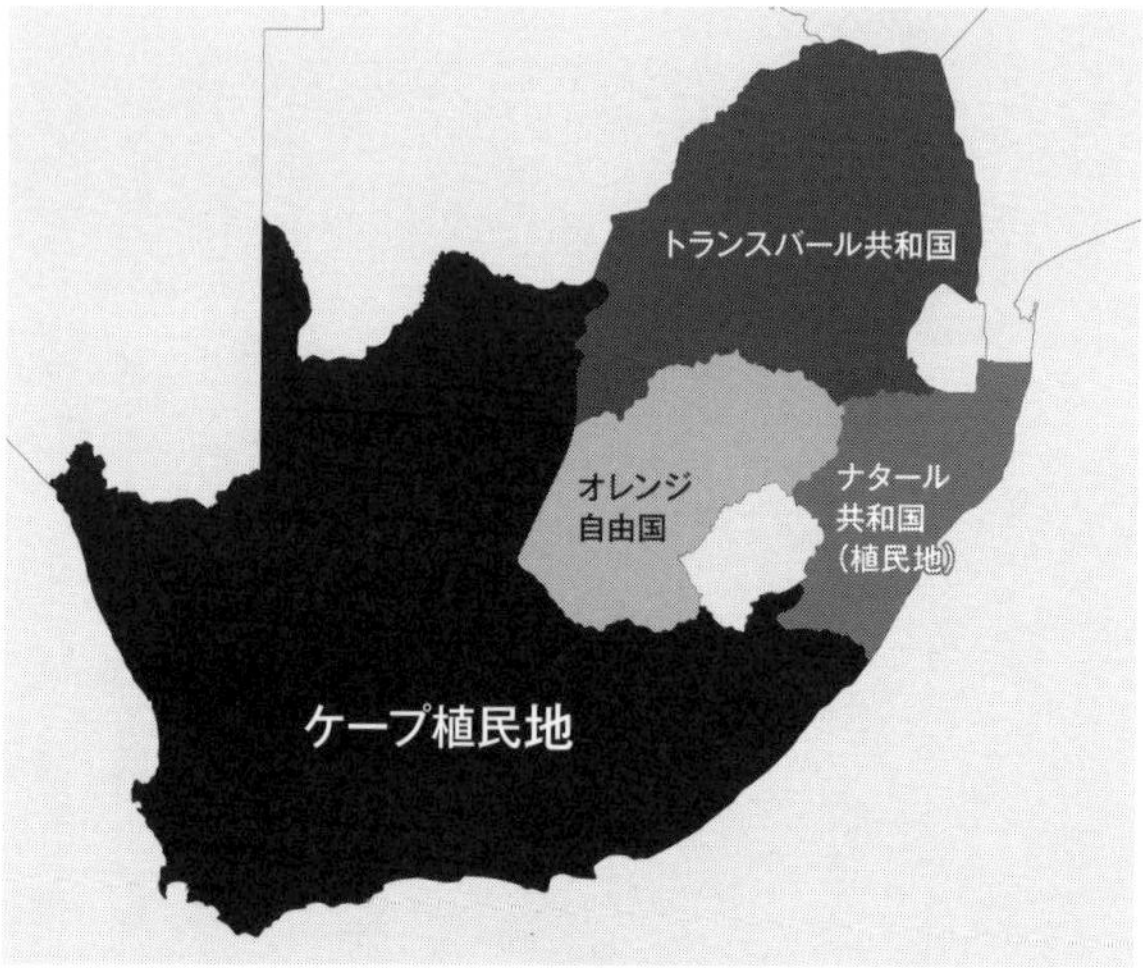


図1　1850年代の南アフリカ

トレックを続けることになる。そしてついに、52年に現在のハウテン州からリンポポおよびムプマランガ州周辺にトランスバール共和国、53年に同じくフリーステート州周辺にオレンジ自由国を建国する。イギリスはこの2か国を渋々承認した。したがって、**図1**のとおり、19世紀の半ばに現在の南アフリカには、イギリスが統治するケープ植民地およびナタール共和国（植民地）、ボーア人が建国したトランスバール共和国およびオレンジ自由国からなる白人国家と、いくつかの先住民の黒人王国が共存していた。そして、この4つの白人国家は現在の南アフリカの州区分、さらには各州のユニオン（ラグビー協会）ひいてはフランチャイズ（スーパーラグビーに参加していた主要ユニオン）の礎となる。

ボーア人にとっては念願の自分たちが主権を持つ国家を建国したわけだが、平和で穏やかな日々は長くは続かなかった。イギリス系とオランダ系ボーア人は、このの後ち本格的な戦争を二度経験することになる。ナタール共和国と同じく、トランスバール共和国の急造された政治システムは脆弱で、政情は常に不安定であった。そして、1880年、領土拡大を企てた同共和国に対して、イギリスはその併合を強行する。これに反対して、トランスバール共和国はボーア人の英雄ポール・クルーガー(9)副大統領が中心となり、イギリスへの徹底抗戦を決行した。これが第一次ボーア戦争である。この戦争はイギリス側の準備不足もあり、開始後4か月でトランスバール共和国側の勝利で終わり、同共和国の独立は保たれた。

問題は次である。第一次ボーア戦争終結後のわずか5年後、1886年にトランスバール共和国の一都市であったヨハネスブルグで金鉱が発見され、南アフリカは国中がゴールドラッシュに沸き上がる。この勢いでトランスバール共和国は南アフリカ経済の中心となり、ヨハネスブルグを田舎町から同国でも有数の商業都市に押し上げる。現在に至るまで、ヨハネスブルグはその地位を保ち、南アフリカで最大の産業都市となっている。

しかし、この時大統領に就任していた先出のクルーガーは、その金鉱から上がる利益をボーア人で囲い込む政策を取った。一方、イギリス側はケープ植民地の首相だったセシル・ローズ

(9) ポール・クルーガー (Paulus Kruger, 1825~1904年):アフリカーナーの英雄。トランスバール共和国の国軍最高司令官、副大統領を経て、激動の時代に大統領を4期務める。クルーガー国立公園やクルーガー金貨は彼の名前に由来する。ボーア第二次戦争敗戦後、スイスに亡命し生涯を終える。

[10]がその金鉱を狙い、イギリス人の保護を目的に、1899年トランスバール共和国に対して宣戦布告をする。これが第二次ボーア戦争である。それまで中立を保っていたオレンジ自由国も最終的にトランスバール共和国側に付いたため、この戦争はボーア人対イギリス系の全面対決に発展する。戦火は3年ほど続き、最終的にはもともと戦力に勝るイギリスが勝利するが、小規模だった第一次と比較すると、双方に多くの犠牲者が出た。

特にイギリス側は、捕らえたボーア人を老若男女構わずに強制収容所へ送り込んだ。日本ではあまり知られていないが、この強制収容所の劣悪な環境は第二次世界大戦のナチスの蛮行の舞台であったアウシュビッツ収容所に匹敵するものであり、数万人のボーア人が収容所内で死亡した。特に婦女子の犠牲者が多かったこともあり、ヨーロッパ諸国からもイギリス側が行った残虐行為に対する非難の声が上がった。

この戦争の結果、対立が続いた4つの国と地域は、南アフリカ連邦として統一されることになる。この統一は、国としては自らの歴史を前進させる原動力となったが、先のグレート・トレックでの辛苦、そして血で血を洗う戦争を経て、イギリス系とボーア人との間には深い溝ができた。特に敗者であるボーア人側からのイギリス系に対する感情は激烈なものとなる。その後、両者は圧倒的多数の黒人に対抗するために手を結ぶことになるものの、現在に至るまでボーア人（これ以後はアフリカーナーと表記を変える）の心の中に禍根を残すことになる。そして、そのアフリカーナーの持つわだかまりは、現在のラグビー界においてもイギリス系選手への白人間差別、そして特にイングランドとテストマッチ（国代表同士の正式な対戦）をする時の観客の異常なほどの興奮へと繋がっている。

## アパルトヘイトの歴史～漆黒の闇の世界へ

1910年、イギリスの自治領として南アフリカ連邦が正式に発足する。鉱山など経済の柱を握り比較的裕福なイギリス系と、戦争に負け精神的にも経済的にも落ち込んでいるアフリカーナーの間は、ボーア戦争後、すんなりノーサイドとはならなかった。末端の市民レベルでは両者間でトラブルが続発する。しかし、南アフリカで今も変わらない環境、つまり少数の白人が圧倒的多数の黒人に囲まれて暮らすという形勢により、敵対する両者は接近せざるを得ない状況に追い込まれる。これは同様に奴隷解放で自由になった黒人と白人が共生するアメリカ社会とは大きく異なる点である。

このような状況下でアパルトヘイトは蓋然的にこの国で発生したといえる。その主な理由としては南アフリカの歴史や文化の特殊性に根差した二点が挙げられる。まず一つは経済的理由であ

(10) セシル・ローズ（Cecil Rhodes, 1853～1902年）：イングランドで生まれ、17歳の時に南アフリカに渡る。1871年、キンバリーでダイヤモンドの鉱脈を掘り当て、現在も続くダイヤモンド企業であるデ・ビアスを設立する。77年に政界に進出し、その13年後にはケープ植民地の首相にまで上り詰めた。ローズの遺産はオックスフォード大学に遺贈され、現在もローズ奨励基金が奨学金を提供している。事業以外でもジンバブエ全域を手中に収め、同国の前国名のローデシアはローズの名に由来する。

る。ボーア戦争以降、アフリカーナーの貧困化が進み、イギリス系との経済格差が拡大した。白人のマジョリティを占めるアフリカーナーはそこに不満を持った。そして戦争後、職や財産を失ったアフリカーナーが都市に流入した。しかし、もともと農民で教育レベルも低かったアフリカーナーは、労働市場でも安い賃金の黒人労働者と競合し、ここでも負けてしまう。そこで、当時の政権与党、南アフリカ党はアフリカーナーを救済するために、1911年、白人の鉱山労働者を優遇する「鉱山労働法」を制定し、さらに13年、黒人の移動を制限することを目的に居留地を定めた「原住民土地法」を施行する。

もう一つは宗教的理由である。南アフリカに移住してきたオランダ人のほとんどがオランダ改革派教会の信者である。この教会の教義では、すべての人間は救われるものと救われざるものに分かれ、非白人は白人に尽くすように運命づけられているというエゴイスティックかつ差別的な教えを説いている。随分と身勝手な教義であるが、この宗教と教義はボーア戦争で疲弊したアフリカーナーの精神的な支柱となっていた。

1948年にアフリカーナー至上主義の国民党が政権を取り、アパルトヘイトが制度として確立する。つまり、人種差別である人種隔離政策を政府自らが奨励し、推し進めるという異常事態が生起したのである。アパルトヘイトは大アパルトヘイトと小アパルトヘイトで構成された。大アパルトヘイトは、黒人を狭い辺境の地に移住させることを目的とし、人種別に居住地域を指定する法律である。小アパルトヘイトはすべての公共・民間施設、交通、レストラン、病院などにおいて、白人と非白人が分離して使用することを定めたり、異人種間の結婚や恋愛を禁じるなどの法律からなる。もちろん、黒人には選挙権はなかった。国民党は、保守的なアフリカーナーの労働者と農業従事者を支持基盤としており、アパルトヘイトによる黒人への締め付けはいっそう厳しいものになる。

白人は分離、黒人は差別と呼ぶアパルトヘイトの時代は続く。1971年に当時の白人政権は、ホームランドと呼ばれる黒人専用居住区10か所を〝国家〟として強引に独立させ、黒人を強制移住させた。当然、国際社会はそれらを独立国として認めなかった。ホームランドの〝建国〟目的は、黒人を結束させないように民族ごとに住む場所を分け、さらに外国籍として扱うことで南アフリカでの参政権や市民権を合法的に奪い、国内での白人の優位性を保持することだった。

大都市近郊では、ホームランドと同様にタウンシップという非白人専用居住区がつくられ、大勢の黒人が押し込められた。これらの地域には今なお電気や水道施設がないところも多く、貧困ゆえの犯罪発生率は異常に高い。現在、スプリングボックスやフランチャイズで活躍している黒人選手のほとんどはタウンシップの出身である。ラグビーによって貧困から抜け出ることができた黒人選手がほとんどであり、このハングリー精神は現在の南アフリカラグビーの強さを構成する原動力の一つになっている。

アパルトヘイトは、やがて世界中から非難を浴びることとなり、その影響はスポーツにまで及んだ。1972年の国連総会では、「スポーツに関するアパルトヘイト」の特別決議を採択。南アフリカを名指しで非難し、アパルトヘイトに基づいて設置されたスポーツ団体、もしくは人種的に選抜された南アフリカのスポーツチームとの接触を控えることが奨励された。また、国際オリンピック委員会（ＩＯＣ）は、アパルトヘイトへの制裁として、60年に南アフリカの除名処分を決定し、64年の東京オリンピックより参加を禁じた。再び参加が許されることになったのは、それから32年後、アパルトヘイトの終焉が近づいた92年のバルセロナオリンピックからである。ラグビーに関しては、当時、オールブラックスにも勝ち越し、世界一と評されたスプリングボックスとの対戦を望む国や選手は多く、批判を浴びながらもテストマッチの交流は続いていた。しかし、アパルトヘイトへの国際非難が高まった１９８０年代にはその数は激減した。直接的な批判を避けるため、国代表とは異なる形でスプリングボックスとの対戦を強行したチームもあった。

例えば、当時の状況下でも南アフリカと政治的に友好関係を結んでいたアルゼンチンは、同国の代表選手に、試合に出る見込みのないほかの南米諸国からの選手を加えて南米ジャガーズというチームをつくり、１９８０年、82年、84年と南アフリカ遠征を敢行している。また、世界に衝撃を与えたのが、86年、オールブラックスに選出された選手たちが、ニュージーランド・キャバリアーズという当時のニュージーランド・ラグビーフットボールユニオン（ＮＺＲＦＵ＝現ニュージーランドラグビー）非公認のチームを秘密裏に結成し、南アフリカの土を踏んだことである。この件については後述する。

一方、国内では黒人側が、アパルトヘイトが制度化された１９４８年から、ネルソン・マンデラが党員として所属していたアフリカ民族会議（ＡＮＣ）[11]などが中心となって反対運動を展開する。しかし、激化した反対運動への対抗措置として、政府はＡＮＣをテロ組織とみなして非合法化した。そして67年、反対運動の象徴的存在であり、後々南アフリカラグビーに大きな影響を与える存在となるマンデラを国家反逆罪で逮捕した。その後、マンデラには裁判で終身刑の判決が下り、現在では世界遺産に登録されているロビン島の刑務所などに27年間投獄された。ただし、マンデラはこの収監中、強制労働の合間に積極的にさまざまな知識を習得し、南アフリカ大学（通信制）で法学士を取得する。その際、新たに得た知識の一つが、アフリカーナーの看守との交流により学んだラグビーというスポーツであった。

国連は1952年よりアパルトヘイトに対する非難決議を採択し続けていた。そして70年代に再び始まった反アパルトヘイト運動には、国際社会も南アフリカに対して経済制裁を課し、文化・スポーツ交流を絶つことでバックアップした。南アフリカは国際社会からますます孤立を深めていく。最終的には、国内だけでなく海外にも拡大された反アパルトヘイト運動と、それを支援した国際世論からの圧力により、白人政権は80年代半ばより、徐々にアパルトヘイト関連法規を廃止していく。そして、90年にマンデラを開放、ANCを合法化し、91年には白人政権最後の大統

（11）アフリカ民族会議（African National Congress＝ANC）：1921年、原住民土地法に反対した黒人の知識層を中心に設立された政党。設立当初はマハトマ・ガンディーの影響を受けて非暴力主義を貫いていたが、48年、アパルトヘイト政策が国民党により強化されてからは武闘派に転換。当時の白人政権からはテロ組織として敵視されたが、獄中のネルソン・マンデラをシンボルとして白人政権と果敢な闘争を繰り広げ、非白人からの支持を拡げた。94年の全人種参加選挙から現在に至るまで政権与党として国家を牽引する。

領フレデリック・ウィレム・デクラーク(12)が、国会にてすべてのアパルトヘイトに関する法規の廃止を宣言する。

1994年に初めて全人種が参加した総選挙が行われ、マンデラ率いるANCが62・5%の得票数を獲得して政権政党となり、マンデラが黒人初の大統領に就任する。長期間にわたり非白人を非人間扱いしてきた悪法アパルトヘイトは終焉を迎え、この後、南アフリカはマンデラ大統領が唱えた虹の国、レインボー・ネーション(13)を目指すことになる。

## 南アフリカラグビーの黎明期〜イギリス人からアフリカーナーへ

本題のラグビーに戻ろう。大英帝国は植民地を文明化する手段の一つとしてラグビーとクリケットを持ち込んだ。混沌とした植民地の管理に明確なルールで試合が進められるこの二つのスポーツが有用と思われたからである。

南アフリカで最初にラグビーが行われたのは1862年のこと。ケープタウンに現存するディオセサン大学の校長だったジョージ・オーグルビが主催し、一般市民と軍人の間で、きわめて現代のラグビーに近いルールでフットボールの試合が行われた。この時はもちろん、両チームともアフリカーナーとイギリス系の白人のみで構成されていた。このように、このオーグルビなる人物が彼の母校であるイギリス最古の伝統を誇る名門パブリックスクール、ウィンチェスター・カレッジで行われていた〝ウィンチェスターフットボール〟(14)をケープタウン周辺で普及させたのが、南アフリカラグビーの起源とされている。日本のラグビーのルーツは、1866年に横浜の外人居留地に住む外国人により設立された横浜フットボールクラブ（現在のYC&AC）であることが有力である。もしそうであれば、ラグビーの導入時期は、南アフリカと日本はさほど変わらない。

1875年には南アフリカで最初のラグビークラブであるハミルトン・ラグビーフットボール・クラブがケープタウンの中心地であるシーポイントに設立される。以後、同じケープ植民地内で

(12) フレデリック・ウィレム・デクラーク(Frederik Willem de Klerk, 1936~2021年)：南アフリカ共和国第7代大統領。93年、アパルトヘイト廃止の功績により、ネルソン・マンデラとともにノーベル平和賞を受賞。マンデラ大統領就任後は副大統領として発足したばかりの不安定な政権を支える。

(13) レインボー・ネーション（Rainbow Nation）：南アフリカの聖公会牧師であり、反アパルトヘイト人権活動家として知られる元大主教デスモンド・ムピロ・ツツ（2021年12月死去）がアパルトヘイト以降の南アフリカの在り方に対してレインボー・ネーション（虹の国）という表現を使ったことから、民族多様性を表すシンボル的な言葉となる。84年にツツ元大司教はノーベル平和賞を受賞。その後、マンデラが94年の大統領就任式で人種に関係なく国民が一丸となり〝レインボー・ネーション〟をつくるという意の宣言をする。

(14) ウィンチェスターフットボール（Winchester Football）：正式にはウィンチェスター・カレッジ・フットボール。ウィンキーズと呼ばれることが多い。ラグビーとは異なり、円形のボールを使用し、手は使えるがボールを持って走ることはできない。正式には一チーム15人でスクラムはあるが、ルール的にはサッカーに近い。

ウェスタン・プロビンスとヴィレッジジャーズ・クラブが発足する。しかし、ラグビー校ルールを採用したのはウェスタン・プロビンスだけで、同植民地内ではウィンチェスターフットボールが優勢であった。

その流れが変わったのは、1878年に〝ラグビーフットボール〟(15)の元イングランド代表バックスのウィリアム・ヘンリー・ミルトンが南アフリカへ移住してきてからである。ミルトンは、ヴィレッジャーズ・クラブに入り、ラグビー校ルールの普及に努めた。やがて、ラグビー校ルールは、そのゲーム性の面白さが選手たちに受け入れられ、ボールを持って走ることができないウィンチェスターフットボールを駆逐していく。また、この時期には、ラグビー校ルールはイギリス系だけでなく、そのほとんどが農業に従事していた若いアフリカーナーにも週末の娯楽として、急速に受け入れられていった。やがてそのアフリカーナーたちは、このコンタクトが多い競技は、イギリス系よりも体格的に優れ、農場で鍛え上げたフィットネスを持つ自分たちに向いていることに気付く。

1883年には南アフリカで最初のユニオンであるウェスタン・プロビンス・ラグビーフットボールユニオンが設立される。スーパーラグビーのストーマーズに繋がる組織である。ラグビー発祥の地ということもあり、南アフリカ・ラグビーユニオン（SARU）は現在もケープタウンにオフィスを置いている。

ラグビーはその後、海岸沿いにケープ植民地東部やナタール植民地に拡がり、さらにダイヤモンドや金の産出で潤っていたキンバリーやヨハネスブルグにも到達した。そして、ウェスタン・

プロビンスに続き、１８８６年にキンバリー周辺のクラブチームが集まり、グリクァランドウェスト・ユニオンが結成された。南アフリカの国内大会、カリーカップ（３０９～３１０ページ参照）の優勝経験もある古豪グリークアズのルーツである。１８８８年にはイースタン・プロビンス・ラグビーユニオンがポートエリザベス（２０２１年にグクウェベハに改称されたが本書では一般的な呼び名であるポートエリザベスを使う）に設立される。２０２０年に財務破綻により事実上の倒産となったが、19年までＰＲＯ14(16)に所属していたサザン・キングス(17)のユニオ

(15) ラグビーフットボール（Rugby Football）：ラグビー校で採用されていた15人制でボールを手に持って走ることのできる、いわゆる〝ランニングイン〟が主要なプレーとなるフットボールのこと。日本で行われているラグビーの源流である。

(16) ＰＲＯ14：スコットランド、アイルランド、ウェールズ、イタリア、南アフリカのプロクラブが参加するリーグ。２０１７年にスーパーラグビーから放出されたサザン・キングスとチーターズが参加するが20年に脱退。代わりに21年からはスーパーラグビーと袂を分かつ南アフリカの４大フランチャイズ（ブルズ、ライオンズ、シャークス、ストーマーズ）が参画し、リーグ名もＰＲＯ14レインボーカップに、さらに22年にはユナイテッド・ラグビー・チャンピオンシップに改称された。

(17) サザン・キングス（Southern Kings）：イースタンケープ州のポートエリザベスに本拠地を置き、ホームグラウンドはネルソン・マンデラ・ベイ・スタジアム。２０１３、16、17年はスーパーラグビーに所属し、サンウルブズとも対戦している。18年のスーパーラグビーの再編成に伴い、ＰＲＯ14に移ることになる。20年９月、財務内容の悪化により任意清算することになりチームは事実上解体され、56人の選手とスタッフが失職した。

ンである。1889年には、トランスバール・ラグビーユニオンがヨハネスブルグに組織化される。このユニオンは現在のスーパーラグビーでいうと、ライオンズ(18)に繋がるものである。ブルズ(19)の本拠地であるプレトリアもこのユニオンがカバーする地域だったが、1938年にノーザン・トランスバール・ラグビーユニオンとして分離する。そして、これらの4つのユニオンを統一する機関として、南アフリカラグビー評議会(SARB)が同じく1889年に創設される。同年、SARBは早速、州別対抗選手権をキンバリーで開催し、ウェスタン・プロビンスが優勝。イギリス系選手が多数を占め、ラグビー経験者が多かったウェスタン・プロビンスは、その後、8年続けて優勝する。

1891年には、イングランド代表17名とスコットランド代表4名で構成された〝ブリティッシュ・アイルズ〟が南アフリカに来征する。現在の、ブリティッシュ・アンド・アイリッシュ・ライオンズ(B&Iライオンズ)(20)の原型となるチームである。南アフリカにとっては初めての国際マッチだった。しかし、南アフリカの状況として、第一次および第二次ボーア戦争の間という不安定な時期であり、また各地でユニオンが組織化されてからまだ10年も経っていないというタイミングだった。

一方、イギリスでは現在の6か国対抗に繋がるホーム・ネイションズ(イングランド、ウェールズ、アイルランド、スコットランド)内ですでに総当たり戦が始まっていた。レベルの高い試合を数多く経験した選手を擁するブリティッシュ・アイルズとの試合は、まだ経験の浅い南アフリカにとっては厳しいものがあった。結果的には南アフリカ側の20戦全敗だった。内容的にも初戦でケープタウン代表が1トライを挙げたのみで、以降の試合は零封で惨敗に終わった。

ブリティッシュ・アイルズの主将であるビル・マックラガンは、この遠征中に、ベストゲームをしたグリクァランド・ウェストに金のカップを渡した。このカップはイギリスの海運王かつ政治家であり、南アフリカとも関係が深かったサー・ドナルド・カリーから託されたものである。グリクァランド・ウェスト・ユニオンはこのカップをSARBに渡し、SARBはこのカップを国内大会の優勝カップとした。現在も続く世界最古の地域別国内選手権といわれるカリーカップ

(18) ライオンズ(Lions):正式名称はSigma Lions。1889年に設立。本拠地はヨハネスブルグのエミレーツエアライン・パーク・スタジアム。1980年代後半から90年代前半にかけて黄金期を迎えた。その後、チーターズとの合併でキャッツとなるが結果的には失敗に終わり停滞期が続いた。2013年にヘッドコーチに就任したヨハン・アッカーマンがチームを立て直し、16年から3年連続でスーパーラグビーの決勝まで進出した。国内のカリーカップではゴールデン・ライオンズと呼ばれている。
(19) ブルズ(Bulls):正式名称はVodacom Bulls。1938年に設立。本拠地はプレトリアのロフタス・ヴァースフェルド・スタジアム。アパルトヘイト期の70~80年代にかけて黄金期を迎えた。スーパーラグビーで優勝した南アフリカのチームはブルズだけである(2007、09、10年)。11年以降は低迷期もあるが、南アフリカを代表するフランチャイズの一つ。国内のカリーカップではブルー・ブルズと呼ばれている。
(20) ブリティッシュ・アンド・アイリッシュ・ライオンズ(British & Irish Lions):イギリス連合王国を構成するイングランド、ウェールズ、アイルランド、スコットランドの代表チームから選抜された特別な代表チーム。3、4年ごとに南アフリカ、ニュージーランド、オーストラリアのいずれかに遠征する。なおブリティッシュ・アンド・アイリッシュ・ライオンズの呼称は2001年のオーストラリア遠征以降に使われるようになり、それ以前はブリティッシュ・ライオンズまたはブリティッシュ・アイルズと呼ばれていた。

はここから始まったのである。

　このブリティッシュ・アイルズの遠征は大成功を収めると同時に、黎明期の南アフリカラグビーの発展に大いに貢献した。ブリティッシュ・アイルズは2か月にわたり合計9都市20試合を行い、各都市でのラグビーの認知度と人気を高めた。南アフリカのチームは惨敗続きだったが、個々の選手はブリティッシュ・アイルズの選手から技術を学びスキルアップができた。その5年後、1896年にブリティッシュ・アイルズが再び遠征してきた際も、南アフリカ側は22戦中21敗と苦戦は続いた。しかし、試合内容としては大幅に改善され、最終戦では5－0（当時はトライが1点）で勝利する。南アフリカの国際マッチにおける初勝利であった。

　そして1903年、ブリティッシュ・アイルズの3度目の遠征時には、テストシリーズで、ついに南アフリカは1勝2分けで勝ち越した。8－0で勝利した最終戦では、これまでの白いユニフォームに代えて現在まで続くモスグリーンのユニフォームが初めて着用された。この試合で歴史を変えるという決意の下、選手たちが変更を希望したといわれている。ちなみにモスグリーンは南アフリカで最初にラグビーを始めたディオセサン大学のOBチームのユニフォームに倣った色である。確かにこのテストマッチを境に歴史が変わった。驚くべきことに、南アフリカはこの後56年までの50年以上にわたり、ホームでのテストシリーズで負け越すことがなかった。ワールドカップがない時代に世界最強の称号を手にすることになる。

　1906年、南アフリカは初の海外遠征を挙行する。その前年にニュージーランドがイギリスに遠征し大成功を収めたこともあり、南アフリカも負けじとイギリス遠征を敢行した。ホーム・

ネイションズ4か国とテストマッチを戦い、イングランドとは引き分け、ウェールズ、アイルランドには勝利、スコットランドには敗れたが、2勝1敗1分で勝ち越した。当然、この時の南アフリカ代表は白人のみで構成されていたが、イギリス系とアフリカーナーから均等に選抜されたチームだった。4年前に第二次ボーア戦争が終結したものの、骨肉の争いをしていた両者が、まさに呉越同舟で2か月にわたり苦楽をともにしたのである。

この遠征は、当初から両者の関係修復を企図したものだった。そして選手たちは見事にその期待に応えた。ラグビーのコアバリューの一つでもあるが、遠征でチームの「結束」が進み選手間の関係は改善された。そして、この遠征を本国で応援していたこの二つの白人グループも、ラグビーを通じて和解の兆しが見え始めた。ここでラグビーは、白人間の和解と結束を促すツールとして使われた。

この遠征ですべての相手チームが受けた南アフリカの印象は、体格の大きさとフィジカルの強さだった。それは現在まで変わらない。加えて南アフリカが採用したスクラムのフォーメーションはその後、世界のラグビーに影響を与える。今ではスタンダードになっている3‐4‐1（第1列に3人、第2列に4人、ナンバーエイトが1人）というスクラムの形をいち早く取り入れたのは、南アフリカだった。当時、スクラムのフォーメーションはさまざまなパターンが試行錯誤されていたが、最終的にはこの3‐4‐1がフォワード8人の推進力をまとめやすくスクラムの押しが強くなるとされた。さらに、左右のフランカーとナンバーエイトがスクラムから素早く離れて攻撃や防御に移ることができるというメリットも高く評価された。

この時の南アフリカは非常にクリーンなラグビーをして反則も少なかったため、ホーム・ネイションズに好印象を残した。この頃、逆にニュージーランドとオーストラリアのアマチュアリズムが疑問視されており、その点でも南アフリカの評価は高かった。イギリスのホームユニオン（イングランド、ウェールズ、スコットランド、アイルランド）はニュージーランド、オーストラリア、南アフリカを順番に招聘し、次はニュージーランドの番だったが、1912年に再び南アフリカがイギリス遠征の招待を受けた。

この二度目の遠征ではもう一つ、南アフリカラグビーの歴史に新たな一ページが加わった。遠征中にイギリスの新聞「デイリー・メール」が、〝南アフリカ代表のジャージの左胸の刺繍は小型のアンテロープ（レイヨウ。ウシ科の草食動物）のようであるが、それはスプリングボックと呼ばれる動物だ〟という記事を載せた。ちょうど南アフリカ代表の主将ポール・ルーがチームの愛称を考えていたこともあり、その記事を見てスプリングボックスと命名した。正直、スプリングボックには、ライオンやチーターに捕食される少し弱々しいイメージがあり、南アフリカだからこそ、威圧感のある肉食動物の名前を付けてもよかったのではと個人的には思う。ただ、スプリングボックは大英帝国のために戦う南アフリカ兵士を象徴した時期があり、その意味を考慮した可能性が高い。現在、スプリングボックスは、ボックスのほか、アフリカーンス語のSpringbokken からボッカ、ボッケ、そして黒人の第一言語であるコサ語のアマボコボコと、さまざまな呼称がある。

## 非白人ラグビーの誕生〜黒人そしてカラードのラグビー

さて、この黎明期に黒人やカラードなどの非白人はラグビーに接することができたのだろうか。答えはイエスである。白人間で始まったラグビーは、その後すぐにキリスト教の黒人向け宣教学校（ミッションスクール）を通じて黒人にも伝わった。記録では1866年、イースタンケープ州のグラハムズタウンで、黒人教育施設に赴任していたロバート・ジョン・ムリンズ司祭が生徒にラグビーを教えたとされている。これが南アフリカにおける黒人ラグビーの起点とされており、ラグビーを始めたタイミングは白人とさほど変わらない。

また、1887年には黒人初のローカルクラブがポートエリザベス近辺の黒人居住地域で設立された。当初は黒人チームの対戦相手が存在せずカラードのチームと試合をしていたが、徐々に周辺に黒人チームが結成され、97年には黒人チームで構成されたポートエリザベス・ユニオンが創設される。同年、このユニオンの主催で、ポートエリザベス内では黒人チームによる大会が早々と実施された。さらに1905年には、やはり黒人クラブのみで構成されるイースタン・プロビンス・ラグビーユニオンが設立され、イースタンケープ州内では黒人間にラグビーが拡がっていく。現在でも、同州は優秀な黒人選手を数多く輩出している。

南アフリカでは一般に、ラグビーは白人のスポーツと見られがちではある。しかし、イースタンケープ州に関しては、この黒人ラグビーの土台があったため、その後のアパルトヘイト期においても、ラグビーが黒人間で脈々と受け継がれてきたのである。例えば、シヤ・コリシもポートエリザベス近郊のズウィデというタウンシップ（非白人専用居住区）で育った。地元小学校内のラグビーチームを経て、アフリカン・ボンバーズというローカルクラブ（1954年設立）で、その才能を磨いたことで、名門グレイ・ハイスクール→ストーマーズ→スプリングボックスへと駆け上がることができた。

しかし、南アフリカ全体でみると、黒人間ではサッカーに圧倒的な人気があり、サッカーグラウンドはどこのタウンシップでも見かける。逆にタウンシップなどの黒人居住区では、現在でもラグビーグラウンドは少ない。そういう意味ではイースタンケープ州は南アフリカでも異質な地域といえる。

また、カラードに関しては一部のエリート層が白人のローカルクラブに所属していた記録が残っている。特にウェスタンケープ州ではカラード間でラグビーが盛んになり、1886年にはウエスタン・プロビンス・カラード・ラグビーユニオンが設立された。現在でもウェスタンケープ州ではカラードのラグビー競技人口は多く、ラグビー人気も高い。この19世紀末前後にも人種差別は存在していたが、後のアパルトヘイトのように法制化まではされていなかった。そのため短期間ではあったが、少数の黒人やカラードが白人選手と同じグラウンドで楕円球を追っていた時期があった。ただし、前述のＳＡＲＢは白人のみが所属できたユニオンで、当時の代表選手は白人からのみ選出された。

ユニオンに話を戻すと、ＳＡＲＢに遅れること8年、1897年に南アフリカ・カラード・ラグビーフットボール評議会（ＳＡＣＲＦＢ）が設立される。名称はカラードとなっているが、ＳＡＣＲＦＢはアパルトヘイトが終結するまでの１００年以上、〝全人種のためのユニオン〟を標ぼうしていた。ただ、実際は、ＳＡＣＲＦＢに所属する選手のほとんどはカラードと黒人の非白人で、わずかではあるがアパルトヘイトに反対する白人選手がＳＡＣＲＦＢ傘下のクラブでプレーすることもあった。また、ＳＡＣＲＦＢはこのほかにも国籍、言語、宗教に対する差別は行わない、というポリシーを掲げていた。実際、このポリシーに準拠して組織が運営されていたかどうかは別にして、当時の社会情勢からすると斬新な運営方針を打ち出していた。しかし、ＳＡＣＲＦＢ内でも問題は生じていたようで、特にカラード間でもイスラム教信者である選手に対する差別があった。そして地域によってはラグビーが賭けの対象となり、反社会勢力が介入して八百長試合を企てるなど、まともに試合ができないケースも見受けられた。

ＳＡＣＲＦＢは設立直後に、黒人の理事がケープ植民地のセシル・ローズ首相にカリーカップと同等のトロフィーを要求した。連絡を受けた首相はその要望を快諾し、直々にカップをＳＡＣＲＦＢへ寄贈する。ＳＡＣＲＦＢはこれを受け、１８９８年より同首相の名前を付けたローズカップという非白人向けの国内大会を主催することになる。この時代はまだ、南アフリカ社会全般に比較的リベラルなイギリス系の力が強く、非白人に対しても寛容であった。ローズカップは１９７１年には南アフリカカップと名称が変わるが、アパルトヘイト撤廃時期まで継続され、非白人選手が不条理な差別に苦しむ中、ラグビーを続けるモチベーションの一つとなった。

これらの流れはボーア戦争と時期的に重なるが、争っていたのは白人だけではなく、黒人間においても部族抗争が勃発していた。そして両人種ともに共通していたのが、ラグビーが争いの垣根を取り払う役目を担っていたということだ。しかし、この後、人種主義(21)というイデオロギーが台頭する。人種差別をアパルトヘイト制度により正当化し、南アフリカという国、そして南アフリカラグビーにとっても暗黒時代へと突入していく。

## ユニオンの遷移～人種の対立

ここで何度か前述しているユニオンについて確認しておきたい。当時は、地域ごとのユニオンに加えて、それらを統括する人種別のユニオンがあり、複雑に入り組んでいた。大まかに時系列、人種別に並べると**図2**のようなものになる。

まず非白人が主体のSACRFBは、白人主体のSARBとは一線を引き、ローズカップを中心に非白人間で継続的にラグビーをプロモートしていった。1939年には念願の初海外ツアーとしてイングランド遠征が予定されていたが、第二次世界大戦の戦局が悪化し、断念せざるを得なかった。彼らの試合用ジャージは、スプリングボックスに類似したデザインで、やはりモスグ

(21) 人種主義(Racism):人種間にはもともと優劣の差異があり、優等人種が劣等人種を支配すべきであるという考え方。17世紀にフランスで理論付けされ、その後、ヨーロッパや北米に拡がる。南アフリカの場合は白人至上主義に繋がった。

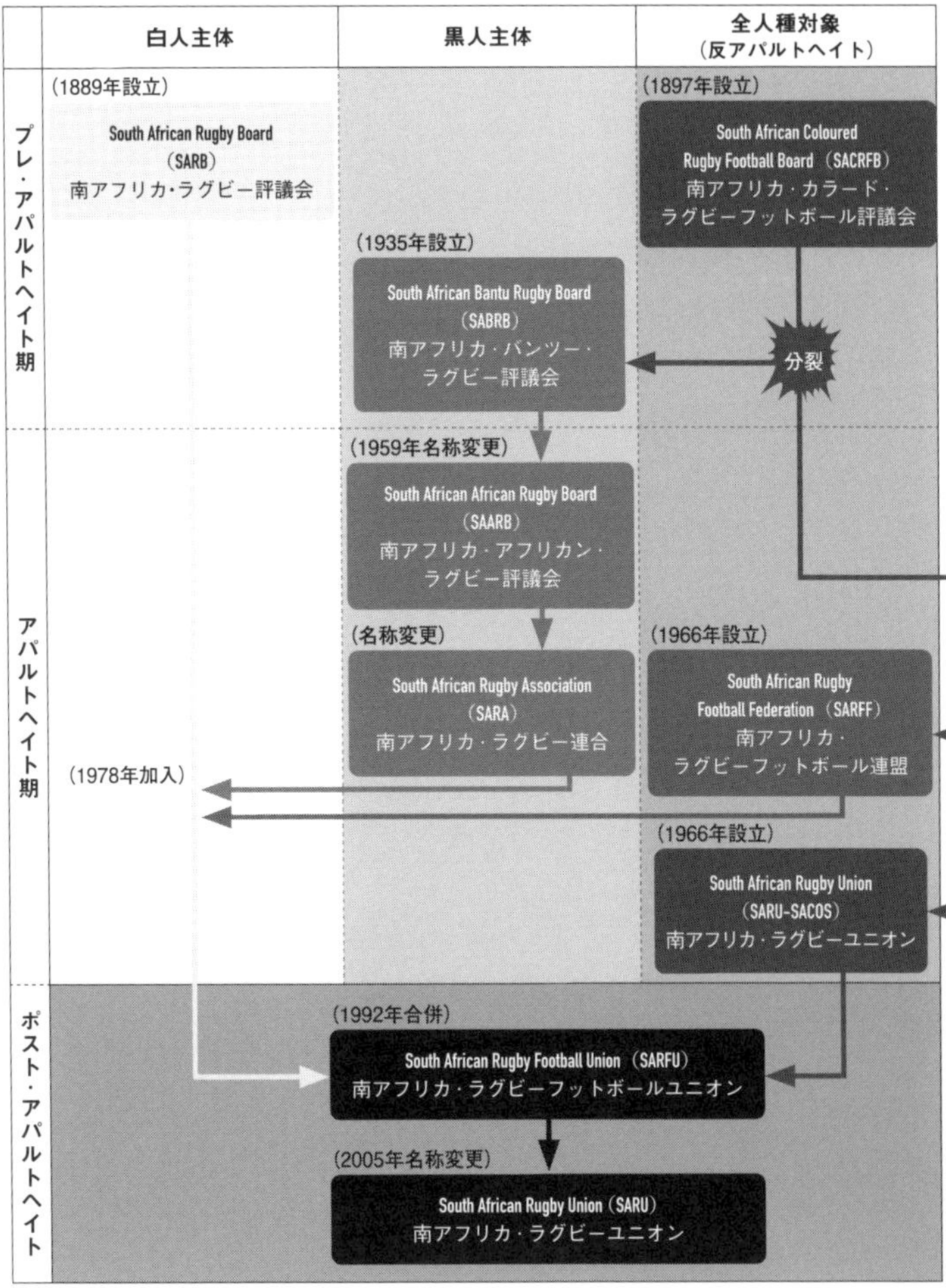
白人主体
黒人主体
全人種対象
(反アパルトヘイト)
プレ・アパルトヘイト期
(1889年設立)
South African Rugby Board
(SARB)
南アフリカ・ラグビー評議会
(1897年設立)
South African Coloured
Rugby Football Board (SACRFB)
南アフリカ・カラード・
ラグビーフットボール評議会
(1935年設立)
South African Bantu Rugby Board
(SABRB)
南アフリカ・バンツー・
ラグビー評議会
分裂
アパルトヘイト期
(1959年名称変更)
South African African Rugby Board
(SAARB)
南アフリカ・アフリカン・
ラグビー評議会
(名称変更)
South African Rugby Association
(SARA)
南アフリカ・ラグビー連合
(1966年設立)
South African Rugby
Football Federation (SARFF)
南アフリカ・
ラグビーフットボール連盟
(1978年加入)
(1966年設立)
South African Rugby Union
(SARU-SACOS)
南アフリカ・ラグビーユニオン
ポスト・アパルトヘイト
(1992年合併)
South African Rugby Football Union (SARFU)
南アフリカ・ラグビーフットボールユニオン
(2005年名称変更)
South African Rugby Union (SARU)
南アフリカ・ラグビーユニオン

図2　南アフリカの人種別ユニオンの変遷

リーンのジャージの左胸には、スプリングボックがラグビーボールの上を飛んでいるというエンブレムが付いていた。

発足当初はカラードと黒人が協力しながらSACRFBを運営していたが、やはり人種の壁はここにもあり、1935年に一部の黒人グループが南アフリカ・バンツー・ラグビー評議会（SABRB）を結成し、SACRFBより分離する。したがって、ここからしばらくはカラード（SACRFBはあくまで全人種のためのユニオンを標ぼうし続けた）、黒人、そして白人主体という人種別のユニオンが共存することになる。

SACRFBは1966年に再び内紛が生じて、南アフリカ・ラグビーフットボール連盟（SARFF）と、南アフリカ・ラグビーユニオン（SARU‐SACOS）(22)に分裂する。SARFFは資金的援助や、便宜を図ってもらうという思惑があり、白人主体のSARBに接近した。他方、SARU‐SACOSは、SACRFB時代の全人種のためのラグビーという考え、いわば反アパルトヘイト精神を踏襲していたため、SARBとの交流を受け入れるわけにはいかなかった。客観的にみると、SARFFがSARBに寝返ったということになる。ただ、アパルトヘイトが48年に法制化されて以来、非白人はさまざまな局面で差別され、60年代はその締め付けが最もきつい時期だった。スポーツに関しても人種間の格差が開き、非白人にとっては苦難の時代であったため、ラグビーを続けるための方策として、白人に近づいたSARFFを一方的に責めることはできない。

例えば、政府機関の人間科学調査評議会がこの当時に行った調査によると、白人の学校施設だけで全教育機関の72％を占有しており、ラグビー場に至っては82％を白人が所有していた。さらに、白人のラグビー場は公共施設でも潤沢な予算が確保されており、天然芝が敷かれ、スタンドやシャワー室なども整備されていた。一方、黒人のグラウンドは砂利や土で更衣室やトイレなどの付帯施設はないところが多かった。

スポーツの世界では資金とコネクションが必要である。当時のラグビーはアマチュアだが、特に当時の南アフリカのような特殊な状況で組織を運営するには、それなりの資金と人脈が求められた。１９７１年、ＳＡＲＦＦはＳＡＲＢからの資金援助を得て、彼らの代表チーム〝プロテアズ（プロテアは南アフリカの国花）〟を念願の欧州遠征（イギリスおよびオランダ）へ派遣した。ＳＡＲＢはアパルトヘイト時代も当時の国際ラグビーフットボール評議会（ＩＲＦＢ）において南アフリカ代表であり、彼らのコネクションを使わない限り、海外遠征は不可能だった。

その後プロテアズは、南アフリカに遠征してきたイングランド（１９７２年、●６-11）、ブリティッシュ・ライオンズ（74年、●６-37）、フランス（75年、●３-37）、オールブラックス（76年、●３-25）、ブリティッシュ・ライオンズ（80年、●６-15）に競り負ける。しかし、ＳＡＲＦＦがこれらの一流チームと試合が組めたのはＳＡＲＢと関係を深めたからである。

（22）南アフリカ・ラグビーユニオン（ＳＡＲＵ・ＳＡＣＯＳ）：ＳＡＲＵはSouth African Rugby Unionの略。アパルトヘイト撤廃後に発足し、現在まで南アフリカラグビーを統括するＳＡＲＵと同名。したがって、本書ではＳＡＣＲＦＢを源とするＳＡＲＵは後述する南アフリカスポーツ評議会（ＳＡＣＯＳ）の創設メンバーだったため略語をＳＡＲＵ・ＳＡＣＯＳとし、現在のＳＡＲＵはそのまま表記する。

一方、SARU-SACOSは1973年に他競技の〝すべての人種にスポーツを平等に〟という同じ志を持つ9つのスポーツ組織と連携し、反アパルトヘイトを基本方針とする南アフリカスポーツ評議会（SACOS）を設立し、SARFFとは真逆の方向へ進む。SACOSはその後、70〜80年代にかけて国内外でスポーツにおける人種差別の撤廃を一貫して主張し、それに賛同した海外のスポーツ関係機関は南アフリカとのスポーツ交流を中断することになる。最終的にこの海外からのボイコットがスポーツ界におけるアパルトヘイトに圧力をかけ続け、その悪法を廃止に近づけた。

続いて、黒人主体のSABRBである。前述のとおり、1935年、上層部の意見の相違によりSABRBは、SACRFBは、最終的にはキャンセルになった欧州遠征に向けて代表チームを結成し、その強化を始めた。SABRBもそれに対抗するため代表チームを結成し、両代表チームは〝テストマッチ〟を不定期に開催するようになる。この時期はアパルトヘイトの前段階として、人種隔離の法整備が進み始めていたため、白人と非白人との境界線が明確化し、白人チームとの交流は不可能になった。したがって、国内での両代表チームの強化は、黒人とカラード間で行わざるを得なかったのである。このテストマッチはアパルトヘイト時代も続き、お互いのライバル意識の高まりもあって、60年代には一万人以上の観客動員を記録する人気イベントとなった。

1959年にSABRBは、南アフリカ・アフリカン・ラグビー評議会（SAARB）、さらに南アフリカ・ラグビー連合（SARA）へと組織の名称を変更する。最初のSABRBにあったバンツーは、黒人のマジョリティを占める民族名であるが、当時は黒人を侮辱する呼び名でもあったため、設立当初から改名を求める声が上がっていた。

1948年の総選挙の結果により、政権がイギリス系主体の統一党からアフリカーナー主体の国民党に代わり、南アフリカは本格的にアパルトヘイト時代に突入する。南アフリカでは人種隔離が法制化されたことにより、黒人は差別され、白人は逆に差別しなければ罰せられるという状態になる。SARAはSARFFと同じく、この状況下では白人、つまりSARBに接近することが得策と判断し、徐々に関係を深めていく。

本来なら敵対しても当然のSARBに対して忠誠心を見せるという姿勢が奏功し、SARAは1972年に遠征してきたイングランドと公式戦を戦う機会を与えられた（●3-36）。プロテアズにも同様の機会が与えられたため、SARBがバランスを取り、従順な非白人ユニオンにアメを配ったのである。また、国内外の反アパルトヘイト運動への懐柔策の一つとして、SARBは非白人を〝白人と同等に扱っている〟という宣伝材料にも使用していた。同年、SARAは遠征してきたイタリアとも試合を組むことができた（●4-24）。なお、この頃の黒人主体の代表チームは、公式ジャージに豹のエンブレムが付いていたことから〝レオパーズ〟と呼ばれるようになる。

2年後の1974年5月には、SARAとしては初めての海外遠征（イタリア）を挙行。南アフリカの代表チームがイタリアの地を踏んだのはこれが初めてだった。しかし、アパルトヘイト政策で非白人は移動が制限されており、地元周辺さえ出たことのない選手たちが海外の環境に短期間で順応することは難しかった。当時は現在ほどイタリアのレベルは高くなかったが、ツアーの戦績は6試合でわずか1勝という結果に終わる。そのうち、イタリアU23代表とは引き分け、正代表には25‐10で負けはしたが、トライ数に大きな差はなく、内容的にはほぼ互角の勝負ができた。

この勢いのまま、レオパーズは2か月後にホーム、イーストロンドンにブリティッシュ・ライオンズを迎える。この年のブリティッシュ・ライオンズはガレス・エドワーズ、J・P・R・ウィリアムズ、J・J・ウィリアムズ、そしてマーヴィン・デービスなど、全盛期のウェールズの選手を多数擁し、史上最強と謳われていた。結果的には56‐10の大差で敗北したもののレオパーズが称えられたのは、その最強チームからウイングのエース、チャールズ・ンウェバが1トライを奪ったためである。

実はこの試合の前に、スプリングボックスが二度テストマッチを戦っていたが、ブリティッシュ・ライオンズからトライを奪うことはできなかった。スプリングボックスと比べると、はるかに体格的にも劣り、練習環境も整っていないレオパーズがトライを挙げたという事実は、それまで黒人選手を〝セカンドグレード〟と見下していたSARBの見方を変えることになる。ちなみにこの最強といわれたブリティッシュ・ライオンズはこの遠征を22試合無敗（最終戦のテストマッチのみ13‐13のドロー）で終えた。

その後も各国の代表チームが南アフリカへ遠征してきた際は、評価を高めたレオパーズとの試合が組まれるようになる。翌1975年にはフランスと（●9‐39）、76年にはついにオールブラックスと対戦する（●0‐31）。80年には再びブリティッシュ・ライオンズと再戦する名誉を与えられ、6‐28と負けはしたものの、前回よりは実力差を縮めたことを証明した。

プロテアズとレオパーズの健闘は、非白人選手でも国際レベルで試合ができるということをアピールするもので、SARBもそれを認めざるを得なかった。確かにSARAもSARFFも自分たちを差別する白人主体であるSARBにすり寄ったことは、非白人からすると裏切り行為かもしれない。しかし、この二つの非白人代表チームの躍進が、非白人選手全体の評価やステータスの向上に繋がったのも事実である。

## アパルトヘイトとラグビー～世界からの非難、そして孤立

1919年、第一次世界大戦でイギリス軍に加勢したニュージーランド軍のラグビーチームが、欧州からの帰路に遠征という形で南アフリカに寄港した。このチームメンバーには、フランスの〝アヴランクールの戦い〟で名誉の負傷から回復したばかりのニュージーランド代表キャップ21、国民的な英雄のランジ・ウィルソンが含まれていた。しかし、ウィルソンは南アフリカでの試合に出ることなく母国へ帰国する。彼はバルバドス（東カリブ海にあるイギリス連邦に属する独立国家）出身の黒人の父親とイギリス系白人の母親を持ち、南アフリカでは〝カラード〟に分類された。そのため非白人選手ということで、SARBよりメンバーからの除外を要求されたのである。まだアパルトヘイトは法制化されていない時代であったが、対外チームに対する最初の人種

差別だった。

1921年、スプリングボックスが初めてニュージーランドとオーストラリアへ遠征した。この遠征は現在まで続くスプリングボックスとオールブラックスの戦いの起点となった。当然、スプリングボックスは全員白人選手で構成されていたが、それが問題になる時代ではなかった。そして、このツアーに同行した南アフリカの記者チャールズ・ブラッケンは、ニュージーランド・マオリ（現在のマオリ・オールブラックス）との試合後、次のように本国へ打電した。

「ニュージーランドの先住民と公式戦をやるだけでもどうかと思うが、驚いたことにヨーロッパ系の観客が同胞（白人であるスプリングボックス選手）を倒そうとしている有色人種たちを熱狂的に応援している。このことはスプリングボックスの選手たちには耐え難く、非常に不快に思っている」

それから7年後の1928年、今度はオールブラックスが南アフリカの土を踏む。この時のオールブラックスには、現在でも呼ばれる〝インビンシブル（無敵）〟という別称が付けられた24年の欧州遠征のメンバーが9名含まれていた。この遠征でオールブラックスはアイルランド、ウェールズ、イングランド、フランスとのテストマッチを含む32連勝無敗という偉業を達成した。しかし、〝インビンシブル〟の主力選手だったフルバックのジョージ・ネピアとスクラムハーフのジミー・ミルの2名は南アフリカ遠征メンバーからは外れた。この除外の理由は公式には発表されなかったが、彼ら2名はマオリの血を引いており、純粋な白人ではなかったからである。NZRFU側が南アフリカに配慮したものといわれているが、主力級選手を南アフリカへ帯同させた場合のリスクから保護するためだったという意見もある。いずれにせよ、この時代においては、この2名の除外についてマオリコミュニティ以外から抗議の声は上がらなかった。ただし、ネピアもミルも、翌年のオーストラリア遠征や翌々年にホームでブリティッシュ・ライオンズを迎え撃った際にはオールブラックスに選ばれている。

1949年、久々にオールブラックスが南アフリカ遠征を実施する。今までと異なる状況としては、暗黙の了解であった非白人選手の排除が、アパルトヘイト政策の施行により法制化されたことであった。NZRFUは、主将を務めていたジョニー・スミスを含め3名のマオリ系の選手を遠征メンバーから外した。この南アフリカ遠征と同時期に、この3名を含めた別の〝オールブラックス〟が当時、まだ格下とされていたオーストラリアへ遠征する。主力級選手は南アフリカ遠征のメンバーとなっており、このチームはいわばBチームであり、本来ならキャップの対象ではない。しかし、彼ら3名が南アフリカ遠征に参加できず、その損失を補填する意味でNZRFUはオーストラリア代表ワラビーズとの2試合をキャップ対象にした。この後、56年にスプリングボックスが3度目のニュージーランド遠征を実施した。人種差別が表面上問題視されず、〝普通〟に試合ができたのはここまでだった。

1960年、イギリスのハロルド・マクミラン首相が、当時のアフリカにおける同国の植民地を訪問し、有名な〝チェンジ・オブ・ウィンド〟と呼ばれるスピーチを行った。彼は、「アフリカ大陸には変革の風が吹いている」と説き、依然として欧州諸国の植民地であるアフリカ諸国に対して独立を促した。彼はまた、すでに独立はしていたがイギリス連邦の一員である南アフリカにも立ち寄り、ケープタウンにて、アパルトヘイト政策を厳しく非難する演説を行った。これをきっかけに、世界中の世論が反アパルトヘイトへと動いていく。それに追い打ちをかけるように、同年、約70名の死者が出たシャープヴィル虐殺事件(23)が勃発した。この事件はネルソン・マンデラをはじめ、多数の黒人指導者の不当逮捕へと繋がる。また、マクミラン首相の叱責に反発し、翌年、南アフリカはイギリス連邦を脱退し共和制に移行したため、現在に至る南アフリカ共和国が発足した。

1961年、南アフリカのヘンドリック・フルウールト首相が、同年に南アフリカへ遠征を予定していたオールブラックスに対して、マオリ系およびアイランダー系選手の除外、つまり白人選手だけで構成されるオールブラックスで来るよう直々に要請した。これまではSARBを通じて非公式に同様の要求をしていたが、国家元首がオフィシャルな形で人種隔離をニュージーランド側に強要したのである。

マオリは1840年に締結されたワイタンギ条約により当時ニュージーランドを統治していたイギリスの君主であるヴィクトリア女王の臣民となり、イギリス国民としての権利を与えられた。実際にはさまざまな問題はあったものの、この条約でマオリの人々は法的には白人と平等な権利を保証されたのである。実際、84年、つまりニュージーランドにユニオンが設立される以前に実施されたオーストラリア遠征の代表チームに2名のマオリ系の選手が選出されている。つまり、マオリ系選手はニュージーランドラグビーの黎明期からオールブラックスに選出されており、完全に同国ラグビーの一部となっていた。

これまでは我慢していたニュージーランド国民も、フルウールト首相が示した南アフリカのマオリ系選手に対する差別的な扱いに抵抗の意を示すようになる。そして、ニュージーランド各地でアパルトヘイトに反対するデモ活動が活発化し、遠征中止を要求する嘆願書に16万人が署名した。〝国民のオールブラックス・ツアーの会〟という反対派グループは〝ノー・マオリ、ノー・ツアー〟というスローガンを掲げ、マオリ系選手を除外する限り遠征は中止すべきと世論に訴えた。結局、ニュージーランド政府は「政治がスポーツに関与すべきではない」という責任逃れのスタンスで、NZRFUが遠征決行の判断を下す。ある反対派グループは、選手たちが搭乗した飛行機の離陸を妨げようと滑走路への侵入を試み、最後まで遠征中止への執念を見せた。メディアからは〝All White All Blacks Tour of South Africa（オール白人のオールブラックス南アフリカ遠征）〟と揶揄された。

1964年には、IOCがアパルトヘイト政策に対する制裁の一環として、南アフリカに対して東京オリンピックへの参加禁止を言い渡した。翌65年には、スプリングボックスがニュージーランドへ遠征することになっていた。予想された現地での抗議活動を緩和したかった遠征チームの団長でSARBの会長だった故ダニー・クレイブン(24)は、「次回、67年のオールブラックス

(23) シャープヴィル虐殺事件（Sharpeville Massacre）：1960年3月21日に反アパルトヘイト組織であるパン・アフリカニスト会議の支持者約1万人がパス法（黒人に身分証の携帯を義務付けた法）に反対し、ヨハネスブルグ近郊のシャープヴィル警察署前でデモを行った。その際、警察官が群衆に発砲し、69人の死者と180人の負傷者を出した事件。この結果、南アフリカ各地で黒人の暴動が勃発した。

の南アフリカ遠征メンバーの選出は、肌の色ではなく、実力で選ばれるべきだ」と遠征前にコメントし先手を打った。この発表が奏功し、多少のデモ抗議活動はあったものの、ニュージーランド遠征は成功裏に終わった。しかし、「アパルトヘイトの設計者」との誹《そし》りを受けたフルウールト首相は、この遠征が滞りなく終了したのを見届けてから、「次回の我が国への遠征の際、オールブラックスのメンバーにマオリ系選手を含めた場合は訪問を拒否する」という声明を出す。この声明にはＮＺＲＦＵのみならずＩＲＦＢも激怒し、67年のオールブラックスの南アフリカ遠征は中止となった。なお、フルウールト首相はこの声明を出してからしばらくの後、反アパルトヘイト思想を持つ白人の守衛に刺殺される。

　このように世界中からの非難を受けても、当時の南アフリカ政府は人種問題に関しては強気の態度を崩さなかった。白人政権からするとアパルトヘイトは国家の基盤となっており、それを非難する海外からの干渉を受け入れることはなかったのだ。特にラグビーに関しては、当時ニュージーランドを凌駕して実力的には世界一と評されたスプリングボックスを、政府は白人の強さの象徴にしたかったのである。スプリングボックスにおいても、特にアパルトヘイト政策の緩和や妥協をすることはあり得なかった。同国の強さをアピールするために、スプリングボックスは政治利用されていたのである。

　また、スプリングボックスと政治の関係では、アパルトヘイト期のスプリングボックスの歴代主将は、少数の例外を除いてほとんどが国民党員だった。皆、政治に関心があったわけではないが、主将という名誉あるポジションは首相や与党議員との交流も多かったので、入党したほうがスムーズに物事が進むという利点があった。スプリングボックス時代の知名度を利用し、引退後政治家の道へ進んだ選手も数人いる。

加えて、この時期の歴代主将のほとんどは、アフリカーナー・ブローダーボンド(25)と呼ばれる、アフリカーナーのプロテスタントで25歳以上の男性のみが入会できた秘密組織のメンバーでもあった。この組織は強いて例えればフリーメイソンの南アフリカ版ともいえる組織で、アフリカーナーの言語や文化を守り、民族の発展に寄与することを目的としていた。そして、国民党と密接な繋がりを有し、アパルトヘイト期の政治に大きな影響を及ぼした。また、この秘密組織

---

(24) ダニー・クレイブン（Danie Craven, 1910～93年）：スプリングボックスキャップを16持ち、ポジションは主にスクラムハーフ。49年から7年間はスプリングボックスのヘッドコーチを務め、勝率74%という戦績を残す。56年から死去する93年まで、アパルトヘイト期の難しい時代にSARBそしてSARFUの会長を務めた。アパルトヘイトにより孤立した時代もIRFB（現ワールドラグビー）とは関係を継続し、95年のワールドカップ招致に成功した南アフリカラグビーの中興の祖。現在、彼の功績を称えるため、中高生の全国大会をクレイブン・ウィークと称している。ステレンボッシュ大学で民族学の博士号を取得し、体育学部の教授に就任。独自のラグビー理論や戦術を著書に残しており、日本でも大西鐵之祐（元日本代表および早稲田大学監督）などに影響を与えた。

(25) アフリカーナー・ブローダーボンド（Afrikaner Broederbond）：1918年、ボーア戦争後、アフリカーナーの社会的地位向上を目的として結成された秘密結社。組織は徐々に拡大し多くの政治家がメンバーに加わったため、当時の与党であった国民党を陰で動かす存在となる。アパルトヘイト政策の策定と実施に大きな影響を与えた。アパルトヘイト後の94年には、アフリカーナーボンドと名称を変更し、アフリカーンス語が母語であれば、女性でも非白人でも加入できるようになった。

はラグビーに対しても政治力を使い、バジル・ケニオンなどのイギリス系の選手がスプリングボックスの主将になった際には、主将をアフリカーナーの選手に変えるようにSARBに圧力をかけたことで物議を醸した。

話は戻るが、この1967年に予定されていたニュージーランドの遠征中止はさすがに南アフリカ政府に衝撃を与えた。フルウールトの後継者、バルタザール・フォルスター首相は、アパルトヘイト政策については、前任者同様に国家の基盤と考え、以前にも増して高圧的に推し進めた。しかし、ラグビーに関しては国際関係を重視し、前任者による人種差別を公認する声明を撤回し、「国民党は南アフリカを訪れるスポーツチームに人種に関する条件を問わない」という新たな声明を出した。この声明を受け、70年に、延期されたニュージーランドの南アフリカ遠征が実施された。ただし、オールブラックス・メンバーに入った4名のマオリ系およびアイランダー系の選手は日本人と同じく、名誉白人（アパルトヘイト制度化では外国人であっても有色人種はすべて差別の対象となった。しかし、当時、南アフリカの最大の貿易相手国であった日本と、南アフリカと国交のあった台湾籍を持つ者は特別に白人として扱われた）という人種カテゴリーでの入国を強いられた。しかも、フォルスター大統領は「多くのマオリは入れない」「マオリ選手は肌の色が黒過ぎてはいけない」という〝受入条件〟をニュージーランド政府に提示した。

この時のオールブラックスのメンバーで、引退後はニュージーランド外務省高官になるクリス・レイドローは遠征の1年半前に南アフリカを訪問し、有力政治家であり、その後外務大臣となるピク・ボサと面会する機会を得た。そして直接、「あなた方がオールブラックスのすべての選手に平等に対応することが確認できなければ誰も遠征には参加しない」と啖呵を切っている。レイドローに関しては後述するが、ニュージーランド人でありながら南アフリカの国際ラグビーへの復帰に尽力した人物である。現役時代からアパルトヘイト政策に反対であることをことあるごとに主張しており、当時の南アフリカ側からは目障りな存在であった。レイドロー自身も故意ではなかったと否定しているが、彼はスクラムハーフとして出場したテストマッチ第1戦で、スプリングボックスから受けたハードなコンタクトにより脳震盪《のうしんとう》で退場している。

この遠征中止に対する南アフリカ政府の対応は、反アパルトヘイト運動を展開するANCや支援団体に一つのヒントを与えた。アフリカーナーたちの宗教になっているラグビー、そしてその象徴ともいうべきスプリングボックスを白人から奪うことは、白人政権に大きな影響を与えるということである。人種問題では海外からの批判に対して梃子でも動かなかった南アフリカ政府が、ラグビーを取り上げられたことで態度を変えた。これを見た反アパルトヘイト派は、ラグビーを叩くことで自分たちの要求、つまりアパルトヘイト廃止に近づけるのではと考えたのである。しかしそのためには、世界中にスプリングボックスがアパルトヘイトの象徴であり、悪の権化というイメージを植え付け、徹底的に攻撃する必要があった。

## 深まる闇〜アパルトヘイトへの抵抗

ここまで、ニュージーランドのマオリ系選手に対する差別を取り上げた。しかし、そのほかの国でも、自国の代表チームメンバー選出にアパルトヘイト制度を強要しようとする南アフリカの高圧的な態度は物議を醸した。オーストラリアやイギリスでは、南アフリカが遠征する先々の試合会場付近で抗議活動が行われ、逮捕者も出ている。1963年、ワラビーズの南アフリカ遠征メンバーに選出されたアボリジニ（オーストラリアの先住民）系のロイド・マックダーモットは、アパルトヘイト政策に反発して遠征を辞退した。マックダーモットは、アボリジニからは初めての法廷弁護士となり、二番目にワラビーズに選ばれた人格者でもあった。

1968年、国連総会は決議2396第12項で〝すべての国および団体に対し、アパルトヘイトを行使する南アフリカの人種主義政権および団体もしくは機関との文化、教育、スポーツ、その他の分野における交流を停止する〟よう要請した。そして、国連特別委員会はこのスポーツボイコットを世界中に拡大していく。南アフリカ側の改善が見られなかったこともあり、同様の決議はその後も毎年のように続く。71年の決議2775ではスポーツに特化し、〝スポーツの分野で公的な人種差別政策もしくはアパルトヘイト政策を有する国でのいかなる競技大会にも参加しないよう個々の選手に要請する〟〝スポーツに人種差別や分離を持ち込む南アフリカ政府の行動を非難する〟〝南アフリカチームとの交換試合を続けている国家、国際スポーツ団体が存在することに遺憾をもって留意する〟とした。そして、72年の決議3151Gでは〝人種的に選ばれた南アフリカチームとの交歓をボイコットし、かつボイコット運動を展開させた団体および個人を賞賛する〟と文言も徐々に厳しくなっている。通常は大国の思惑に翻弄され続けている国連で、しかも冷戦真っただ中のこの時期に、南アフリカに対する制裁が総会で決議された。アパルトヘイト政策はこの当時でもかなり異質で到底受け入れられるものではないと国際社会が判断を下したのである。

しかし、この決議はあくまで任意であり、強制力や罰則があるものではない。アパルトヘイト政策に対しては、どの国も反対の姿勢を見せてはいるが、実際の対応に関しては国により温度差があった。例えば、途上国などそもそもスポーツをする余裕がない国や、南アフリカが得意とするラグビーやクリケットなどのスポーツが盛んではなく交流の可能性が低い国は決議に従う声明を出すところが多かった。しかし、イギリス、ニュージーランド、オーストラリア、フランスなど、スプリングボックスとの試合を待ち望んでいる国では、アパルトヘイトは許容できないという基本方針はあるが、政治とスポーツの分離や、個人が海外に自由に行く権利なども合わせて主張した。南アフリカとのスポーツ交流の可能性をあえて残したのである。これらのラグビー強豪国が決議に従い、南アフリカにダメージを与えることができていれば、アパルトヘイトの終焉はもう少し早まったかもしれない。そうであれば、南アフリカラグビーの国際社会への復帰を早め、南アフリカラグビーにとっても有益な結果に繋がったはずである。

こうした状況下で、最初の国連決議が出された1968年、クリケットの南アフリカ代表のイギリス遠征は中止になったが、翌69年、スプリングボックスのイギリス・アイルランド遠征は予定どおり実施された。やはり4つのホームユニオンはたとえ決議違反になっても、当時、世界最強と謳われたスプリングボックスとの試合を切望したのである。

予想はされたが、遠征先での反アパルトヘイト派団体の抗議活動は激しいものがあり、各地の試合会場は反対派と警官隊のせめぎあいで混沌とした。抗議活動の中には南アフリカ出身の白人で、本国にて反アパルトヘイト運動を推進したことにより迫害を受けイギリスに渡った活動家ピーター・ヘインが先導したものもあった。また、後にイギリスの第74代首相となるゴードン・ブラウンも抗議活動に参加していた。ヘインはその後、イギリスで政治家に転身し、ブラウンと同じく労働党に入党した。そして、最終的にはブラウン政権時には内閣でウェールズ担当大臣を務めた。

遠征の初戦、オックスフォード大学との試合では、会場入りするスプリングボックスのバスに向かって、反対派の人々は皮肉たっぷりにナチス式敬礼をしてジークハイルと叫んだ。試合中も、ピッチに乱入して試合の中断を試みた活動家が数名、警察官に取り押さえられた。その後も至るところで抗議活動は続くが、なかでも〝スウォンジーの戦い〟と呼ばれた名門スウォンジー・クラブとの対戦時の抗議活動は激しかった。試合は最後まで行われたものの、スタジアム周辺で反対派と警官隊が衝突し、死者こそ出なかったが、警官11名を含む100名以上が負傷した。これらの抗議活動はメディアを通じて世界中に伝わり、〝アパルトヘイトは悪〟、その代名詞としてのスプリングボックスというイメージが着実に形成されていった。

フォルスター政権は次回のニュージーランドの南アフリカ遠征を念頭に、スポーツにおける非白人選手の入国や交流を認める発言をしたものの、人種差別は一向に是正されなかった。逆にアフリカーナーを中心とした白人間には右翼思想が蔓延し、それを受けて政府は、反アパルトヘイト運動を行う黒人組織の弾圧を強めた。フォルスター首相の先の「スポーツチームに人種は問わない」という発言に対しても白人右派からは〝弱腰〟と非難轟轟であった。同政権下で保健相や郵便・通信相を務めたアルバート・ヘーズゾクも議会の場で「マオリの入国を許すと、（試合後の）アフター・ファンクションで我々の娘たちとマオリの男たちが踊ることになるがそれでよいのか？」と痛烈に批判した。そして、1970年代に入り、南アフリカ政府が人種差別の度合いを強めるほど、反アパルトヘイト活動も国内外で激化する。

前述した1970年、オールブラックスの南アフリカ遠征では、主力のフロント・ロー、ケン・グレイだけはアパルトヘイトへの抗議として遠征を辞退した。ちなみにこの南アフリカ遠征でトライを量産し知名度を上げたのは、伝説的なウイングでサモア系のブライアン・ウィリアムズだった。遠征時は19歳で、大学で法律を学ぶ学生だったが、非白人であるがゆえにウィリアムズは名誉白人として南アフリカに入国した。彼は遠征前のインタビューで「（白人でない）私がほかの3名のマオリ系選手とプレーすることで、アパルトヘイト廃止という役割の一端を担える」と遠征に参加することの意義を主張していた。

その後、1973年に計画されていた南アフリカのニュージーランド遠征は、人種の平等性を標ぼうするニュージーランド、ノーマン・カーク首相により中止が言い渡される。これまで政治がスポーツへ介在することを拒んできたニュージーランド政府が、初めてスポーツに対して影響力を及ぼしたのであった。

1976年6月に、南アフリカ政府が教育機関の言語を強制的にアフリカーンス語にしたことに対して、約1万人の黒人学生がヨハネスブルグ南東部にある国内最大のタウンシップ、ソウェトで抗議集会とデモを展開し、最終的には暴動となる、いわゆるソウェト蜂起が勃発した。当初、警察隊は催涙ガスによってこの暴動の鎮静化を試みたが、抗戦する学生側に一人の白人警官が発砲したことから大惨事に繋がった。結果的には死者176人、負傷者1139人という南アフリカの近代史における大惨劇となる。

このソウェト蜂起の翌月、ニュージーランドが南アフリカ遠征を敢行する。ニュージーランドでは前年に労働党から国民党へ政権交代があり。新首相となったロバート・マルドゥーンは前任者とは逆に〝スポーツと政治は分離されるべき〟という考えだった。さらに「南アフリカへの遠征がアパルトヘイトを支持していることにはならない」と発言し、スポーツの自由を守るという大義名分を掲げていた。ソウェト蜂起の記憶がまだ鮮明に残っているタイミングでの遠征は世界中から非難を浴び、ニュージーランド国内でも社会を分断する大問題になった。

そして、この遠征はニュージーランドの国内問題だけに収まらず、同年にカナダで開催されたモントリオールオリンピックにも悪影響を与えた。オールブラックスが国連の決議に従わず、南アフリカ遠征を断行したことに対する抗議として、タンザニア主導でアフリカ地域の22か国がオリンピックの不参加を表明した。この22か国は、オリンピック開催直前にニュージーランドの参加除外を要求したがＩＯＣは聞き入れなかった。そのＩＯＣの対応に失望し、すでに選手団が現地入りしていた国もあったがオリンピックのボイコットを決めた。現在は模範的な外交政策で敵をつくらないニュージーランドであるが、この一件では、南アフリカと付き合ったがために国際的な評価を下げた。

1979年に予定されていたスプリングボックスのフランス遠征は、フランス政府の意向により中止が決定された。南アフリカラグビーが国際社会から孤立するにつれ、SARBへの権力の集中は続いた。しかし、この強大な権力が、ほかのラグビー強豪国で高い人気を誇るラグビーリーグの南アフリカへの進出を防いだ。なお、ラグビーリーグとは、1895年にアマチュアの15人制ラグビーユニオンから分裂し、プロ化した13人制のラグビーのことである。日本ではあまり知られていないが、オーストラリア、ニュージーランド、イングランドでは人気がある。なお、本書でラグビーと表記するのはラグビーユニオンのことである。

実は80年代に少数ではあるが、白人との待遇差に不満を持つ非白人選手、ラグビーにより収入を得たい白人選手などがイギリスやオーストラリアに渡り、有給のラグビーリーグで活躍した。そういう状況下で、逆にラグビーリーグを南アフリカへ持ち込むという案が海外でプレーする南アフリカ人リーグ選手からスポーツプロモーターへ提案された。実際、プロモーターは南アフリカにおいてラグビーリーグ設立に向けて動き出した。しかし、この動きは、当時、アマチュアリズムを標ぼうしたSARBにより打ち砕かれた。南アフリカの国際社会からの孤立という特殊な事情がラグビーリーグの進出を防ぐ結果となった。

## 1981年の争乱～ニュージーランドの困惑

1981年、スプリングボックスはニュージーランドへ遠征する。スプリングボックスにとって実に16年ぶりのニュージーランド遠征だった。しかし、この遠征は南アフリカラグビーが国際社会から完全に孤立する分岐点となる。繰り返すが、国連総会の決議には強制力はない。ニュージーランドのロバート・マルドゥーン首相はこの時二期目で、前回と同じく政治はスポーツには介入しないとのスタンスを取り、スプリングボックス遠征の受け入れについては再びNZRFUに判断を委ねた。この年は総選挙を控えており、彼の支援者には遠征賛成派が多かった。

ちなみに南アフリカがアパルトヘイト政策を廃止し、国際ラグビーに復帰した92年の時点では、オールブラックスとは20勝15敗2分、ワラビーズとは21勝7敗という戦績だった。そしてそのほか、ホーム・ネイションズやフランスなど、対戦したすべての国とのテストマッチに勝ち越している。そのため、当時はすべてのラグビー強国がスプリングボックスをターゲットに掲げており、選手はもちろん、各国ユニオン関係者も世界最強チームとのマッチメイキングを切望した。とりわけ〝無敵〟の称号を持つオールブラックスにとっては、スプリングボックスの存在は常に目の上の瘤だった。真の〝無敵〟になるためには、多少のトラブルに目を瞑っても、とにかくスプリングボックスと試合をして勝利を奪わなければならなかった。こうした事情から、前年の1980年に開催されたNZRFU総会では、満場一致で南アフリカの招聘を決定した。当時の26の地方ユニオン代表全員がスプリングボックスを迎えることに賛成票を投じたのである。

この遠征には最初から、アパルトヘイト問題とスポーツの独立性というイデオロギーの対立があった。スプリングボックスの到着前よりニュージーランド各地で遠征を阻止すべく抗議活動やデモが行われ、一行が空港に到着した際は多数のデモンストレーターが手荒い歓迎で出迎えた。

そして、ホテルでは安全確保のためスプリングボックス関係者全員に外出禁止が言い渡された。オールブラックス側はキャプテンに指名されていたグラハム・モーリーと、歴代のセンターの中でも評価が高かったブルース・ロバートソンがアパルトヘイト反対を理由にメンバーからの辞退を申し出た。そして、ニュージーランドでの抗議活動の急先鋒に立ったのは、マオリの活動家たちだった。1960年代後半まで、南アフリカのアパルトヘイト政策に合わせてNZRFUはマオリ系選手を除外してきた。このことにマオリ社会は深く傷つきながらも我慢を強いられてきた。しかし、その我慢もすでに限界だった。

初戦は7月22日、北島のギズボーンで始まった。試合前日、反対派はスタジアムに小型トラックで侵入し、きれいに整備された芝生に轍を刻み、ゴミを散布した。彼らは試合中も土手の下にあるフェンスを突破し、ピッチへの乱入を試みる。しかし、16年ぶりの南アフリカとの対戦を楽しみにチケットを購入し、観客席で試合開始を心待ちしていたファンは、警官隊とともに彼らの侵入を妨げた。反対派は妨害行為により反アパルトヘイトをアピールできたが、結果的には試合中止という目標は達成できなかった。しかし、多くの国民は、ニュージーランド人同士が自分たちにとって最も大事なラグビーが原因で争う姿に心を痛め、この遠征を受け入れたことにより国が分断したことを実感した。

問題は3日後のハミルトンでの試合である。現在、スーパーラグビーのチーフスが拠点としているワイカト・スタジアムが会場となり、やはり3万人近い観客が試合開始を待ちわびていた。ギズボーンと同様に反対派約350人が試合直前にフェンスを破り、今回はピッチまで侵入することに成功する。試合会場の外にも会場内の同胞を応援するため数千人の反対派が集まっていた。その後、その350人がピッチの中央で円陣を組んで試合の開始を阻止し、警官隊とのにらみ合いがしばらく続く。そのうち、試合開始を熱望する観客がいら立ち、所々で反対派と小競り合いが生じ、ピッチ内の反対派に向かって瓶などを投げるものも出てきた。この日総勢535人の警官が配置されたが、警察の判断でこの状況をコントロールすることは不可能と判断し、試合は中止になる。なおこの時、一機の軽飛行機がスタジアムに向かっていた。パイロットはもともと自殺願望を持つアパルトヘイト反対派で、試合が中止にならなければグラウンドに飛行機ごと突っ込む覚悟だったという。結局、パイロットはスタジアム到着前に仲間から試合中止を聞かされ、大惨事は免れた。

この試合中止の一件は世界中に報道され、輝かしい成功を収めてきたニュージーランドラグビーの歴史の中で最も不名誉とされる日となった。南アフリカのメディアは、〝ボーア人の心は震えた。恐れではなく怒りによって。5000～6000人の反対派が2万8000人の（試合を観る）権利を否定した〟と本国で報じた。

7月29日には反対派がモールスワース通りにある国会議事堂までデモ行進する。この際、警察が初めて警棒を使って反対派に対処することが許可された。以降、ニュース映像では反対派が流血している場面などがクローズアップされ、ニュージーランド政府に対する国際社会からの批判がさらに高まった。しかし、反対派も警棒によるダメージを防ぐためにヘルメットをかぶるようになり、それ以降、警官隊が反対派を取り押さえる場面は異様な光景となった。この時期に「ニュージーランド・ヘラルド紙」が実施した世論調査によると、今回の遠征に賛成すると答えた人は42％、反対は49％、答えないが9％となっており、まさに国民は二分されていた。

その後、クライストチャーチのランカスターパークで行われたテストマッチ第2戦（8月15日）でも、数千人の反対派がスタジアムを取り囲んだ。うち数人が警官隊の防御網を掻い潜りピッチに侵入したが、取り押さえられて試合は予定どおり行われた。翌週19日にティマルーで予定されていたサウスカンタベリーとの試合は、セキュリティ上の理由によりキャンセルとなる。9月12日、オークランドのイーデンパークで行われたテストマッチ最終戦も荒れた。反対派が手配した小型セスナ機が試合中に低空飛行してピッチに近づき、上空から発煙筒や小麦粉爆弾をピッチに落とした。発煙筒は視界を遮り、小麦粉爆弾は地面に落ちてラインを分かり難くした。大事には至らなかったが、後半に小麦粉爆弾がオールブラックスのプロップ、ゲイリー・ナイトに直接当たり、試合が一時中断する。スタジアムは異様な雰囲気に包まれたが、何とか終了まで試合は続行された。

このスプリングボックスのニュージーランド遠征は全行程56日間だった。その間、15万人以上が抗議運動に参加し、200以上のデモ行進があり、1500人が逮捕された。死者こそ出なかったものの、反対派、警察、そして擁護派のすべてに多数の負傷者が発生した。1981年当時のニュージーランドの人口は300万人超なので、抗議に直接参加した15万人は、全人口の約5％に相当する。このテストシリーズでは、ニュージーランドが2勝1敗で南アフリカに勝ち越した。しかし、ふだんは牧歌的な国情で穏やかな国民性を持つニュージーランド人がスプリングボックスの来訪により四分五裂した。この遠征を受け入れた意味は何だったのか、いまだ複雑な思いを抱くニュージーランド人は多い。これ以降、92年にオールブラックスが南アフリカへ遠征するまで、NZRFUは〝公式〟には11年間、南アフリカとの交流を絶つことになった。

この遠征後、スプリングボックスはアメリカへ移動し、テストマッチ1試合を含む3試合を戦った。アメリカ側もニュージーランドの混乱を教訓とし、当初予定されていたロサンゼルスやシカゴなど、都市部での試合会場を秘密裏に変更するなどの対策を取った。第1戦はウィスコンシン州の中都市ラシーンにて中西部代表とのゲームだった。試合会場の変更は公表されなかったが、試合の後半、何らかの方法で情報を入手した反対派がピッチに乱入し、警察に逮捕された。第2戦はニューヨーク州のアルバニーで東部選抜を相手に行われた。ここでの試合は公表されていたため、約1000人の反対派がスタジアム外に集結していた。しかし、警察がスタジアム手前で反対派の動きを阻止したため、トラブルは発生しなかった。第3戦のテストマッチは、同じくニューヨーク州郊外にあるグレンビルで行われた。前の2試合で混乱が生じたこともあり、この試合に関しては極秘で行われたため、観客は30人のみとなった。この観客数はラグビーのテストマッチでは最少観客数であり、現在もその記録は更新されていない。

## 混迷の国際ラグビー～それでも南アフリカへ行く理由

このスプリングボックスのニュージーランドおよびアメリカ遠征の後、1984年にイングランドが南アフリカに遠征する。当然、イギリス国内でも同様に反アパルトヘイト派による抗議活動やデモ行進が行われた。イギリス政府は遠征には反対するとの意向を示したが、当時のマーガレット・サッチャー首相もやはり政治がスポーツに直接介在することを拒んだ。イングランド側からは、黒人選手のラルフ・ニブスがアパルトヘイトを理由に遠征参加を拒否し、ほかのメンバー数人も彼に追従した。

反対派は、代表選手が所属する各クラブに対して、選手を南アフリカへ送ることによるチームイメージの悪化とスポンサー離れというリスクが発生することを訴えた。各チームにより反応は異なったが、いくつかのクラブはそれらのリスクを憂慮し代表への選手派遣を拒んだ。そのためイングランドは26名中10名が初キャップという若手選手中心の編成となり、強豪スプリングボックスを相手にするには役不足だった。案の定、テストマッチはダブルスコアで2連敗（第1戦・35-9、第2戦・33-15）となった。

しかし、ニュージーランドにせよイングランドにせよ、国連総会の決議が大前提として存在し、国内外からの批判があることは想定内であった。なぜそこまでのリスクを背負ってまで南アフリカ遠征を断行したのか。あらためて考察すると、特にラグビーに関しては、前述のとおりスプリングボックスが当時の実質世界一のチームで特別な存在だったからであろう。加えて当時、各国の代表選手にとっては、スプリングボックスとのテストマッチに出場することはラグビー選手として最高の栄誉であり、ラグビーキャリアの中でもハイライトと捉えている者が多かった。

また両国の根底には、政治とスポーツの分離という、イギリスに端を発するアマチュアリズムへの傾倒からくるスポーツイデオロギーが、まだ色濃く残っていたためである。アパルトヘイトには反対だが、それは政治の世界でのことという線引きが、ラグビー関係者の中では強かった。現在であれば、ガバナンスを重んじ、コンプライアンスに厳しい両国が、人種差別を法律により肯定している国との交流が許されることはない。時代といってしまえば簡単であるが、これらの遠征の可否の判断には、アマチュアリズムという1995年までラグビーの信条とされていた概念が影響していた。

実は1985年にもNZRFUは南アフリカ遠征を水面下で進めていた。81年の遠征の返礼として南アフリカからの招待があったからである。しかし出発直前に、ともにオークランドのラグビークラブの一員であり、弁護士でもあるパトリック・フィネガンとフィリップ・レコードンがNZRFUを相手取り、遠征の中止を求めてオークランドの高等裁判所へ提訴した。彼らの訴訟の内容としては、〝南アフリカ遠征は、NZRFUの規約にもある、国内におけるアマチュアラグビーの普及、指導そして発展という目的を阻害し、競技自体に対する信用や評価を失墜するものである。したがって、遠征の中止を要求する〟というものだった。あくまで民間団体という立場のNZRFUと公共の利益の関連付けが難しいところではあるが、結果的に、原告二人は勝訴し、南アフリカ遠征の中止という判決がNZRFUに対して言い渡された。前年に首相となり、ニュージーランド・ラグビーリーグ協会の副会長でもあったデビッド・ロンギは「今なおアパルトヘイト政策をとっている南アフリカとスポーツ交流することで、ニュージーランドの国益が損なわれることになる」とだけコメントした。

しかし、ニュージーランドもここまで来れば執念である。スプリングボックスと関わったことで、これだけ国内外で物議を醸し、非難を浴び、裁判で差し止めまでされたにもかかわらず、再び南アフリカを目指すことになる。

翌1986年、前年に予定されていた遠征のため、すでにオールブラックスに選出されていたメンバー30名のうち、翌年の第1回ワールドカップで主将を務めるデビッド・カークと後年日本代表のヘッドコーチにもなったサー・ジョン・カーワンの2名を除く全員が、〝ニュージーランド・キャバリアーズ〟というNZRFU非公認のチームを結成し南アフリカへ遠征した。コーチは、ともにレジェンドプレイヤーの故コーリン・ミーズとイアン・カークパトリック。NZRFU非公認なので、ニュージーランドではキャバリアーズと表記されるが、南アフリカのメディアは、ニュージーランドまたはオールブラックスという名称を使った。このシリーズは、当時、トランスバール・ラグビーユニオン（現在のライオンズの前身）会長で、後にSARB会長になる故ルイス・ルイトにより企画、運営され、電話帳のイエローページがスポンサーとなった。当時のSARB会長だったダニー・クレイブンは表面上、この件はルイトより聞かされていないという態度を取ったが、出席したIRFB総会では叱責を受けた。

キャバリアーズは正式なチームではなく、基本的には選手とコーチが個人としてシドニーの空港に集合し、あくまで個人の意向により南アフリカへ親善試合のために行くというスタンスだった。しかし、問題だったのは、当時のアマチュア規定に反して、遠征参加メンバー全員に10万NZドル（約70万円）という高額のギャランティが支払われた可能性が高かったからである。ただこの金銭の受け取りに関しては決定的な証拠がなく、うやむやに終わっている。

キャバリアーズの遠征メンバーにとって誤算だったのは、ニュージーランド国民からの支持が得られなかったことである。裁判所の判決に従わず、強引に決行した造反ツアーに対する同国内での視線は厳しかった。NZRFUは参加メンバー全員に対して、代表戦2試合の参加不可というペナルティを与え、ニュージーランドラグビーの至宝的存在のミーズからNZRFU内でのセレクターというポジションをはく奪した。

テストシリーズの結果は、キャバリアーズの1勝3敗と精彩に欠けた。その敗因として、非公認チームだったため、遠征前にニュージーランド国内では公的に練習できず、準備不足だったことが指摘された。また、前述のとおり遠征に参加した選手にはNZRFUよりペナルティが課せられ、同年に実施されたフランス遠征には参加できなかった。代わりに〝ベイビー・ブラックス〟と揶揄された若いチームが派遣された。ところが予想に反し、このベイビー・ブラックスが大健闘した結果、キャバリアーズに参加した多くの選手はオールブラックスに返り咲くことができずにキャリアを終える。例えば、埼玉パナソニックワイルドナイツの現ヘッドコーチである名将ロビー・ディーンズはこのキャバリアーズで代表キャリアを終えた選手の一人である。このベイビー・ブラックスの躍進は翌1987年、南アフリカが参加できなかった第1回ワールドカップにおけるニュージーランドの優勝へと繋がる。

## 最初の非白人スプリングボック〜エロール・トビアスの闘い

歴史的な汚点を残したスプリングボックスの1981年ニュージーランドおよびアメリカ遠征、そして、84年のイングランドの南アフリカ遠征は、南アフリカラグビーに一つ革新的な進歩をもたらした。その二つのテストシリーズの代表メンバーに非白人（カラード）であるエロール・トビアスが選出されたのである。

実はこの布石として1977年、南アフリカ遠征を敢行した世界選抜チームに対するスプリングボックスのセレクショントライアルに、SARFFとSARAよりトビアスを含む5名の非白人選手が呼ばれた。アパルトヘイトに明確に反対していたSARU・SACOS傘下の選手3名も同トライアルにノミネートされていたが参加を辞退した。結局、この時は5名ともスプリングボックスに選ばれなかったが、1名がガゼルズ(26)、トビアスともう1名がSAカントリー・デイストリクツXV（南アフリカへ遠征してきた代表チームと試合をするために結成された非白人選手を含む選抜チーム）に選出された。また、同年、今まで観客としてスタジアムに入ることさえ許されなかった非白人がSARB傘下のスタジアムに入場できるようになった。もちろん、白人

(26) ガゼルズ（Gazelles）：ガゼルズは当時の南アフリカ代表U23の愛称。ガゼルはスプリングボックに似たウシ科の哺乳類。

と非白人の座席エリアは分かれており、非白人にあてがわれた座席エリアはどのスタジアムでも屋根のない直射日光の当たる末席だった。しかし、アパルトヘイトによる非白人への弾圧が加速する中、大きな進歩であったことは間違いない。

翌１９７８年は翌年に控えたフランス遠征に向けて再びスプリングボックスのセレクショントライアルが開かれ、再び数名の非白人選手が参加した。しかし、フランス遠征はキャンセルとなりトライアルは頓挫した。そして翌79年、これまで非白人選手には門戸を閉ざしていたＳＡバーバリアンズ[27]のイギリス遠征に８名の白人選手、そしてトビアスを含む８名のカラード選手、そして８名の黒人選手が選出された。ついに南アフリカラグビー初の多人種で構成された選抜チームが結成されたのである。このイギリス遠征での活躍がトビアスのスプリングボックス入りに繋がる。トビアスは81年、南アフリカに遠征してきたアイルランド代表とのテストマッチに出場し、ついに初キャップを得た。

少し話は逸れるが、非白人選手に代表への道を拓いた選手として知られる故チェスター・ウィリアムズは、１９９５年ワールドカップでの初優勝時、唯一の非白人メンバーだった。ウィリアムズの活躍により、彼の後、スプリングボックスのウイングは２００７年ワールドカップ優勝の立役者ブライアン・ハバナ、15年ワールドカップの日本戦でカーン・ヘスケスに最後の望みのタックルを試みたＪＰ・ピーターセン、そして19年ワールドカップで優勝に大きく貢献したマカゾレ・マピンピ、チェスリン・コルビーなどがその系譜を継ぐことになる。

映画『インビクタス〜負けざる者たち』（クリント・イーストウッド監督）においても、彼が人種融合の象徴的存在として、故ネルソン・マンデラ大統領が特に期待を寄せていたことが描かれている。残念ながら、ウィリアムズは2019年9月、ワールドカップ観戦のため日本に行く直前に心臓発作で急逝する。日本メディアの彼の死亡記事では〝優勝メンバー唯一の黒人選手〟〝非白人初のスプリングボックス〟と説明されていた。しかし実際は、彼はカラードである。また、〝非白人初の南アフリカ代表〟という説明も正確ではない。前述のとおり、日本ではあまり知られていないが、非白人選手初のスプリングボックスはトビアスである。ちなみに民族的にアフリカ系黒人という括りでの最初のスプリングボックスは、1998年のイギリス・アイルランド遠征メンバーに選ばれたオーウェン・ンクマネである。ただし、彼はテストマッチには出場できなかったのでキャップは取得していない。

トビアスは1981年のアイルランド、ニュージーランド遠征、そして84年の南米ジャガーズまで4年間、継続的にスプリングボックスに選出された。そして、21試合に代表として出場したが、キャップ数は6と伸びなかった。なぜなら、彼のポジションが国民的英雄のナース・ボタと重なるスタンドオフまたはインサイドセンターだったからだ。そして、アパルトヘイトに対する

---

(27) SAバーバリアンズ：イギリスのバーバリアンズ・フットボール・クラブのコンセプトと同じく、ホームグラウンドを持たず、不定期に選出された選手で構成される。愛称はバーバーズ。かつてはほとんどのラグビー強豪国にバーバリアンズが存在していたが、近年はスケジュールの過密化から本家イギリスのバーバリアンズ以外は活動が沈滞している。SAバーバリアンズも2013年以来目立った活動はない。

制裁により試合数が激減した時期という不幸が重なったこともある。ただ、トビアスはSARFの代表チーム、プロテアズで71年から約10年間、不動の司令塔を務めており、スプリングボックスに選出されたのは31歳の時だった。スピードが求められるバックス選手としてはかなりの遅咲きである。最近のTV番組のインタビューによると、やはり〝もう少し早くスプリングボックスに呼んでほしかった〟という思いは強かったようだ。

SARBは、トビアスはその技術、能力、実績により、公明正大な選考プロセスを経て代表に選出されたと主張していた。しかし、白人ファンからは「カラードにスプリングボックスのジャージを着せるな」などの痛烈なクレームがSARBに届く。特に彼がチームの司令塔となるポジションだったことも白人ファンからすると癪に障るものだった。また白人だけではなく、黒人やカラード、そして反アパルトヘイト団体からも、トビアスの代表入りは反対派の声を鎮めるためのポーズ〝Token Black（お飾りの黒人）〟と批判され、代表からの辞退を求める声すら出ていた。そのような同胞からの批判的な意見に対してトビアスはこう答えている。

「そういう声が出ているのは知っている。しかし、私は南アフリカ国民に、人は生まれながら平等だということを知らしめたい。肌の色は問題にならず、能力が高ければ国の代表としてプレーすべきだ。私の目標は、我が国、そして世界の国々に、非白人選手が白人よりも優れているとはいわないまでも、同等に高い能力を持っているということを証明したいということだ」

また、特にニュージーランド遠征では、各地がアパルトヘイトに対する抗議運動で荒れたため、トビアスの存在がより注目されることになった。そして、その状況下で彼自身も試合のパフォーマンスにより自分が〝お飾り〟ではないことを証明する必要があった。海外メディアの記事を参照すると、彼のランニングスキルや司令塔としての判断力は高く評価されており、彼が肌の色で選ばれたのではないと解説されている。実際、彼がキャップを得た6試合はすべてスプリングボックスが勝利している。特にイングランドと南米ジャガーズの各2試合は、スタンドオフとして司令塔の重責を担った。南米ジャガーズの対面はアルゼンチンのレジェンド、ヒューゴ・ポルタ(28)だったが、トラビスのパフォーマンスが完全に上回った（第1戦：○32 - 15、第2戦：○22 - 13）。

気になるのは、スプリングボックスのチームメイトが彼にどのように接したかということである。当時のビデオを観る限り、トラビスがトライを決めた後には周りの白人選手はボディタッチやハグで祝福しており、試合中に差別はないように見受けられた。ただ、彼が合流した当初は、グラウンド外では彼を避けるチームメイトもいた。しかしそれは、単に非白人との付き合いに慣れていないことが原因だった。初キャップとなったアイルランドとのテストマッチの後はロッカールームでチームメイト全員が拍手でトビアスを迎えた。ラグビーのコアバリューの一つである「結束」により、チーム内においてはアパルトヘイトの影響は軽微だった。

(28) ヒューゴ・ポルタ（Hugo Porta, 1950〜）：71〜90年までの約20年間、アルゼンチン代表のスタンドオフを務めた。キャップ数は58。現役引退直後の91年には南アフリカ大使に任命され、94年にはスポーツ省大臣となった。

現役引退後、トラビスは建設業を営む傍ら、TVのコメンテーターとしても活躍した。1995年には故郷カルデン市で黒人初の市長となり、その後も長く市政に携わった。

トラビスの後、1984年にやはりカラードであるアブリル・ウイリアムスがウイングのポジションでスプリングボックスに選出された。彼が得た2キャップは、同年、イングランドの南アフリカ遠征で掴んだものである。このイングランドとの2試合にはトラビスも出場しており、アパルトヘイト期に非白人選手が二人もテストマッチのピッチ内にいたことになる。彼ら二人の活躍、そして前述のとおり非白人選手で構成されたプロテアズやレオパーズといった代表チームが、オールブラックスなどの強豪国に対して互角の勝負を続け、非白人選手の実力を証明した。この勢いで非白人選手のスプリングボックス入りが続くかに思われた。しかし、南アフリカは国際社会からの孤立がさらに進み、国際マッチが実施できない時期とも重なって、3番目の非白人選手であるチェスター・ウィリアムズの登場まで約10年を要することになる。

## アパルトヘイトとは何だったのか~負の影響

スプリングボックスにとって、アパルトヘイト期のテストマッチは1984年のイングランド戦が最後となった。ただし、非公式チームとは同年の南米ジャガーズ、そして、86年のニュージーランド・キャバリアーズとの対戦があり、89年には世界選抜戦2試合が南アフリカで行われた。いずれも南アフリカに対するスポーツボイコットの中、国内でスプリングボックスに試合をさせるための苦肉の策といえる。特に世界選抜戦は、SARBが100周年を迎えたこともありIRFBが特別に許可したものである。

南アフリカの孤立が進み、国内のラグビーファン、つまり白人の大多数はラグビーに飢えていた。国全体に鬱憤が溜まっている状態で1987年第1回ワールドカップでは、宿敵ニュージーランドが優勝したこともラグビーファンの不満と嫉妬心に追い討ちをかけた。特に前年、キャバリアーズとのテストシリーズを勝ち越したこともあり、南アフリカでは誰もがスプリングボックスが出場していれば結果は違っていたと地団駄を踏んだ。SARBはフラストレーションが頂点に達しようとしている国内のラグビーファンに対して〝テストマッチ〟というガス抜きを提供すべく懸命の努力を続けていた。

二国間のテストマッチとしては、ネルソン・マンデラの釈放後、アパルトヘイト関連法規が徐々に廃止され、ようやく国際社会が南アフリカを赦し始めた1992年のニュージーランド戦まで待たなければならない。したがって、宿敵ニュージーランドとは81年より11年もの間、試合ができなかった。加えて、86年に予定されていたブリティッシュ・ライオンズの南アフリカ遠征の中止、さらに2回（87年および91年）のワールドカップにも参加できなかったことは、南アフリカラグビーのすべての関係者やファンに深い傷を残した。何よりこの11年間の機会損失は、チームと選手個人の競技レベルにもネガティブな影響を与えた。

現在はテレビの解説者として活躍している当時のスプリングボックス不動の司令塔ナース・ボタをはじめ、史上最強のセンターと称されたダニー・ガーバーなど、この時期に全盛期を迎えた名選手は不運であった。この二人はともに1980年から92年まで12年にわたりスプリングボックスに選出されていたが、キャップ数はそれぞれ28、24である。つまり、平均すると年間2試合程度しか国際試合ができなかったのである。もちろん、ワールドカップやチャンピオンシップがある現在とでは、国際試合の試合数が異なるため一概に比較はできない。しかし、同じポジションのハンドレ・ポラードは2014年からの6年間（ただしポラードは16年に膝靭帯損傷のため1年間プレーしていない）で48キャップ、控えが多いエルトン・ヤンチースでも8年間で37キャップを保持している。また、スプリングボックス史上、最多キャップ数を誇り、ワールドカップに4度参加したビクター・マットフィールドはボタと同じ12年間（マットフィールドは11年のワールドカップ後、一旦引退しており2年間のブランクがある）で127キャップを達成している。

このように、アパルトヘイトは選手個人にも、ひいてはスプリングボックス、そして南アフリカラグビー全体にも負の影響を与えたといわざるを得ない。いったいアパルトヘイトとは、南アフリカラグビーにとって何であったのか。白人、非白人それぞれの視点から探ってみたい。

まず白人の視点から見た時、白人のラグビー選手はアパルトヘイトをどう捉えていたのか。答えは単純でほとんど何もといえばいい過ぎになるが、あまり深くは考えておらず、漠然とした感覚しか持っていなかった。

当時は皆アマチュアということもあり、ラグビー選手のルーティーンとしては平日の日中は仕事や学校に行き、夕方ぐらいから練習、土曜日は試合、日曜日は休みというパターンだった。そして、アフリカーナーの別名はアフリカーンス語の農民の意味を持つボーアであるように、アパルトヘイト期、ラグビー選手の実家は農業を営んでいる場合が多かった。つまり、日中は家族経営の農場を手伝い、夕方から白人しかいないチームでラグビーの練習という生活サイクルを子どもの時から続けていたのである。ちなみに南アフリカの白人は今でも一般にほかの欧米諸国の白人と比較すると保守的であることが多い。ましてや当時の農業従事者の家庭は生活に変化を望むことはなく、粛々と日々の農作業に従事し、趣味のラグビーに興じるという生活を続けていた。

そして、アパルトヘイトにより、白人は生活のあらゆる面で優遇されていた。黒人の安い労働力に支えられた当時の南アフリカの白人の生活レベルは世界一といわれており、ブルーカラーの労働者階級でもプール付きの家を持つことができた。何の不自由もなく安定した豊かな生活を享受し、政治に対する不満を持つ者も少なかった。

当時、政府は黒人や非白人に対しては厳しい言論統制を敷いていたが、白人に対してもある程度の情報制限を行っていた。その最たるものがＴＶである。実は南アフリカでＴＶ局が開局したのは１９７６年のことであり、それまでこの国にＴＶは存在しなかった。技術的な問題があったわけではない。人種隔離を最善策と標ぼうしていた政府としては、例えばアメリカのドラマやニュースで白人と黒人が一緒に暮らしていたり、机を並べて勉強していたりするシーンを自国民に見せたくなかったのである。そして、ＴＶで初めてスプリングボックスの遠征先での試合が衛星中継されたのは、大問題になった１９８１年のニュージーランド遠征からである。ほとんどの白人はこの時に初めて自分たちの誇りであるスプリングボックスが遠征先で悪の権化として非難の対象になっていることを知ったのである。

このような環境下では、白人選手のアパルトヘイトに関する知識はきわめて限定的であった。実際、アパルトヘイト期にスプリングボックスや地域代表だった方3名に「アパルトヘイトとは何だったのか？」という質問を投げかけたことがある。現在、60～70代で現役引退後はそれぞれ実業家としてある程度の社会的地位を築いた紳士たちである。彼らの回答は共通しており、アパルトヘイトは悪い面もあったが、白人と黒人が分かれて住んだということに関しては間違いではなかったということだった。生活習慣、伝統、言語、文化が異なる白人と黒人の居住区域を分けたことでトラブルを避けることができた。現在は住居区分が消滅したため犯罪が増えたという論理である。確かにボスニア・ヘルツェゴビナのように内戦後、敵対した民族の住み分けが進んだため平静が保たれているという事例はある。しかし、公平に専有面積を分割し、その他の諸条件も平等というボスニアとアパルトヘイト期の南アフリカでは完全に状況が異なる。アパルトヘイト下の状況では、国土のわずか14％の面積に人口の8割弱を占める黒人全員を閉じ込めた隔離であって、分割とは認められない。

1995年のワールドカップ優勝チームの主将フランソワ・ピナールが自著でアパルトヘイト期の自分を回想している。彼は政治とはほとんど接点のなかった典型的な白人労働者階級の家庭で育つ。ピナールの一家を含め、アフリカーナーの中所得者階級の大多数は、アパルトヘイト政策を深く考えることもなく、政治から離れたところにいた。また、白人が黒人より大きな家に住み、自家用車を持ち、よい教育を受け、そして設備の整ったラグビー場を使うことは至極当然のことで、疑問さえ感じなかった。彼らにとって宗教に近い存在のラグビーは、家庭内や職場内での話題の中心だった。また、隔離政策の影響で、学生時代まで彼と黒人との接点は家に通っていた黒人の家政婦ぐらいだった。黒人を軽視または敵視することはなく、その存在自体が希薄なものだったという。彼が初めて自分たちの常識が非常識だったと感じ始めたのは14歳の時で、1981年のニュージーランド遠征最終戦をTVで観戦した時だった。TV画面に映されたのは反アパルトヘイト反対派がスタジアムに乱入し、彼らに警官が警棒を振り下ろすシーンだった。ただ、その時点では彼も彼の家族も、現地で何が起こっているのかよく理解できなかった。当時の一般的な白人家庭のアパルトヘイトに対する認識はこの程度だったのである。

たとえスプリングボックスの選手であっても、海外遠征先で反アパルトヘイト派の抗議活動やデモ行進に遭遇して初めて、母国の人種隔離政策が世界で非難の的となっていることに気付いた。そして、政治の世界だけでなくラグビーを含めたスポーツにおいても自国が孤立していることを思い知ったのである。

一方、黒人をはじめとする非白人からの視点で見た時、ラグビーは白人のスポーツであり、関心は薄かった。前述のとおり、黒人が例外的にラグビーを続けていたイースタンケープ州を除いては、黒人層には圧倒的にサッカー人気が高く、カラードやインド系にはクリケットを好む層が多い。そのため非白人の大多数は今でも、ラグビーという競技の存在は知っていても、ルールは理解していないことが多い。

ここで再度、黒人ラグビーの当時の状況を再確認しておきたい。大前提として、ホームランド政策の下で、南アフリカの総面積のわずか14％の荒れ地に、当時の全人口の74％を占める黒人が強制的に移住させられた。その名残で、タウンシップのような黒人が居住する地域は、現在でも人口密度が高い。前述のとおり、アパルトヘイト期も黒人居住地域にラグビー場は公費で建設されており、ラグビーが完全に白人だけのスポーツだったわけではない。ただ、比較的黒人間でラグビーが盛んだったイースタンケープ州でさえ数的にはサッカー場3面に対し、ラグビー場が1面ぐらいの割合だった。それ以外の州では非黒人居住地にあるラグビー場は少なく、ラグビーに触れる機会はほとんどなかった。つまりラグビーは、当時の一般的な黒人層には馴染みのないスポーツだったのだ。

1976年当時の政府の政策では、すべてのスポーツは可能な限り人種別に隔離されるべきとの指針を示している。それが国内外の反アパルトヘイト運動からくるプレッシャーにより緩和され、85年の政府年鑑によると、〝南アフリカの全スポーツ選手は、その人種にかかわらず、同一のクラブ、州代表チーム、そしてナショナルチームに加わることができる〟となった。ただし、アパルトヘイト期の法律の一つである集団地域法では〝プライベートクラブもしくは公的なチームにかかわらず、異なる人種の人々による占有の可否をスポーツ施設の所有者の意思に任せる〟という条項がある。つまり、非白人であってもどのチームにも加入できるし、実力次第では州や国の代表選手になる権利は一応認めれていた。しかし実際には、非白人選手のスポーツ施設やチーム加入の可否判断はスポーツ施設の所有者のさじ加減で決まる。例えば、黒人選手が白人主体のラグビークラブチームに入会を希望してもオーナーや理事会から却下されるため、異なる人種の選手が一緒のグラウンドでプレーすることは現実的ではなかった。そもそも白人と非白人は居住地域が法律で明確に分けられている。公共交通機関も少なく車を持つ余裕のない非白人選手が地理的に離れている白人主体のクラブチームへ通うことは難しかった。

1983年、当時の国民教育大臣のヘリト・フィリューンは、「政府としては学校体育における差別の全面的撤廃を行う意図はないが、異人種間の交流を活発化するような手段を検討している」と述べた。政府の方針を受け、それまで異人種間のコミュニケーションがなかったスポーツ大会の実施方法にも変化の兆しが見えた。例えば、当時のトランスバール州政府は人種混合か白人だけのリーグに所属するかは学校が選択できるという指針を示した。

南アフリカオリンピック国際競技協会やラグビーでも人種の垣根をなくしたかったSARU‐SACOSがメンバーとなっているSACOSが政府に働きかけ、過去数年間にわたり教育機関、特に中高レベルでは単一リーグの設置が進められた。校長の裁量が大きい私立学校には非白人の入学者も増加してきた。しかし、アフリカーナー系の学校は黒人をチームの一員に加えた私立学校との対戦を拒否した。学校側としては政府の意向もあり、異人種間のスポーツ交流を進めていたが、生徒の父母からの反対があり、とん挫した大会や試合は多かった。

学校のスポーツ施設に関しても、白人と非白人の学校では量、質ともに格差があり予算規模も大きく違った。1984年にポチェフストルーム大学が実施した調査では、南アフリカ各州におけるスポーツに対する予算は、白人生徒一人当たり7・13ランドから19・71ランド（当時のレートで535~1478円）に対して、黒人生徒一人当たりはわずか0・82ランド（同61円）しか支給されていない。アフリカーナーの学校であれば、ラグビー場だけで7、8面あるところも珍しくないが、イースタンケープ州では黒人生徒22万6000人に対して運動場は12か所しかなかった。同じ国民、同じ学生に対してこれだけの差をつけている。当時の政府が何と言い訳をしても、これは歴然たる人種差別だった。

## 新時代へ～権力への抵抗

1970年代後半以降は、SARBもアパルトヘイトに固執する南アフリカ政府と、アパルトヘイトを非難するIRFBや各国ユニオン、そして国際世論との板挟みになっていた。アパルトヘイトのため、今まで培ってきたスプリングボックスの名声が地に落ち、10年以上他国とのテストマッチがまともに実施できず、国際ラグビーの中で孤立が続いた。

SARU - SACOSがメンバーとなっているSACOSは〝異常な社会に正常なスポーツは存在し得ず、そして、スポーツ施設が（全人種に）平等でないのであれば、スポーツにおける平等は存在しない〟という主張を繰り返した。また南アフリカは、IOCより1964年の東京大会よりオリンピックの参加を禁じられていた。この現状を打破したかった南アフリカオリンピック国際競技協会は、政府に対してスポーツにおけるアパルトヘイトの緩和策を要求し続けた。しかし当時の南アフリカでは、アパルトヘイト政策に対して白人であっても自由に意見を主張できる状況になかった。現在は廃止されたが公安警察がゲシュタポ（ナチスドイツの秘密警察）のような動きをし、人々の行動や言論を常に監視していたからである。したがって、アパルトヘイト政策に対する抗議的な言動は、即時に公安警察により張り巡らされた情報網に引っ掛かり、処罰の対象となった。実際、南アフリカオリンピック国際競技協会からは数人が〝政治犯〟として逮捕されている。

政府だけではなくアフリカーナーの極右団体の活動も活発化し、犠牲者は黒人だけではなく、アパルトヘイトに反対した白人にも及んだ。1976年、イースタン・プロビンス代表チームに選ばれたダニエル・〝チーキー（Cheeky=勇気ある）〟・ワトソンは遠征してきたオールブラックスと対戦し、その試合の活躍により、同年ジュニア・スプリングボックスのウイングに選出される。ワトソンは、教会の説教師である父より人種の平等性、そして理不尽なアパルトヘイト政策の不毛さを幼少の頃より諭されていた。そのため、彼は地元のクラブチーム、クルセイダーズ・ラグビー・クラブでプレーしながらも、黒人主体のクワザケレ・ラグビーユニオンの招待を受け、黒人タウンシップのクラブへコーチに行ったり、黒人チームを白人用の設備の整った練習グラウンドへ連れて行ったりした。そして、ついに彼はシニア・スプリングボックスへのセレクショントライアルの招待を受けた。アフリカーナーの男性であれば、誰もが憧れるグリーン・アンド・ゴールドのジャージを着る直前まで到達したのである。

しかし、ワトソンは非白人を含めない選出方法が自分の信条と異なるという理由で招待を辞退した。逆に彼はその後、スプリング・ローズ・ラグビーフットボール・クラブという黒人タウンシップ内にあるチームに加入することを決めた。しかし、白人が黒人のチームに参画することは当時のアパルトヘイト法では違法だった。また、彼の行為は当時の白人社会から赦されるものではなかったため、彼のみでなく彼の家族もまた脅迫、誹謗中傷を受け、銃を向けられたことすらあった。白人社会から村八分になり、1986年、彼の自宅は何者かによって放火された。たまたまワトソン家にいた黒人の友人2名が重傷を負った。白人の友人たちは離れていったが、黒人の友人たちは逆にワトソン家を支え、頻繁に出入りしていたという。ちなみにワトソン家は当時、ポートエリザベス市内で雑貨屋を営んでいた。白人経営の店が軒並み黒人のボイコットに遭う中で、彼の店だけは例外となっていた。

アパルトヘイトが終わり、ワトソンの名誉も回復した。ただし、ワトソンと黒人政権の蜜月関係は後に問題を起こすことになるが、それは次章で後述する。いずれにせよ、プライベートでもビジネスコンサルタントとして成功した彼は、アパルトヘイト期の自己犠牲を厭わず、人種差別の撤廃に尽力した功績が認められ、イースタン・プロビンス・ラグビーユニオンの会長を任されることになる。そして、PRO14に参戦していたサザン・キングスの共同経営者にもなった。

SACOSにせよ、オリンピック国際競技協会にせよ、また、個人で活動していたワトソンにせよ、当時の白人政府、特にアパルトヘイト政策に反旗を翻すことは、黒人であれば死を覚悟しなければならない行動であり、たとえ白人であってもリスクの高さは同様だった。しかし、国の未来のために命を捨ててでも現状を変えなければならないという信念を持つ人たちにより、この国は壁を乗り越えることができた。彼らの犠牲と尽力なしには現在の南アフリカラグビーの発展はおろか、存在さえ危ぶまれるところだった。

南アフリカラグビーは暗黒時代を経て、新時代に突入することになる。

# 第2章

## 王者の帰還
## ～スプリングボックスの復活

## 再出発のつまずき～アパルトヘイトの残滓《ざんし》

ネルソン・マンデラは、解放された翌年の1991年にはANC議長となり、南アフリカ国家の再建を目指すことになる。マンデラの開放により、国際社会も南アフリカに赦しを与え、本格的な国際社会への復帰に協力する姿勢を見せた。IOCも南アフリカの〝オリンピックファミリー〟への再加入を認めた。翌92年、南アフリカは60年のローマ大会以来、実に32年ぶりにバルセロナ大会から復帰する。

同年、ラグビーにおいては、SARBとSARU-SACOSの仇敵同士が合併し、南アフリカ・ラグビーフットボールユニオン（SARFU）が結成された。ついにすべての人種が一つのユニオンの下でラグビーができるようになる。合併条件の交渉では双方の主張が対立して紆余曲折があったものの、最終的には新組織の要職比率を50：50で分け、最初の会長はSARB側のダニー・クレイブンとSARU-SACOS側の故イブラヒム・パテルが共同で務めるという条件で合意した。またSARU-SACOSは、前述のとおり1978年に自分たちを裏切りSARBに加入したSARFFとSARAの出身者を要職から外すことも合併の条件に加えた。

現在、ブルズのパフォーマンスヘッドを務め、解説者としても人気のある元スプリングボックのタンド・マナナは「スプリングボックスの代表キャップのカウントは、1992年から始めるべきだ」と主張し続けている。これはこの合併まで、前章で紹介したエロール・トビアスとアブリル・ウィリアムスという「例外」を除き、スプリングボックスには白人しか選ばれなかったからである。非白人の代表チームだったプロテアズやレオパーズに選出された選手にキャップが与えられないのであれば、白人選手だけがその栄誉に浴するのは不公平だという考えである。

アパルトヘイト期には同じく白人のスポーツだったクリケットは南アフリカクリケット協会がアパルトヘイト期の代表キャップをカウントしないことを公式に決定している。1889～1970年（クリケットのアパルトヘイトに対する制裁はラグビーよりも厳しく、70年以降にテストマッチは行われなかった）までに代表選手となった235名の代表キャップは取り消された。ラグビーのほうは、過去は消せないという割り切った考えと、対戦相手はスプリングボックス戦を当然キャップ対象試合にしているため、一方的に削除はできないという理由で議論は平行線のまま終わっている。

当時の国際ラグビーフットボール評議会（IRFB＝現ワールドラグビー）は、南アフリカラグビーの国際ラグビー界への復帰を認める。ただし、これらの合併や復帰は、アパルトヘイトが終了したため自動的に実現したわけではなかった。先見の明があったSARFU会長のダニー・クレイブンが、アパルトヘイト後のラグビー、つまり両者の合併問題について、1988年5月よりアフリカ民族会議（ANC）と交渉を開始していたのである。当時、ANCは白人政権から政治団体ではなくテロ組織と認定されていたため、彼らの海外支部であるロンドンやフランクフルトで事前交渉が、そして同年10月に隣国ジンバブエの首都ハラレで最終交渉が行われた。

このハラレでの交渉の仲介をしたのが、前章でも言及した元オールブラックスのスクラム・ハーフで当時ジンバブエのニュージーランド高等弁務官（大使）として赴任していたクリス・レイドローである。レイドローは代表キャップ20を獲得し、19歳の若さでオールブラックスに選ばれた。1970年南アフリカ遠征時のメンバーでもあり、主将としてオールブラックスを率いた経験を持つ。現役引退後はローズ奨学金を得て英オックスフォード大学に留学、帰国後、外務省に入省し高等弁務官まで上り詰めた。

ハラレでは、SARB側からはクレイブンと1995年のワールドカップ時にSARFU会長となるルイス・ルイトが、SARU・SACOS側からは当時の会長であり、後にクレイブンとともにSARFUの会長になるパテルが、そしてANCからもマンデラの後、大統領に就くタボ・ムベキなどの幹部が出席した。この場で両者の合併は同意され、この一件がIOCの南アフリカに対する態度を軟化させたともいわれている。

しかし、終焉に近づいていたとはいえアパルトヘイト継続中にあって、ANCがSARFUと協議の場を持ったことは、これまでスポーツボイコットに協力してきた支持者から批判された。スポーツにおける全人種の平等性を主張してきたSARU・SACOSも同様に、合併はあくまでアパルトヘイトが完全に廃止された後という内部の反対意見が強まった。一方、クレイブン個人も白人右派グループや政府関係者から猛烈な非難を受けた。クレイブンはもともと、当時の野党第一党の保守党党首で、アパルトヘイトのさらなる強化を主張し続けたアンドリュース・トリユーニヒトとはたびたび衝突していた。トリユーニヒトはクレイブンを会長の座から引き下ろすため、ことあるごとにさまざまな策略を画策していたが結果的には失敗した。クレイブンのこれまでの功績、リーダーシップ、人柄、情熱、海外とのコネクション、そして関係者からの圧倒的な支持を考えると、彼は唯一無二の存在だったからである。

このクレイブンの勇気ある行動が、アパルトヘイトからの移行期に南アフリカラグビーが比較的早く、そしてスムーズに国際ラグビーへ復帰できた要因の一つとなる。クレイブンは、SARBとSARU・SACOSとの合併を見届けた翌1993年、82歳で生涯を閉じた。彼は亡くなるまでの37年間、SARBの会長職を務めた。彼の〝長期政権〟に対する批判はあったが、常に白人政府と国際ラグビーの間で板挟みになりながらの調整能力は余人をもって代えがたいものだった。現在、高校生の全国大会であるクレイブン・ウィークにその名前が付いているように、彼は若年層の技術向上に尽力し、晩年は非白人地域でのラグビー普及活動にも力を注いだ。激動の時代に南アフリカラグビーとIRFB、そして各国ユニオンとの関係を何とか継続した。もちろん、アパルトヘイトの象徴であるラグビーを牽引してきた人物という誹《そし》りは免れないが、時代が違えば国際的に尊敬を受けるリーダーとして高い評価を得ていただろう。まさに南アフリカラグビーの存続と発展にその人生を捧げた。

南アフリカラグビーが孤立していた期間、国際ラグビーにも大きな変化があった。ワールドカップである。それまで、アマチュアリズムの最後の砦といわれたラグビーは、当時の5か国対抗（ファイブ・ネイションズ）(29) 以外は原則3か国以上が一か所に集まる国際試合を禁じてきた。そのような大きなイベントは商業主義に繋がるという理由からである。現在では考えられないが、ラグビーで金銭的な利益を得てはいけないというイギリスのエリート階級の信条が、この時はまだ世界中のラグビーの規範となっていた。

そのような状況下でクレイブンも、ラグビーだけはアマチュアリズムを貫くべきだと強く主張していた。ただ、この主張とは矛盾するが、南アフリカでは比較的早い時期から、ラグビー選手たちは少額ではあるが報酬を受け取っていたとされる。

スプリングボックスやシャークス(30)で主将を務めたゲイリー・タイヒマンは自著の中で、1980年代から年棒という形ではなくても、例えば、住居、仕事、車そして月給という形で何らかの報酬は支払われていたということを暴露した。これは当時の解釈ではShamateurism(強いて日本語に訳せば偽アマチュアリズム)という概念で、SARBのような当局が承認していないアンオフィシャルマッチで金銭の受領が発生しても、それはアマチュア規定に抵触しないという考えであった。随分と勝手な解釈のように思えるが、例えば86年のニュージーランド・キャバリアーズのように形式上はあくまで個人がそれぞれの意志により集まって試合をするという場合、個人間で金銭のやり取りが発生しているという考えである。

1984年、オーストラリア・ラグビーフットボールユニオン(ARFU、現ラグビーオーストラリア)およびNZRFUが連名で、ワールドカップの開催をIRFBに提案した。その提案は却下されたが、翌年のIRFB総会では87年の開催が決定された。実はこの総会にはワールドカップが実現しても参加できない南アフリカからSARBが参加しており、賛成票を入れている。

当時、北半球チームに対して、圧倒的な勝率を誇る南半球チームの実力が拡大しており、ニュージーランドとオーストラリアの発言力が高まった時期でもあった。両国は自分たちの実力を証明するために、ラグビー界にもワールドカップを導入することを熱望した。北半球の強豪国はファイブ・ネイションズで毎年順位が決められるが、彼らにはブレディスローカップ(31)しかなく、自分たちの優位性を示す機会が必要だったのである。加えて、ロサンゼルスオリンピック以降のスポーツ全体のプロ化傾向、そして拡大を続けるサッカーとの人気格差なども影響したと考えられる。

南アフリカの出場停止期間中、ワールドカップは2回開催され、第1回がニュージーランド、第2回がオーストラリアと、親交の深かった南半球の2か国が優勝している。仕掛人の2か国が優勝し、彼らにとっても面目躍如といったところであろう。しかし、南アフリカのラグビー関係

(29) ファイブ・ネイションズ：イギリスのホーム・ネイションズ（イングランド、アイルランド、スコットランド、ウェールズ）とフランスの対抗戦。1871年にイングランドとスコットランド間でテストマッチが始まり、その後、アイルランド、ウェールズが、1910年にフランスが参加する。総当たり戦で総合成績により順位が決められる。2000年からイタリアが加わり現在のシックス・ネイションズになる。

(30) シャークス（Sharks）：正式名称はCell C Sharks。1890年設立。本拠地はダーバンのジョンソン・キングスパーク・スタジアム。カリーカップの初優勝が1990年で、歴史は古いが実績は残せていない。近年は、スーパーラグビー決勝に4回駒を進めるなどチーム強化が目覚ましい。クワズールナタール州は全人口に占める黒人比率が比較的高く、ほかのフランチャイズと比べると黒人選手やコーチが多い。

(31) ブレディスローカップ（Bledisloe Cup）：1932年より続くニュージーランドとオーストラリアの定期戦。96年からはトライ・ネイションズ（現在のラグビー・チャンピオンシップ）に組み込まれている。2019年までの優勝回数はニュージーランド47回に対し、オーストラリアは12回。

者とファンは、この二つのワールドカップを臍《ほぞ》を噛む思いで観ていた。ワールドカップが実施される少し前まで、スプリングボックスは〝実質世界一〟の称号を与えられており、南アフリカの白人の誰もが、もしワールドカップに出ていたら優勝できたという絶対的な自信を持っていたからである。

そして1992年、〝復帰祝い〟の意味もあり、IRFBは95年の第3回ワールドカップを南アフリカで実施することを決定した。南アフリカの白人は歓喜に包まれた。逆に非白人は長らく自分たちを苦しめてきたアパルトヘイトの象徴であるラグビーの祭典に対して、この時点ではさほど関心を示さなかった。しかし、このホスト国の決定に大喜びしたのが、この2年後に第8代南アフリカ大統領に就任するネルソン・マンデラである。彼のラグビーに対する功績は後述する。

この年のもう一つの〝復帰祝い〟は、オールブラックスとワラビーズという旧友の南アフリカ遠征である。オールブラックスが最後に南アフリカの土を踏んだのは1976年で16年ぶり、ワラビーズに至っては69年以来、23年の空白期間があった。

1992年8月15日、待望のオールブラックス戦が、超満員のラグビーファンで膨れ上がったヨハネスブルグのエリスパーク・スタジアムで行われた。この試合は、南アフリカの国際マッチへの復帰第1戦目ということで〝リターンマッチ〟と呼ばれた。ANC執行部内では、この試合の開催は時期尚早という声も上がっていた。しかしこの時期、2年後の総選挙では黒人政権になることが確実視されており、白人社会は将来に不安と不満を感じていた。そしてその不満の矛先は、マンデラを開放しアパルトヘイト政策を廃止したデクラーク現政権に向かっていた。そういうタイミングで、最終的にはANC側も、白人のフラストレーションを解消し来るべき黒人政権を受け入れさせるには、ラグビーというアメを使うことが妥当という結論に達する。

そして、ANCはSARFUに対して3つの要求を提示し、その履行を条件としてこのリターンマッチの実施を許可した。その一つ目の要求は、テストマッチの2か月前に起きた〝ボイパトンの虐殺〟[32]で亡くなった45名の犠牲者を追悼し、試合前に1分間の黙とうを観客に要請すること。ANCではこの事件を重視し、国として喪に服すという意味で一定期間、スポーツイベントの中止が検討されていた。二つ目は、現状の白人政権が制定した国歌を歌わないこと。そして三つ目は、白人政権下の国旗をスタジアム内で掲げないことだった。

しかし結果的には、3つの要求はすべて実行されなかった。なぜなら、この日スタジアムに集まった観衆のほとんどが白人の典型的なラグビー狂で保守的なアフリカーナーだったからである。そして、公式には現在の南アフリカの国旗や国歌は1994年のマンデラ政権発足後に制定されたもので、この時点ではまだ白人政権の国旗と国歌が使われても仕方がない状況だったからである。実はSARFU自体もANCからの要求を徹底するという姿勢はなく、観客にそれらを伝え

(32)ボイパトンの虐殺(Boipatong Massacre):45名のANC関係者がインタカ自由党(IFP)支持者に惨殺された事件。当初、ANCとズール人主体のIFPはアパルトヘイトに対して共闘体制を取っていたが、1980年代初頭にIFPが白人政権に接近したため対立するようになる。アパルトヘイト終焉期にはその関係は最悪となり、当虐殺事件が起きる。後に白人政府の警察部隊の関与が発覚したためマンデラは激怒し、進行中の民主化への話し合いも一時中断となる。

ていなかった。

スタジアムを埋めたアフリカーナーはアパルトヘイト期と同じく白人政権の旗を振り、黙とうのアナウンスを無視して、事もあろうに白人政権の国歌〝Die Stem van Suid-Afrika＝英語名The Call of South Africa（アフリカの呼び声）〟を歌い出したのである。犯罪発生率の高い南アフリカであるが、犯罪のほとんどはタウンシップや都市部の黒人居住地で起こっている。つまり、被害者も加害者も黒人であり、大多数の白人からすると行ったこともないタウンシップで起こった事件など他人事なのである。

そして試合前の国歌斉唱では再び、黙とう時に観客が自発的に歌った〝Die Stem van Suid-Afrika〟が〝正式に〟演奏された。この曲の演奏を決めたのが当時のＳＡＲＦＵ会長であったルイス・ルイトであることがさらに話を複雑にした。７万人の群衆は熱狂的に白人政権下の国歌を歌い、なかにはＡＮＣや少数ながら会場にいた黒人の観客を侮辱する言葉を発したものもいた。和解のイベントはアフリカーナーが抵抗の狼煙を上げる決起集会になったのである。翌朝のアフリカーンス語新聞「ラポルト」は「これこそ我が歌、これこそ我が旗」とＳＡＲＦＵと観客の取った行動を称えた。

ＡＮＣ関係者が激怒したのは当然で、この試合以降、ＳＡＲＦＵとＡＮＣの関係は悪化した。もともとＡＮＣにとってアパルトヘイトの象徴的存在であったラグビーに対する嫌悪感は強く、この一件で彼らのラグビーに対する憎悪感はますます膨らんだ。ラグビーを人種融合のツールと考えていたネルソン・マンデラも苦しい立場になり、前途多難を予想させる船出となった。

ちなみにこの復帰第1戦は27-24でオールブラックスが接戦を制した。ただし、フィッツ・パトリック主将をはじめ、ジョン・カーワン、ジンザン・ブルックなどのベテラン勢を擁したオールブラックスに対して、スプリングボックスは先発メンバー内で初キャップが10人という布陣となった。国際試合から遠ざかっていたこともあり、経験者が少ないのは仕方のない状況だった。また、この試合のオールブラックスの5番は、4か月前の世界選抜戦で代表に初選出されたばかりのジェイミー・ジョセフが務めた。

その後、前年の第2回ワールドカップのチャンピオン、名将ニック・ファー・ジョーンズ率いるワラビーズがやはり1試合のみテストマッチを行い、26-3でスプリングボックスを一蹴する。

さらに、スプリングボックスは英仏遠征を実施し、フランスとのテストマッチ第1戦を20-15で辛勝。国際マッチで久々の勝利を挙げる。しかし、第2戦は16-29でフランスがリベンジし、続くイングランドにも16-33のダブルスコアで敗れた。年間トータルのテストマッチの結果としては1勝4敗となりアパルトヘイト期の空白期間が、スプリングボックスに負の影響を与えたことは確かであった。

## ネルソン・マンデラとラグビー～偉人の偉業

1964年、マンデラは国家反逆罪で訴えられた裁判で、弁護士らしく内容深い歴史的弁論を展開した。

「全人種平等を実現すれば黒人が多数派となる。だから白人は民主主義を恐れている。しかし、私は白人支配に反対して闘ってきたのであり、黒人支配の実現を望んでいるのではない。全人種平等で自由な社会を築くのが理想だ」

しかし、死刑こそ免れたものの、マンデラには無期懲役という不条理な判決が下された。それから30年後、1994年に南アフリカ初の民主化選挙が実施され、彼は同国初の黒人大統領に就任した。

マンデラは、隣国ジンバブエの独裁者ロバート・ムガベ前大統領とよく比較される。ムガベは、2000年より土地改革政策ファスト・トラック（白人農地を強制接取し、黒人に再分配することを目的とする）を実施し、多くの白人が同国から逃れた。元ワラビーズのデビッド・ポーコックの家族もこの政策による騒乱を避けるため、02年にオーストラリアのブリスベンへ移住した。この常軌を逸した政策は、結果的にジンバブエ経済を混乱させ、ハイパーインフレが起こる。社会経済に与えたダメージは20年以上経った今でも回復していない。

マンデラはムガベとは反対に、南アフリカの経済やインフラの基礎を築き、現在もその中枢である白人は、国家の運営と発展に欠かせない存在であるという考えを獄中にいる時から信条としていた。しかし、マンデラ政権が誕生した1994年に南アフリカから国外に流出した白人は月に3000人を超えた。黒人政権になることへの失望感、治安悪化に対する不安、そして黒人からの報復を恐れてのことである。しかしマンデラが主張したように、政権交代後、黒人が白人を支配するという状況には陥らず、国外へ〝脱出〟した白人が危惧した報復も起こらなかった。その後、白人の流出は激減し、すでに国外に出た白人もマンデラ政権の状況を確認し帰国するというケースも見受けられた。

逮捕前は武闘派と目されたマンデラを変えたのは、やはり27年に及ぶ不条理な獄中生活の経験である。時間的には余裕がある塀の中で、彼はまずアフリカーナーという敵を知ることから始めた。その教材は、支給される本と看守との会話だった。特に〝囚人〟と看守という関係でありながら、看守と積極的に交流し、アフリカーンス語、そしてアフリカーナーの考え方や文化、歴史などを学んだ。１９８５年、マンデラはポールスムーア刑務所に収監されていた時に、新任の不愛想で怒りっぽい所長が熱烈なラグビーファンだということを知り、彼とのコミュニケーションツールとしてさほど興味のなかったラグビーを習得し始めた。新聞や雑誌のラグビー関連記事を読み、所内で放送されるラグビーの試合を観戦し、短期間で選手の名前や特徴も覚えたという。マンデラはこの時より、アフリカーナーとラグビーの強固な関係に注目し、ラグビーに関する知識をさらに深めていった。

ここで、マンデラの南アフリカラグビーに対する功績を紹介する。

まず、１９９1年当時のＳＡＲＢとＳＡＲＵ・ＳＡＣＯＳの合併交渉の仲介である。前述のとおり、アパルトヘイトが継続中の88年より交渉は始まったが、約一世紀にわたりラグビーの人種の平等性に関して対立してきた両者が一つの組織になるという作業は困難を極めた。ＳＡＲＢ関係者がある会議で発した〝Wat weet'n kaffer van rugby? ＝ What does a kaffir know about rugby?（黒人にラグビーの何が分かるのか）〟[33]が表すように、ＳＡＲＢがＳＡＲＵ・ＳＡＣ

OSを見下す態度をとっていたことが進捗に悪影響を与えたことは確かである。

マンデラはANCの代表としてダニー・クレイブンと直接話し合う機会を設け、「二つの組織の統合が南アフリカ全体の和平プロセスを進展させる起爆剤になる」ことを説得した。クレイブンは、国家の融合を平和裏に進めたいというマンデラの想いに感銘を受け、SARU・SACOSとの合意に向けて歩み寄る努力をすることを約束した。1991年12月、両者はSARFUの会則案について合意した。全人種が平等に参加できるSARFUは南アフリカラグビーの礎となるものである。両者の歩み寄りが形となったSARFUがなければ、南アフリカラグビーの復活もなかった。したがって、ここでのマンデラのユニオン改革に対する説得力と熱意は、南アフリカラグビーの再生に大きく寄与した。

次に、1995年第3回ワールドカップの誘致である。もともとANC内では、ワールドカップで白人選手により構成されるスプリングボックスが活躍しても、逆にアパルトヘイトの傷口を再び開くことになると開催を懸念する意見が優勢だった。そこに前項で紹介した92年のニュージーランドとのテストマッチでの失態である。ANC幹部たちは白人からの侮辱に堪忍袋の緒が切れ、ワールドカップはおろか、ラグビー自体も認めてはいけないという意見も高まった。

マンデラは、幹部たちの気持ちは十分理解しているとし、スポーツを利用して新しい国家建設を目指すことが、国の平和と安定に繋がることを再度主張する。そして、特に白人のマジョリティを占めるアフリカーナーの支援を確保するためには、彼らの宗教ともいえるラグビーが有効なツールになることを幾度となく説いた。最終的には、ANC幹部がマンデラの意見に折れた。

１９９３年、ＡＮＣは最終確認のため来訪したＩＲＦＢの首脳陣と会談し、ワールドカップ開催に関する条件のすべてを受け入れた。マンデラから白人社会に、ワールドカップの自国開催という最高のプレゼントが贈られたのである。白人の一部はマンデラがラグビーを擁護したことに親和感情を抱き、仲間意識さえ感じだした。一方、ラグビーと関係のないところでは、白人右翼グループの抵抗は強まり、同時にインタカ自由党（ＩＦＰ）のＡＮＣに対する敵対行為も激化した。開催前年の94年、ＩＲＦＢは南アフリカの治安の悪さを懸念し、日本を含む代替候補地を模索していたほどである。マンデラは危険を顧みず、彼自身のカリスマ性や説得力、行動力をフルに使って敵対勢力のリーダーたちと対話を重ね、状況を改善していく。

マンデラは、敵対勢力だけでなく、各遊説先でもスプリングボックスへの支援を訴えた。参加者の大部分はマンデラを慕って集まってきた黒人支持者である。彼らにとっては巨悪の象徴であるスプリングボックスの名が、尊敬するマンデラの口から出た瞬間にはブーイングが起きる始末であった。

「南アフリカ国民は黒人も白人も関係なく、国の発展に貢献しなければならない。スプリングボックスは白人ではなく国民のために戦っている。自分たちのために戦っている同胞に激励の言葉を送るべきだ」

(33) この発言の中に使われているkaffirという言葉は。黒人を最大限に侮辱する意味を持ち、現在の南アフリカでは絶対に使ってはいけない言葉である。

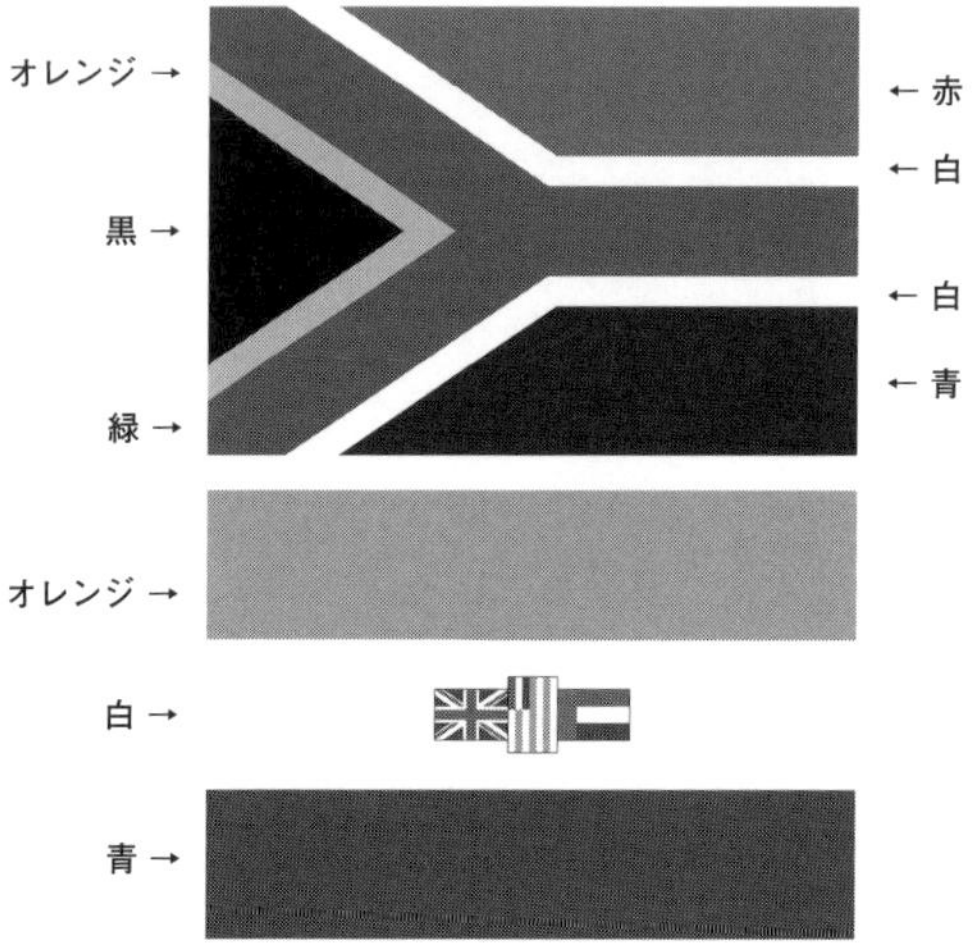


**図3　南アフリカの新国旗（上）と旧国旗（下）**

マンデラは粘り強くそう訴え続けた。信奉するマンデラの言葉とはいえ、皆がそれを受け入れたわけではなかった。しかし、マンデラの主張も一理あると考えを変える黒人が徐々にではあるが増えてきた。

マンデラの尽力もありワールドカップは予定どおり南アフリカで開催された。もしワールドカップがキャンセルされていたら、南アフリカラグビーだけでなく国の発展にも悪影響を与えていただろう。そういう意味では、同胞から批判を浴びながらも、ラグビー、そしてワールドカップを守り切ったマンデラは偉業を果たしたといえる。

続く功績は、ラグビーに限ったことではなく、まず国旗と国歌をワールドカップまでに制定したことである。**図3**に示すように、白人政権下での旧国旗は、オランダ国旗をベースにした東インド会社の旗の中に小さなユニオンジャック、そしてアフリカーナーの国だったオレンジ自由国とトランスバール共和国の旗が並んでいた。つまりイギリス系とアフリカーナーのための旗であり、もともと非白人が受け入れられるものではなかった。新国旗は政府機関が新たにデザインしたもので、政府発表によると、黒、緑、ゴールドはANC、赤、白、青はオランダとイギリスの国旗から取ったものであり、白と青は旧国旗から継承したものであるという。

次は国歌である。2019年ワールドカップでは、スプリングボックスは参加チームの中で最も長く日本に滞在した。試合回数も、大会前の親善試合から本戦決勝まで進み、参加チーム中最多だった。つまり、南アフリカ国歌は参加国の中で最も多く日本で歌われたので、記憶に残っている方も多いと思う。最初はゆったりとした曲調から、途中で勇ましいアップテンポの旋律に変わる。それもそのはず、実はこの国歌はもともと二つの曲を繋ぎ合わせて編曲したものだからである。前半のパートはコサ語、ズールー語、ソト語という黒人主要言語、後半はアフリカーンスと英語の白人言語で歌われる。前半パートのオリジナルは『主よ、アフリカに祝福を（Nkosi Sikelel' iAfrika＝ンコシ・シケレリアフリカ）』という讃美歌だが、差別が激しかった時期には「反逆歌」としてデモ行進の際によく歌われていた。アパルトヘイトに対する抵抗を象徴する歌でもある。1987年に公開されたイギリス映画『遠い夜明け』[34]の中で、反アパルトヘイト活動の英雄であるスティーブ・ビコ[35]が警察官に撲殺され、その葬儀に集まった2万人の参列者たちが彼の意志を継ぎ戦い続けることを誓う感動的なシーンがある。そこでビコへの弔いと抵抗への決意の証としてこの歌が歌われるのである。この歌には、白人がこの国に入植してから

400年間、虐げられ続けてきた黒人の魂の叫びと、自由への切なる願いが込められている。

他方、後半パートの『南アフリカの呼び声』は、1957年に白人政権下で公式に国歌として承認されたもので、アフリカーナーの叫びといってもよいだろう。その歌詞は、多くの犠牲を伴った苦難の旅グレート・トレック（大移動）の末、ようやくたどり着いた約束の地で神を称え、アフリカーナー民族の将来を祈る内容である。出だしがフランス国家の『ラ・マルセイエーズ』に酷似しており、後半に盛り上がる美しい旋律となる。

つまりは、もともと敵対関係にあった二つの歌を一つに合体させたのである。2019年のワールドカップの際に、日本式ホスピタリティとして、海外チームの国歌を歌って歓待するという活動が各地で数多く見られた。そして、スタジアムやキャンプ地で日本人が南アフリカ国歌を歌う風景は本国でも紹介され驚かれた。なぜなら、現在でも黒人は後半の『南アフリカの呼び声』を、白人は前半の『主よ、アフリカに祝福を』の部分を歌わないことが珍しくないからである。かつての敵の歌を歌いたくない、話すこともできない言語の歌詞を歌えないという理由からである。ほとんどの黒人は母語に加えて英語やアフリカーンス語を話せるが、白人の場合はコサ語などの黒人言語はまず話せない。白人は歌いたくても練習を積まなければ歌えないのである。

それぞれの歌詞を見てみよう。


『主よ、アフリカに祝福を』

主よ、アフリカに祝福を与え給え。その栄光を立たしめ給う。我らの願いと祈りを聞き給う。

主よ、その息子らと娘らに加護を与え給え。霊魂よ来れ、霊魂よ来れ、霊魂、聖霊よ来れ。主よ、その息子らと娘らに加護を与え給え。主よ、我らの民族を救済し、戦と困難を除き給え。救い給え、救い給え、我らの民族を。主よ、救い給え。我らの民族を救い給え。我らの民族を、アフリカの民族を。そうなし給え。そうなし給え。不滅の時まで。不滅の時まで。

『南アフリカの呼び声』

我らの青空から、我らの砕け散る深い海から響き渡る、切り立つ岩々がこだまする果てしない山脈を越えて、軋《きし》る牛車が轍《わだち》を残す我らの平原から、我らの愛する南アフリカの大地の叫びが起

---

（34）映画『遠い夜明け』（原題：Cry Freedom）：１９８７年に制作、配給されたイギリス映画。名匠リチャード・アッテンボローが監督し、ケヴィン・クライン、デンゼル・ワシントンらが出演。リベラルなジャーナリスト、ドナルド・ウッズと反アパルトヘイト活動家のスティーブ・ビコの交流を描いた。当時の白人政府は南アフリカでの公開を承認したものの、公開直後に上映中の劇場２か所で白人至上主義者により爆発物が仕掛けられるなどのトラブルが続き上映中止となった。

（35）スティーブ・ビコ（Steve Biko, １９４６～77）：反アパルトヘイト運動の活動家。白人支配の現状を変えるだけでなく、〝黒人は美しい（Black is Beautiful）〟というスローガンの下、黒人の人種的劣等感を払拭すべく黒人意識運動（Black Consciousness Movement）を展開した。反白人差別主義ではなかったため白人の支持者も多く、白人の恋人もいたとされる。アパルトヘイト期にも黒人ラグビーが盛んであったイースタンケープ州の出身でラグビーを好んだ。77年、政治活動でケープタウンを訪れた際に逮捕され、連行されたポートエリザベスの警察署内で10人もの警察官に拷問され死亡。

きる。汝のその叫びに我らはためらわず、生きるか死ぬかの汝の意思に堅固に不動に応じる。おお南アフリカ、愛しい大地よ。

歌詞を見比べてみると、前者はやはり神に救いを求めており、後者は前述のとおりグレート・トレックが歌詞の中心になっている。特に白人が美化しているグレート・トレックは黒人からするとボーア人が黒人部族を虐殺しながら行進している場面をイメージする。もともと、黒人、白人双方がお互いの国歌候補を受け入れるには難しい壁が存在していた。

1994年に開催されたANC総会では『南アフリカの呼び声』を廃止し、『主よ、アフリカに祝福を』を新国歌として採用する案が採択寸前までいった。旧白人政権の遺物を残さないという方針を主張するANC幹部がマジョリティを占める総会では当然の結果だった。その状況下において、マンデラがその案を止めた。ここでも彼が主張したのは両者の和解であった。その結果、マンデラが提案した二曲を続けて歌うという案がその場で採択され、最終的にはこれが新国歌になった。曲のタイトルは付けずに、公式名称は単に『南アフリカ国歌』である。

アパルトヘイト期の辛苦を思い出させる旧白人政権の国歌をこの世から葬り去りたいという黒人幹部の心情は察するに余りある。しかし、この時、『主よ、アフリカに祝福よ』が国歌と制定されたと仮定する。この時点ではほとんどが白人により構成されるスプリングボックスの選手たちが試合前にコサ語などの黒人言語で新国家を歌うことになれば白人社会はどう反応しただろうか。総会で孤立無援のマンデラが下した英断により、南アフリカは国家としての静謐《せいひつ》さをかろうじて保つことができた。

最後は、スプリングボックスという名称、そしてエンブレムをマンデラが守ったことである。ＡＮＣ幹部たちの大部分はワールドカップの開催は容認したが、スプリングボックスという名称を使い続けることには反対し続けた。幹部たちはアパルトヘイトに最後まで抵抗し全人種参加のラグビーを目指していたＳＡＲＵ‐ＳＡＣＯＳ代表チームの愛称でもあったプロテアズ[36]に変更すべきという意見で一致していた。ＡＮＣとしても、すべてのスポーツ代表チームの名称をプロテアズに統一するという方向で動いていたのである。実際、クリケット代表チームは、１９９１年、ＡＮＣの指導に従いユニフォームの帽子の記章をスプリングボックからプロテアに変え、プロテアズに改称した。ＡＮＣ幹部たちからすると、旧国旗と旧国歌、アパルトヘイトの残滓《ざんし》であるスプリングボックスという名称を変更することは当然の流れだった。実はマンデラ自身も当初は名称の変更については同意していた。

しかし、ワールドカップを前にして、白人右翼グループやＡＮＣと対立するＩＦＰの抵抗運動が活発化し、ＡＮＣを支持する要人の暗殺事件も頻発した。一時的に社会的緊張が続いた時期だ

(36) プロテアズ（Proteas）：プロテアはヤマモガシ科の植物で南アフリカの国花。南アフリカでは、バファナ・バファナ（Bafana Bafana、ズールー語で「少年よ、少年たれ（Boys, Be Boys）」の意）と呼ばれる。サッカーとラグビー以外の国の代表チームの呼称はすべてプロテアズに統一されており、プロテアの花がデザインされたエンブレムが多い。

った。さらにこのＡＮＣ内でスプリングボックスの名称変更を進めていることが外部に漏れた。ラグビーを宗教とするアフリカーナーの右派団体は激怒し、さらなる騒乱の可能性に言及していることがマンデラの耳にも入った。

マンデラはこの社会的緊張を緩和するために意見を変え、スプリングボックスの名前を継続することを提案した。今回は国歌の時以上にＡＮＣ幹部たちは抵抗したが、最後は国民の安全のためというマンデラの説得に折れた。この時期の国内の状況、ワールドカップを成功させたい思い、そしてそのワールドカップで国民が一丸となってスプリングボックスに声援を送るためには賢明な判断だった。

ただし、エンブレムに関しては現在に至るまで継続的にＡＮＣの国会議員がたびたびプロテアへの変更を要求している。２０１５年には折衷案として右胸にスプリングボック、左胸にプロテアのエンブレムを付けることになった。しかし、ワールドカップにおいては、大会のロゴを右胸に付けることが義務付けられている。したがって、大会期間中はスプリングボックのエンブレムは左袖に移動することになり、多くのファンが失望をあらわにした。16年には、プロテア推進派のＡＮＣ有力議員であるストライク・ラレゴマが国会のポートフォリオ委員会（国会で法案の審査や各省の予算承認を監督する組織）の場でスプリングボックのエンブレムの変更を議題に挙げた。結局、スプリングボックのエンブレムは通常のテストマッチでは右胸に、ワールドカップでは左袖に付けられた状態が続いてはいるが、将来的には変更される可能性が高い。

いずれにせよマンデラが目指したスポーツを通じての人種の融合策にラグビーが選ばれたこと

は、結果的に成功だった。また、ノーベル平和賞を受賞し世界中で尊敬を集めるマンデラが、政治的な目的があったにせよ、スポーツの中で特にラグビーに肩入れしたことは南アフリカラグビーにとっても幸運だった。SARFUとしてもマンデラがラグビーを支援したことでアパルトヘイト期の負のイメージを払拭し、新生スプリングボックスを世界中にアピールする機会を得たからである。

最後に、マンデラが残した名言の一つを紹介したい。2000年モナコで開催された第1回ローレウス世界スポーツ大賞授賞式でのスピーチである。彼のスポーツに対する考えが短くまとめられている。

Sport has the power to change the world. It has the power to inspire, it has the power to unite people in a way that little else does. It speaks to youth in a language they understand. Sport can create hope, where once there was only despair. It is more powerful than governments in breaking down racial barriers. It laughs in the face of all types of discrimination.

(スポーツは世界を変える力を持っています。人々を鼓舞し、ほかでは成し得ないほど一つに団結させる力があるのです。スポーツは若人に彼らが理解する言葉で語りかけるのです。スポーツはかって絶望しかなかったところに希望を生み出すことができます。スポーツは人種の壁を取り払うのに政府よりも強力な力を発揮します。スポーツはあらゆる差別を一笑に付すでしょう)

## 奇跡への準備〜セレンディピティな出逢い

1995年のワールドカップに向けて、スプリングボックスは国際試合の勘を取り戻すため急ピッチで戦力を整備していた。93年には7試合、94年には9試合のテストマッチを戦った。

1993年は、最初にフランスをホームに迎え、1敗（●17-18）1分（△20-20）で終わった。次は2年連続ワールドチャンピオンのワラビーズとのテストシリーズをアウェイで行った。アパルトヘイトの影響で、オーストラリア遠征は71年以来22年ぶりのことだった。結果は1勝（○19-12）2敗（●20-28、●12-19）で負け越した。この年の最後は初のアルゼンチン遠征で、結果は2勝（○52-23、○29-26）で国際ラグビーに復帰して初めてテストシリーズで勝ち越すことができた。ただし、93年のテストマッチの勝率は43％で、復帰した92年の25％よりは改善したが、かつての強さはまだ取り戻せていなかった。

準備期間最後の年である1994年は、イングランドとのテストマッチから始まった。ホームにもかかわらず1勝（○27-9）1敗（●15-32）で、やはり勝ち越せない。続いては81年以来13年ぶりのニュージーランド遠征。ワールドカップを鑑みて勝たなければならない相手であるが、2敗（●9-14、●14-22）1分（△18-18）と大きく負け越した。ただ、その後はアルゼンチンを一蹴し2勝（○46-26、○42-22）。最終のテストマッチはアウェイでウェールズ、スコットランドと戦った。ウェールズとは70年以来、スコットランドとは69年以来で、ともに四半世紀ぶりの対戦となった。結果はウェールズを20-12、スコットランドを34-10と下し2連勝した。これで94年のテストマッチ勝率は56％となり、何とか50％は超えた。

しかしこの時点でも、オールブラックスに唯一勝ち越しているチームの過去の戦績からすると依然として満足できるものではなかった。そして、その宿敵オールブラックスにテストシリーズで1勝もできないままワールドカップを迎えることに、選手やSARFU関係者、ファンは一抹の不安を感じていた。

ワールドカップまでの道程は、第1章でも紹介した史実を比較的忠実に描いた映画『インビクタス～負けざる者たち』に多くを譲る。この映画はクリント・イーストウッドが監督し、ネルソン・マンデラ役にモーガン・フリーマン、フランソワ・ピナール役にマット・デイモンを配して2009年に公開され、興行的にも成功した。しかし、上映時間という制約がある中で、ことのすべてを網羅するのは不可能であり、本書では映画では描かれなかった部分を取り上げたい。

例えば、当時のスプリングボックスの選手たちが映画を観て、一様に不満を感じたのは、監督であるモーネ・デュプレシスやヘッドコーチの故キッチ・クリスティ(37)がほとんど描かれていなかったことである。映画ではマンデラ大統領とピナールの交流を中心にストーリーが進行す

(37) 1995年のワールドカップでは、監督のモーネ・デュプレシスとヘッドコーチである故キッチ・クリスティが二人三脚でチームの指導に当たった。クリスティは94～96年までのヘッドコーチ在職中、14連勝を含む不敗記録を打ち立てた。その功績を称え2011年、ワールドラグビーの殿堂入りをした。

るが、実際にチーム内での人種間の垣根を取り払い、南アフリカ全国民を代表しているという意識を植え付けたのはデュプレシスの功績によるところが大きかった。

　ネルソン・マンデラは１９９０年2月11日、27年にわたる獄中生活から釈放された数時間後に、ケープタウン市庁舎前のグランパレード広場で25万人の熱狂的な支持者を前にスピーチを行った。もちろん、群衆のほとんどは黒人で、デュプレシスはその場にいた数少ない白人の一人であった。身長が１９５センチある白人のデュプレシスは、小柄な黒人の中では目立ち罵声を浴びせる輩もいたが、あえて彼がここに来た理由はこの瞬間が南アフリカにとって歴史的に重要な意味を持ち、それを体感すべきだという思いがあったからだ。

　デュプレシスは１９７１〜80年までの間、バックローとしてスプリングボックスに選出され、出場したテストマッチ22試合中18試合に勝利している。また、主将として出場した15試合では13試合で勝利を収めており、南アフリカラグビー史上最も勝率の高い主将として崇められている。当時はまさにアフリカーナーの強さのシンボルで国民的英雄だった。彼の父親フェリックスもまた、49年、スプリングボックスの主将としてオールブラックスとのテストマッチ4連勝という金字塔を打ち立てた国民的英雄である。

　デュプレシスはアパルトヘイト期のスプリングボックス歴代主将の中で、例外的に国民党員ではなく、アフリカーナー・ブローダーボンドのメンバーでもない。ステレンボッシュ大学で社会学を専攻し、政治に関心がなかったほとんどのラグビー選手とは異なり、自国の異常な状況を冷静な目で分析し理解していた。南アフリカの白人にとってはプライドであり、強さの象徴であるスプリングボックスが、同国の非白人や他国からは人種弾圧を先導する悪魔のような存在とされていることも認識していた。遠征先で自分たちに突き刺さる現地の人たちの敵意に満ちた視線、ホーム試合でもスタジアムにいるわずかな黒人の観客が、オールブラックスやそのほかの敵チームに送る熱狂的な声援をデュプレシスは感じとっていた。

彼は、「この国は何かが大きく間違っている」という結論に至るが、現役時代、国民に大きな影響力を持つデュプレシスがうかつに政治的な発言はできなかった。ただし、そのことを彼は非常に後悔していると後年のインタビューで語っている。白人社会に影響力を持つスプリングボックスの主将時代に、世界と南アフリカの常識が乖離していることについて、国民に何らかのメッセージを送るべきだったと。そうすることで少しでも国際社会がスプリングボックスと南アフリカという国に対する見方を変えることができたのではという自責の念に苛まれていたのである。

そして、ワールドカップに向けて、SARFUがスプリングボックスの監督としてデュプレシスを指名したことにANCは安堵した。デュプレシスに政治的な偏見がなく、リベラルな考えの持ち主であることがすでに知られていたからである。デュプレシスもまた、監督として第一の目標はスプリングボックスのワールドカップ優勝であるが、現役時代の贖罪を果たす機会を得たことでモチベーションがいっそう高まったという。

この会見をブラウン管を通じて見たフランソワ・ピナールも、心を動かされた白人の一人だった。この時点では、ピナールはまだトランスバール州代表(現在のライオンズの前身)止まりで、もう少しで手が届きそうなスプリングボックスへの加入を目指して日々、切磋琢磨していた。前述のとおり、ピナールはデュプレシスとは異なり、政治やアパルトヘイトとは縁遠い家庭環境で育ったが、マンデラの残酷な半生に同情し、看守に感謝さえする彼の寛容な心に感動したという。

ただし、白人政権から黒人政権への移行期においては、ピナールやデュプレシスのようにマンデラに共感を覚えた白人、特にアフリカーナーは少数派だった。大部分のアフリカーナーにとっては、アパルトヘイトが南アフリカ社会の基盤であることが当然であり、その重要な社会の仕組みを壊そうとしているマンデラはテロリストのリーダーであり危険人物であると警戒されていたのである。

〝偶然の出会い〟と訳されるセレンディピティという言葉がある。これは、セレンディブ（セイロン島＝現スリランカを指すアラビア語の古称）の3人兄弟の王子が、思いがけない幸運によって次々と困難を乗り越えていく物語からつくられた造語である。1995年のワールドカップにおけるスプリングボックスの偉業はまさに、マンデラ、デュプレシス、そしてピナールのセレンディピティがあったからこそ達成できたのかもしれない。

マンデラも憂慮していたように、この時期の白人社会は複雑な局面を迎えていた。400年以上続いた白人支配形態から黒人が大統領になり、黒人政党が政権を担う時代がまもなく始まるのである。前述のとおり白人の中には、既得権益を守るべく右傾化するものも多く、反アパルトヘイト派に爆弾テロを仕掛けるなど過激な行動に走る右翼グループが存在感を増した。〝なぜマンデラを絞首刑にしなかったのか〟と前白人政権を責める白人は少なくなかった。デュプレシスとピナールのいずれかがそのような保守的な考えの持ち主であれば、ワールドカップ優勝への起点となったトライアングルは形成されなかった。

1995年のスプリングボックスのスローガンは、SARFUのCEOだったエドワード・グリフィスが考案した〝One Team, One Country（一つのチーム、一つの国）〟になった。このワールドカップにオールブラックスの一員として参加していたジェイミー・ジョセフが後年、日本代表のスローガンを〝One Team〟とした。それをここから取ったとは思わないが、スプリングボックスは25年前に同じスローガンを使っていたのである。デュプレシスは、ワールドカップは南アフリカにとっては単なる大規模なスポーツイベントではなく、現在も反目し合っている人種間の融合を促進するきっかけとなり、ひいては新生南アフリカが民主国家として進むべき道の足場となることを十分自覚していた。

代表スコッド（メンバーと同意。ラグビーでよく用いられる）の確定後、デュプレシスが実行した具体策は、新しい国歌をメンバー全員が歌うということだった。前述の映画『インビクタス〜負けざる者たち』では主将のピナールが、嫌がるメンバーに新国家の練習を促すシーンがあったが、実際はデュプレシスの主導で行われた。メンバーはチェスター・ウィリアムズを除いては全員白人だったので、前半の黒人言語で歌う『主よ、アフリカに祝福を』が問題となった。デュプレシスは友人でコサ語の研究をしている言語学者に講師を頼み、集中レッスンを実施した。専門家によるレッスンが奏功し、メンバー全員が歌えるまでにさほど時間はかからなかった。また、チーム内に黒人の主要言語であるコサ語を話せる巨漢マーク・アンドリュー（ロック）とヘニー・ルルー（センター）が含まれていたのもラッキーだった。

この新しい国歌に特に感動していたのが、チーム一の問題児、故ジェームズ・スモールだった。スモールはスプリングボックスのトライ記録を更新した俊足ウイングだったが、感情をコントロールできずたびたび問題を起こしていた。1992年にはバーで暴力事件を起こして謹慎処分となり、イングランド遠征を辞退した。93年のオーストラリア遠征では、テストマッチ第2戦で、レフリーを罵倒したため、スプリングボックス史上初めてテストマッチで退場処分を受けた選手となった。スモールの自著によると、彼の自制できない性格は複雑な家庭環境で育ったこともあるが、名前から分かるようにイギリス系であるがゆえに、アフリカーナーから常に差別を受けてきたことにも起因しているという。

第1章でも述べたが、ボーア戦争によりイギリス系とアフリカーナーの間には深い溝ができ、いまだに埋まっていない部分がある。特に戦争の敗者であり先祖を蹂躙されたアフリカーナーのイギリス系に対する思いは複雑である。さらにラグビーに関しては、この国では、それを本国から持ち込んだ〝イングリッシュマン〟のものではなく、アフリカーナーと呼ばれる〝ダッチマン〟のものなのである。

同じ白人でありながら、体格的にイギリス系を凌駕するアフリカーナーは、そのメリットを活かし南アフリカのラグビー創成期よりピッチでは常に主導権を握っていた。ラグビーでは多数派のアフリカーナーの中で育ったスモールは、敵チームはもちろん味方のチームメイトからも歓迎されず、いわば白人間の民族差別を経験していた。そんな辛苦を乗り越えて代表のポジションを掴んだスモールだからこそ、国歌に加わった黒人の反逆歌『主よ、アフリカに祝福を』に共感を覚えたのだろう。

ワールドカップではスタジアムの特設スクリーンに、そして世界中のTVの画面に、スプリングボックスの選手たちが『主よ、アフリカに祝福を』から始まる南アフリカ国歌を声高らかに歌う姿が大写しされた。黒人の言語の歌をほとんど白人で占められた選手たちが歌うシーンが、黒人のラグビーに対する複雑な感情を幾分和らげたことは確かである。

## 1995年の奇跡～虹の国の歓喜

第3回ワールドカップは1995年5月25日から予定どおり南アフリカで開催された。そして、南アフリカは初参加であるにもかかわらず、初優勝をホームで飾るという出来過ぎのフェアリー・テールで終わる。

前述の映画『インビクタス～負けざる者たち』ではスプリングボックスがアパルトヘイト期に、国際ラグビーとの交流を断たれたため、弱体化が進んでいたように描かれた。実際にはまだ本調子ではないものの、スプリングボックスはオールブラックスや前回の覇者であるワラビーズと並んで優勝候補の一角とされていた。例えば、決勝戦のFWの平均体重ではオールブラックスよりスプリングボックスのほうが重かった（スプリングボックスFWの平均身長、体重＝192・5センチ、111・1キロ、オールブラックス同＝190・5センチ、107・9キロ）ほどで、FWのフィジカルの強さは当初からライバルチームにマークされていた。

スプリングボックスは、プールステージA組では開幕戦で、前年のテストシリーズでは負け越した前回覇者のワラビーズを27‐18で撃破。続くルーマニアを21‐8、カナダを20‐0で一蹴し、プールA1位でトーナメントに駒を進めた。ただし、ワラビーズ戦はさておき、格下のルーマニア、カナダ戦の内容は、たとえ主力選手を外したメンバー構成だとしても、優勝を狙うチームとしては満足できるものではなかった。また、このポートエリザベスで行われたカナダ戦はスタジアムの名前をとって〝ボーア・エラスムスの戦い〟と命名されたほど乱闘が頻発し、スプリングボックスのフッカー、ジェームス・ダルトンおよびカナダの選手2名が退場となった。そして試合後、乱闘の原因をつくったスプリングボックスのウイング、ピーター・ヘンドリックスには90日間の試合出場禁止という重い制裁が下された。

準々決勝では、前回大会でウェールズやアルゼンチンに競り勝って台風の目となり、この大会でもプール戦でアルゼンチン、イタリアなどの強豪を破ってトーナメントに進出した西サモア（現サモア）を42‐14で下し実力差を見せた。この試合では復帰したばかりのチェスター・ウィリアムズが4トライを決め存在感を示した。

準決勝は、過去3年の戦績では1勝2敗1分と負け越しているフランス代表レ・ブルーを相手に19‐15で接戦を制した。この日、ダーバン周辺は試合直前まで暴風雨に見舞われ、試合会場のキングスパークはピッチに水が溜まり、一時は試合のキャンセルが検討されたほどグラウンドの状態は悪かった。しかし、当時のワールドカップ規則により、試合がキャンセルになれば、予選プールのカナダ戦で暴力行為による退場者を出したスプリングボックスの敗退が決まる。グラウンドスタッフ、クリーナー、そしてボールボーイまでが総出でピッチ内の水をモップで掻き出し、何とか1時間遅れで試合は開始できた。ところが、試合中に再び強い雨が降り出し、両者キックの応酬となってハンドリングエラーが続く。

試合は拮抗し、スプリングボックスが僅差のリード（19-15）で迎えた後半35分、南アフリカ自陣22メートル右端でレ・ブルーはスクラムを得る。当時スクラムの強さには定評があったレ・ブルーが2メートルほど押し込み、余裕をもって出したボールからスタンドオフのティエリー・ラクロワがハイパントを上げる。南アフリカの名フルバックで当時、その華麗な動きから〝ロールス・ロイス〟との異名をとったアンドレ・ジュベアがジャンプ・キャッチし、一旦は胸に収まったボールがこぼれた。グラウンドに転がったボールをタイミングよく走り込んできたレ・ブルーの巨漢フランカー、アブデル・ベナジが奪取し、そのままの勢いでゴールラインを越えグラウンディングしたかに見えた。周りのレ・ブルーの選手たちも一斉にガッツポーズし、誰もがレ・ブルーの逆転を確信した。

しかし、次の瞬間、レフリーのデレック・ビーヴァンは短い笛を吹きノートライを宣告した。ビーヴァンはベナジがグラウンディングした地点がゴールラインを越えていないと判断したのである。このワールドカップにおいてスプリングボックス最大の危機だった。虎口を脱したスプリングボックスは、映画『インビクタス～負けざる者たち』のクライマックスでもあった宿敵オールブラックスとの決勝に駒を進めることができた。

決勝は6月24日、大会のオフィシャルソングに選ばれた『ショショローザ』の大合唱が止まらないヨハネスブルグのエリスパーク・スタジアムで行われた。ショショローザは〝前に進め〟という意味で、100年以上前から金で潤ったヨハネスブルグで金鉱労働者として働いていた黒人たちが、仕事中に士気を高めるために歌った歌である。現在でもこの歌は黒人が好むサッカーの試合会場で応援歌としてよく歌われる。

実は試合直前まで、SARFU、そしてIRFBなどの関係者は、問題なく試合を開始できるのか気が気でなかった。このエリスパーク・スタジアムは3年前のリターンマッチで観客が白人政権の旗を振り、国歌を歌い、ANCの顔に泥を塗った場所だった。一般にこのハウテン州のアフリカーナーは、グレート・トレックを敢行し、ボーア戦争でも最後までイギリスに抵抗した先祖を持ち、保守的でプライドが高い。ウェスタンケープ州やそのほかの地域のリベラルなアフリカーナーとは、少し性格が異なるといわれる。

このワールドカップでこのスタジアムがスプリングボックスの試合会場となったのは、準々決勝の西サモア戦のみであった。決勝は観客の興奮も最高潮になる。しかも相手はオールブラックスということもあり、アフリカーナーとしてのナショナリズムが高まり白人ファンが旧国旗を振り回さないとも限らない。試合は世界中に中継される。結局、この関係者の心配は杞憂に終わり、試合当日、スタジアムには新国旗があふれ、誰もが新しい国歌を歌った。マンデラが危険を冒して白人右翼団体などの反政府グループと交渉を重ねた結果でもあった。

エリスパーク・スタジアムでは開会式も行われた、その際には、両翼の裏に〝Good Luck Bokke（スプリングボックスに幸あれ）〟と書かれた南アフリカ航空の旅客機ボーイング747が、超低空飛行で同スタジアムの上空を飛んだ。高層ビルが立ち並ぶ大都市ヨハネスブルグの中心部にあるエリスパーク・スタジアムの最上段からわずか60メートルの距離までジャンボジェットの大きな機体は高度を下げた。このような大型旅客機を飛ばすというパフォーマンスは世界でも珍しい。広告会社の企画に大会スポンサーの一つである南アフリカ航空が賛同して実現した一大イベントだったが、当然、安全面を考慮すると内部で侃侃諤諤《かんかんがくがく》の議論がなされた。なお、この観客の度肝を抜いたパフォーマンスは、同じエリスパーク・スタジアムで行われた２０１３年のオールブラックス、17年のフランス、再び22年のオールブラックスとのテストマッチ前にも挙行されている。

さて、決勝の国歌斉唱が始まった。当時のＶＴＲを見れば分かるが、主将のピナールはあれだけ練習した新しい国歌の前半部分の『主よ、アフリカに祝福を』を歌っていない。スタジアムの大声援に感動したこともあり、気持ちが高ぶり過ぎて口を開けると泣き崩れる可能性があったからだという。試合の直前、選手を鼓舞するためロッカールームに来たマンデラは、スプリングボックスのジャージを着ていた。そして、背を向けると背番号6が見えた。つまりマンデラはピナールと同じジャージを着ることで、試合に臨む気持ちは一緒だとアピールしたかったのである。

この決勝までにオールブラックスは３１５点の得点を挙げ、１０４点を失点している。対してスプリングボックスは１２９点の得点で失点は55点だった。ただしオールブラックスの３１５点中１４５点は、プールリーグの日本戦での大勝からきており、単純に数字を比較しても参考にはならない。試合前の下馬評ではオールブラックスの力強いアタックをスプリングボックスの堅いディフェンスが止められるかどうかで勝敗が決まると予想されていた。特にこの年のオールブラックスには、全盛期を迎えた〝暴走機関車〟ジョナ・ロムーがおり、ワールドカップではすでに7トライを記録していた。196センチ、119キロのロムーとスプリングボックスの対面ウイングである〝暴れん坊〟ジェームス・スモール（182センチ、91キロ）の直接対決も注目されていた。

試合は予想どおり拮抗した展開を見せた。前半はスプリングボックスFWがフィジカルの強さを前面に出し、約70％のテリトリーを獲得し押し気味に進める。ただし、オールブラックスもよく守り、結局、両者ペナルティゴールのみで9－6とスプリングボックスが僅差のリードでハーフタイムを迎える。ロムーにはほとんどボールが回らず見せ場はなかった。後半はオールブラックスが息を吹き返し、FWとBKの素晴らしい連係で何度もゴールに迫る。しかし、今度はスプリングボックスが定評のあるディフェンス力でオールブラックスにゴールを割らせなかった。オールブラックスはアンドリュー・マーティンズのドロップゴールを加え9－9のイーブンでフルタイムを迎え、ワールドカップ初の延長戦に突入する。延長戦はお互い一進一退でオールブラックスがペナルティゴールで先取するが、前半終了間際にスプリングボックスも司令塔ジョエル・ストランスキーがペナルティゴールを決め同点（12－12）にする。最後はストランスキーがドロップゴールを決め、15－12で勝負を決めた。

翌日の「シドニー・モーニング・ヘラルド」のヘッドラインは「昨日、南アフリカは確かにOne Team, One Countryになり、レインボー・ネーションは歓喜に包まれた」と伝えた。この

第3回ワールドカップは、世界120か国に中継され、25億人が視聴した。マンデラの目論見どおり、世界に南アフリカ国家の再建が進捗していることをアピールできた。ただし、3万5000〜5万人と見積もっていた海外からの旅行客は1万8000人に終わった。SARFUの利益は目標としていた1億ランド（約30億円）を下回ったが、赤字にはならず、利益の30%は特に黒人居住区のラグビー普及活動に使われた。心配された治安面も警察の報告によると、大会中に起きた観光客絡みの犯罪は42件で、世界有数の犯罪発生率の南アフリカからすると〝大成功〟だった。

ワールドカップ終了後、スプリングボックスは9月にホームでウェールズと対戦し勝利する（○40‐11）。11月は欧州遠征でイタリア（○41‐20）とイングランド（○24‐14）に連勝した。結局、1995年はテストマッチで全勝し、勝率100%で終える。世界にスプリングボックスの復活をアピールできた年となった。

## 饗宴の後〜ラグビーワールドの変遷

当時のSARFU会長ルイス・ルイトは、いわゆる〝プア・ホワイト〟と呼ばれる白人低所得層の出でありながら、化学肥料やビール会社、そして新聞社などを興し、一代で財を成したビジネスマンだった。企業経営の経験を活かし、会長としてリーダーシップを存分に発揮していたが、独力で成功した自信はしばしば横暴な態度や言葉につながり、物議を醸すことも多かった。

1992年のリターンマッチではANCとの約束を反故にし、白人政権の国歌斉唱を承認してひんしゅくを買ったことは先に触れた。ワールドカップ期間中、IRFBや各国ユニオンは、ルイトの言動により人種や治安問題が勃発し、大会が失敗に終わることを憂慮していた。

そして大会終了後のオフィシャルディナーで、ルイトは失態を犯す。約千人の招待客の前で、「1987年、そして91年のワールドカップには真のチャンピオンはいなかった。なぜなら南アフリカが参加していなかったからだ。我々が今回、それを証明した」と、失礼極まりないスピーチをしたのである。このスピーチの後、オールブラックスメンバーを含むニュージーランド、イングランド、そしてフランスの関係者はメインディッシュが出る前に会場を後にした。ただ、南アフリカ国内ではさほど非難の声は上がらなかった。ファンや関係者の大部分はルイトの意見に賛同していたからである。さらにルイトは、招待客の一人だったウェールズ人レフリーのデレック・ビーヴァンを「世界で最も優れたレフリー」と名指しして、壇上へと促した。ビーヴァンは準決勝のフランス戦で、終了5分前、南アフリカの4点差リードの状況で、レ・ブルーのグラウンディングをトライと認めなかったレフリーだ。トライであれば逆転となり、残り時間を考えるとレ・ブルーの勝利の可能性が一気に高まるという状況だった。

そうした背景があるにもかかわらず、SARFU会長であるルイトは、衆人環視の中いきなり、〝優秀なレフリー〟としてビーヴァンに金の高級時計を渡そうとしたのである。フランス側から批判の矢面に立っていたビーヴァンの立場が苦しくなるのは誰の目にも明らかだった。もちろん、ビーヴァンは時計を受け取らず、ルイトに激しく抗議した。一連の騒動に英紙「ガーディアン」

は「南アフリカの傲慢さがスプリングボックスの勝利の味を不味くさせた」とルイトのスピーチや行動を批判した。

このワールドカップ終了後、ＩＲＦＢはラグビーの歴史を変える大きな決断を下す。

「我々が奨励するしないにかかわらず、ラグビーはまもなく公然とプロ化に進んでいくだろう。（中略）今、我々がプロ化の波に乗らず、この変化に対応しコントロールできなければ、ＩＲＦＢや各国ユニオンはラグビーを運営していくことはできなくなる」

8月にパリのホテル・アンバサダーで開かれた理事会で、当時会長のヴァーノン・プーフはこう言い放ち、アマチュア規定の撤廃とプロ化を宣言した。〝アマチュアリズム最後の砦〟として一線を死守してきたラグビーだったが、南アフリカ同様に１９８０年代からニュージーランドやオーストラリアでは、選手が試合出場の対価として報酬を受け取ったり、有名選手が企業のコマーシャルに出たりして、アマチュア規定は形骸化しつつあった。また、ロサンゼルスオリンピック以降、スポーツ全体でビジネス化が進んだ。特に、その起源では繋がっているサッカーとの間に大きく開いた格差を埋め戻すには、ラグビーもプロ化を断行するしかないという考えが関係者間に浸透していった。

時間を戻すが、ワールドカップの決勝前日に、南半球のビッグスリー、ニュージーランド、オーストラリア、そして南アフリカの3ユニオンは、オーストラリア出身のメディア王ルパート・マードック率いるニュース・コーポレーションと5億5０００万ドル（約5６０億円）の契約を交わした。この契約によりニュース・コーポレーションは10年間の契約期間中、トライ・ネイシヨンズ(38)、そしてスーパーラグビーの前身であるスーパー12の放映権を得たのである。この契約がIRFBのプロ化容認に対する決定打になったのだが、IRFBがオフィシャルな結論を出す前に3ユニオンはプロ化を決定したことになる。本来であればIRFBからクレームが来そうだが、実はそうせざるを得ない状況であったことはIRFBも了解していた。その背景を説明する。

1987年から始まったワールドカップはラグビーユニオンの発展に多大な貢献をしたが、二つの懸念が生じた。一つは潤沢な資金を持つラグビーリーグのチームがワールドカップを選手の品評会として利用し、ラグビーユニオンの有望選手の引き抜きが激しくなってきたことである。

第1回ワールドカップで優勝したオールブラックスのフルバック、ジョン・ギャラハーは、1990年に突然、イングランドのラグビーリーグのリーズと、約1億円の契約を交わし移籍した。まさにオールブラックス黄金期の主力選手が当時のラグビーユニオンが目の敵にしていたラグビーリーグに転向したのである。ちなみに、ギャラハーがNZRUよりオールブラックスのキャップを正式に受け取ったのは、ラグビーユニオンのプロ化が定着し、両者のわだかまりが解けた22年後の2012年だった。

ギャラハー以降、高収入を求めて多くのラグビーユニオンの選手がラグビーリーグへ移り、1995年当時、IRFBや各国ユニオンも選手の流出が座視できない状況になっていた。南アフリカの選手では、96年にスプリングボックスで主将も務めたティアーン・ストラウスがオーストラリアのラグビーリーグへ移籍した。南アフリカの場合は、前述のとおりラグビーリーグの国内への進出阻止に成功していたこともあり、大物のラグビーリーグ転向はストラウスぐらいだった。ストラウスは2年間の契約終了後、そのままオーストラリアに留まりラグビーユニオンのワラタスで2年間プレーし、ワラビーズにも選出された。

そしてもう一つは、ビジネスという世界から奇跡的に一線を画してきたラグビーユニオンがワールドカップの成功により優良なコンテンツであり、予想以上の商品価値があると認められたことである。企業、実業家、そして投資家がこの利益を狙って、未開の地だったラグビーユニオンを取り込み、新たなビジネスモデルの構築を目指すことになる。特に前述のルパート・マードックと、同じくオーストラリア人でテレビ局のオーナーでもあるメディア王ケリー・パッカーの主導権争いが激化し、パッカー・マードック戦争とマスコミに揶揄された。

パッカーはワールド・シリーズ・クリケットの創始者であり、クリケットのプロ化ビジネスを成功させた実績がある。パッカーが出資したワールドラグビー・コーポレーション（WRC）はニュージーランドとオーストラリアを中心に900人以上の選手を引き抜き、全世界で30のフランチャイズを組織化することを目標に置いていた。リクルート活動は水面下で開始されており、

(38) トライ・ネイションズ（Tri Nations）：1996年から2011年までは、南アフリカ、ニュージーランド、オーストラリア3か国の代表チームによる対抗戦だった。12年にアルゼンチンが加入したことにより、ザ・ラグビー・チャンピオンシップ（The Rugby Champion ship）と名称が変更された。20年は新型コロナ禍の影響で南アフリカが参加できず、再びトライ・ネイションズの名称が使われた。

8月までにオールブラックスやワラビーズの選手を含む407人が同社と契約を交わした。WRCは南アフリカ人選手にも触手を伸ばしてきたが、SARFUは国内の全選手に「WRCと契約した選手は、生涯南アフリカ国内ではプレーできない」と警告。選手はSARFUに所属していることを明確化した。もともと南アフリカラグビーはSARFUを頂点としたトップダウンの組織だったことも幸いし、ほとんどの選手はSARFUの指示に従った。結局、選手個人の問題として手をこまねいていたNZRUとARUもSARFUのWRCに対する厳しい姿勢に倣った。もしこの時、SARFUがパッカーに迎合的であれば、ラグビーの潮流が変わっていたかもしれない。

また、選手を引き留めるにはWRCやラグビーリーグが提示した金額と同等のサラリーが必要となる。しかし、アマチュアだったユニオンには資金がない。そこで3つのユニオンはSANZAR(39)を結成し、冒頭のマードック率いるニュース・コーポレーションとの契約が必要になったのである。ニュース・コーポレーションとの契約金5億5000万ドルは、SANZARと選手間の契約金に使われ、まずはプロ化への第一歩を踏み出すことができた。

マードックもパッカーもラグビーをプロ化して利潤を得るという目的は一致していた。しかし、マードックはSANZARと寄り添いながら南半球に限定したマーケット攻略を目指した。一方でパッカーは全世界を視野に置いており、そこがSANZARの考えとは相いれないものだった。ただし、パッカーはクリケットの成功実績もあり、彼の全世界をマーケットとする野望に賛同した選手や関係者も少なくはなかった。しかし、ある程度、地域が限定されているスーパーラグビーにおいても、チームの移動距離、時間、時差、季節の違いなど、選手の心身に悪影響を及ぼす問題が露呈している。このパッカー・マードック戦争から25年が経つが、ラグビーはいまだに地域ごとのコンペティション（競技大会）が基本になっている。このことから類推すると、パッカー案は〝言うは易く行うは難し〟であった可能性が高い。

この騒動で人生が変わったのが、つい最近、マンデラ大統領とエリスカップを掲げた国民的英雄、フランソワ・ピナールである。彼は優勝から1週間後、再び新聞紙面を賑わす。13名のトランスバール州代表選手を先導し、所属していたトランスバール・ラグビーユニオンに選手の待遇の改善、つまり金銭的な報酬を要求してストライキを起こす。プロ化は既定路線とはなっていたが、その時点で最も影響力のある選手が起こした謀反ともいえる行動にＳＡＲＦＵは激怒した。

さらにその後、ピナールがＷＲＣと契約を結び、チェスター・ウィリアムズをはじめ、ほかのスプリングボックスの選手にも参加を促していたことが発覚し、ＳＡＲＦＵとピナールとの信頼関係は破綻する。ピナールとしては、これまでの中途半端なアマチュアリズムからプロフェッショナリズムへ早急に移行し、選手の待遇を改善したいという思いからの行動だったが、やや性急

(39) ＳＡＮＺＡＲ（South Africa, New Zealand and Australia Rugby）：２０１５年にアルゼンチンが加盟したことにより、現在はＳＡＮＺＡＡＲ（South Africa, New Zealand, Australia and Argentina Rugby）となる。４か国のユニオンの合弁会社という形になっており、スーパーラグビーとラグビー・チャンピオンシップを管理下に置く。本部はシドニー。

であり根回しも足りなかった。SARFUは〝金のためにSARFUを裏切った〟とピナールを厳しく批判した。しかし、南アフリカのラグビーファンにとって、ピナールはワールドカップ優勝へと導いた偉大な英雄であり、彼の考えに賛同し擁護する声は多かった。

その後もピナールはスプリングボックスの主将を務めるが、翌1996年にキッチ・クリスティよりヘッドコーチを引き継いだアンドレ・マルクグラーフとは折り合いが悪かった。この年ピナールはけがが多く、本来のパフォーマンスが低下したことも災いした。マルクグラーフは8月にケープタウンのニューランズ・スタジアムにオールブラックスを迎えたテストシリーズ第1戦でのピナールの態度を責め、それ以降ピナールをメンバーから外した。世論はピナールを支持し、逆にマルクグラーフの更迭を望む声が高まったが、マルクグラーフは引かなかった。

その後、世論に押され、SARFUのルイト会長が直々にピナールを代表に呼び戻そうとするがピナール自身が断った。結局、ピナールは、この騒動の後、イングランドのプレミアリーグのサラセンズに移籍し、29歳、29キャップでグリーン・アンド・ゴールドのジャージを脱いだ。その後、サラセンズで活躍し、1999年にはキャプテンを務め、現役引退後の2000年には同チームのCEOに就任した。

騒動はこれだけでは終わらなかった。翌1997年、ピナールを辞めさせたマルクグラーフは辞任した。マルクグラーフが黒人のSARFU幹部に対して、人種差別的な発言をしたからである。その会話の一部始終が録音されており、その音声記録は後にメディアが公開し、非難の矛先はマルクグラーフだけではなく彼を選出したSARFUにも向けられた。またこの時期、ワールドカップ以降もホームで行われたテストマッチでは、白人政権時の旧国旗を振るファンが依然として存在することが確認された。

さらに、ＳＡＲＦＵ会長のルイトに対して、義理の息子をＳＡＮＺＡＲのＣＥＯに指名し、実の息子をエリスパークの支配人に就かせたため、縁故者優遇と批判の声が上がっていた。もともとルイトは地域ユニオンの中心的存在であるトランスバール・ラグビーユニオンでも実権を握っており、ラグビー界で彼に権力が集中していることが懸念されていた。ＡＮＣ側のＳＡＲＦＵに対する不満は積もり、１９９６年、当時の財務大臣だったトレバー・マニュエルは「これからはオールブラックスをサポートする」と発言し、ヨハネスブルグ証券取引所の株価変動にも影響した。

このままでは〝One Team, One Country〟が逆行していくと事態を重くみたスポーツレクリエーション省は、１９９７年、ＳＡＲＦＵと各地域ユニオンの現状を把握するため調査団を派遣した。調査団は７３０ページもの報告書を大臣に提出し、人種差別、縁故主義、不正な会計処理などの問題を指摘した。これを受けて、同省傘下の国家スポーツ会議は、ＳＡＲＦＵから改善案が出ない場合は、他国との交流の禁止、代表選手の選出権のはく奪、スプリングボックス・エンブレムの使用禁止、そして、ＳＡＲＦＵ会長の更迭などのペナルティを課すことを発表した。ＳＡＲＦＵは即座に改善案を提出し難を逃れたが、良くも悪くも物議を醸すことの多かったルイトは98年にＳＡＲＦＵ会長職を辞任した。

## 迷走期〜長いトンネル

1995年のワールドカップで頂点を極めたスプリングボックスであったが、この後、しばらく不安定な状態が続く。1996年からの10年間のテストマッチにおける勝率は**図4**に示すとおり浮き沈みが激しい。95年が無敗だったことや、80年代の平均勝率が80％を超えていたことを考えると、スプリングボックスは98年を除き低迷していたといってもよいだろう。歓喜に沸いたワールドカップ後の10年を振り返る。

1996年はホームで初めて宿敵ニュージーランドとのテストシリーズを負け越す。第3戦、オールブラックスが33‐26で辛勝し勝ち越しを決めた瞬間、オールブラックスのレジェンド、名将フィッツ・パトリックはグラウンドにひれ伏し、地面を何度も叩き、仲間に促されてもしばらく起き上がれなかった。オールブラックスにとっても南アフリカでのテストシリーズの勝利は悲願だった。逆に南アフリカにとっては宿敵オールブラックスに越えさせてはいけない一線を越えさせた。

そして1997年、辞任したアンドレ・マルクグラーフの後を継いだのが、アパルトヘイト期のスプリングボックス選手で、現役時代はその華麗なプレースタイルで〝ウイング王子〟との異名をとったカレル・デュプレシスだった。ただデュプレシスはコーチの経験がほとんどなく、彼のヘッドコーチ就任には不安視する声が相次いだ。デュプレシス自身はスプリングボックスを改

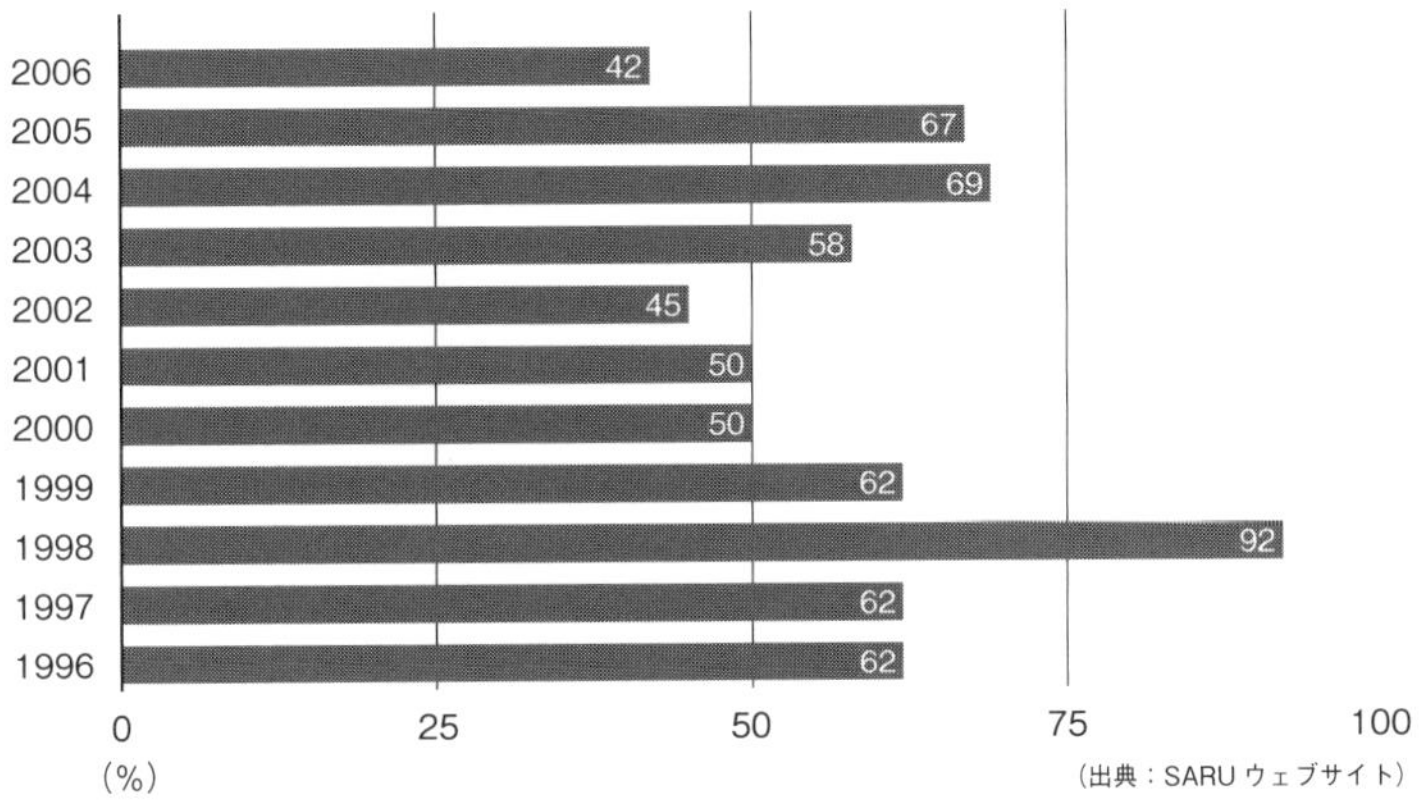


図4　1996～2006年のテストマッチ勝率

革したいという強い意欲があったが、彼にとって不幸だったのはそのタイミングだった。ウォーミングアップ的なトンガとのテストマッチを経て（74‐10で勝利）、いきなりブリティッシュ・ライオンズ、そしてトライネイションズなど強豪とのテストシリーズを迎えたからである。ワールドカップ王者として国民から勝利を期待されたブリティッシュ・ライオンズのテストシリーズは1勝2敗で負け越し、トライネイションズも1勝3敗という戦績で終えた。デュプレシスは短期間であったが、3勝5敗で38％と歴代のスプリングボックス・ヘッドコーチの中でも最低に近い勝率となり、トライネイションズ直後に解任された。そして、デュプレシスの後任には、やはりアパルトヘイト期のスター選手であった知将ニック・マレットが選ばれた。

この状況を救ったのは、ピナールの後任で主将になったゲイリー・タイヒマンである。タイヒマンは1995年のワールドカップメンバーに選ばれてはいたが、第3のナンバーエイトという存在でほとんど活躍の場がなかった。しかし、所属するシャークスでは主将を務めており、そのリーダーシップには定評があった。97年8月のワラビーズ戦（○62‐22）から98年11月のアイルランド戦（○27‐13）まで、彼が主将として出場したテストマッチで17連勝という金字塔を打ち立てたのである。98年には、トライ・ネイションズでも初優勝を飾った。チームは優勝メンバーのマーク・アンドリュースやオス・デュラント、故ユースト・ファン・デル・ヴェストハイゼンなどのベテラン勢と、パーシー・モンゴメリー、ボビー・スキンスタッドなどの新進気鋭の若手がバランスよく配置され、それをまとめたのがタイヒマンのリーダーシップだった。

そのほかにもタイヒマンが主将時代には前述のワラビーズ戦のように、強豪相手にも大差で勝つ試合が多く（フランス：○52－10、スコットランド：○68－10、ウェールズ：○98－13）、スプリングボックス史上最も強力な布陣と評された。それらの功績を称え、タイヒマンもスプリングボックス史上最も優秀な主将と高い評価を受けていた。しかし、1999年のワールドカップ直前に、マレットよりパフォーマンスの低下を指摘され、タイヒマンは代表スコッドから外される。チームとしては結果を出していただけにタイヒマンの離脱に選手や関係者からは驚きと不安の声が上がった。その不安は的中し、スプリングボックスはタイヒマン離脱後、調子を崩す。**図4**のとおり、2002年まで勝率は50％以下になる。マレットは低迷の責任を取り、00年にヘッドコーチを辞任。その晩年、「タイヒマンをメンバーから外したのは大間違いだった」と自責の念に苛まれていることを告白した。

しかし、タイヒマンの一件以外では1998年の実績もあり、マレットも評価は低くない。彼はその後、イタリア代表アズーリのヘッドコーチを4年間務め、在任中はアルゼンチンに初勝利するなどイタリアラグビーのレベルアップに貢献した。

さらに、オックスフォード大学出身の知性派であるマレットの功績は、この時代ではまだ珍しかったハイテク機器をいち早くラグビーの戦略に導入したことだろう。スプリングボックスはイスラエル国軍と提携し、彼らが敵地を爆撃する際の戦略を策定するために開発されたビデオ分析システムを日々の練習に導入していた。イスラエル建国後、同国に移民したユダヤ系南アフリカ人が一定数おり、そのコネクションを利用したものだった。今でこそラグビーもＤＸ推進が求められており、ドローン、ＧＰＳ、試合の解析システムを活用することが当たり前になったが、スプリングボックスでは20年以上前から、練習や戦略策定などにデジタル化を取り入れていた。このような最新のＩＣＴ技術の導入により、南アフリカラグビーは緻密な戦略計画や綿密な情報分析に磨きをかける努力を続けている。

ウェールズをホストネイションとした１９９９年第4回ワールドカップでは、大会直前にスプリングボックスの主将がタイヒマンからユースト・ファン・デル・ヴェストハイゼンに代わった。ファン・デル・ヴェストハイゼンは前回ワールドカップでの正スクラムハーフで、優勝の立役者の一人であり、まさしくレジェンドである。１８８センチ、88キロの体格を持つスクラムハーフで、「9番目のフォワード」として敵チームからマークされた。後年、彼は運動ニューロン病という神経細胞が変性し全身の筋肉が収縮していくという難病を患い、２０１７年、45歳で生涯を終えた。一般葬は彼がキャリアのすべてを過ごしたブルズの本拠地であるロフタス・ヴァースフェルド・スタジアムで行われた。

そのファン・デル・ヴェストハイゼン率いるスプリングボックスは、プールAではスコットランド（○46－29）、スペイン（○47－3）、そしてウルグアイ（○39－3）を一蹴した。トーナメントに入り、準々決勝のイングランドにも44－21で勝利する。この試合では、スタンドオフのジャニー・デビアがドロップゴールを5本（現在も破られていないワールドカップの1試合でのドロップゴール本数記録）、ペナルティゴールを5本、そして、トライ後のコンバージョンゴールを2本と、44点中34点をその右足で叩き出した。ちなみにデビアはテストマッチにおける平均得点（13・92点）の最高記録保持者でもある。

続く準決勝も、スプリングボックスは同様のキック戦法で臨んだが、それを見越して対策を講じてきたジョン・イールズ率いるワラビーズに27‐21で敗れる。ちなみにワラビーズはこの勢いのまま決勝ではフランスに35‐12と完勝し、二度目の優勝を果たす。スプリングボックスは準決勝でそのフランスに敗れたニュージーランドと3位決定戦で対戦し22‐18で辛勝した。

**図4**に示すとおり、2000年から次の03年第5回ワールドカップまでは、スプリングボックスにとっては低迷期と見られる。この辺りから、特にオールブラックスとの実力差は拡がり始め、ホームで負けることも珍しくなくなる。かつてのライバルがなかなか勝てない存在になっていく。

2000年は、イングランドに1勝2敗（○18‐13、●22‐27、●17‐25）、オールブラックスに1勝1敗（●12‐25、○46‐40）した。そしてワラビーズに3連敗（●23‐44、●6‐26、●18‐19）し、前回ワールドカップの準決勝を含めると4連敗というこれまでの対ワラビーズ戦では最悪の結果となる。シーズン途中ではあったが、成績不振を理由にヘッドコーチのマレットが辞任し、トランスバールやナタール州代表のコーチを務めたハリー・フィルヨーンが同職に就いた。

しかし、2001年も前年と代わり映えのしない戦績だった。フランスに1勝2敗（●23‐32、○20‐15、●10‐20）、オールブラックスに2連敗（●3‐12、●15‐26）、イングランドに1勝1敗（○20‐15、●9‐29）、そしてワラビーズには14‐14のドローでやはり勝てなかった。03年まで契約期間があったフィルヨーンだが「スプリングボックスというプレッシャーに負けた」という言葉を残して就任後1年で辞任した。

2002年、自らも10キャップを持つ当時39歳のルドルフ・ストラユーリが、スプリングボックスのヘッドコーチとして指揮を執ることになった。若いストラユーリに対する期待は高かった。しかし、1999年までイングランドの古豪ベッドフォード・ブルーズで現役だったこともあり、まともなコーチ歴は02年のシャークスだけで明らかに経験不足だった。シャークスでは規律を重んじた厳しい指導が成功したこともあり、スプリングボックスでも同様のやり方を踏襲しようとしたことが後々波紋を広げることになる。

ストラユーリの就任一年目は年間の勝率が45%と散々な結果に終わる。ワラビーズには1勝1敗（●27-38、○33-31）と3年振りに勝利できたものの、オールブラックスには2連敗（●20-41、●23-30）、年末のヨーロッパ遠征ではフランスに10-30、スコットランドに6-20、そしてイングランドには3-53と3連敗した。特にスコットランドには実に33年振りの敗戦となり、イングランドとは50点の大差が開いた屈辱的なスコアになった。一時期、北半球ラグビーの実力の低下が懸念されたが、特にイングランドに関してはジョニー・ウィルキンソンやマーティン・ジョンソンなどの実力派選手を擁し、ここ数年では最強の布陣が揃っていた。実際、2000年代に入ってからは、オールブラックスもワラビーズもイングランドには連敗を喫していた。

2003年、第5回ワールドカップがオーストラリアを舞台に始まった。スプリングボックスは大会直前のトライ・ネイションズでも2連敗（対ワラビーズ：●9-29、対オールブラックス：●11-19）と調子が上がらないまま大会に突入する。案の定、プールステージCにおいてイングランドに6-25で敗れた。ワールドカップ3回目の参加でプールステージにおける初めての敗戦だった。プール2位でトーナメントに進んだが、準々決勝でオールブラックスに9 - 29で敗れる。優勝したのは、決勝でワラビーズとの延長戦をウィルキンソンのドロップゴールで制したイングランドであった。スプリングボックスは、これまでのワールドカップの中で最悪の結果となり本国のファンを失望させたが、それだけでは終わらなかった。

トーナメント敗退後、スプリングボックスのビデオ分析係だったデール・マクダーモットがワールドカップ前のトレーニングキャンプの写真をメディアに流出し、世間に衝撃を与えた。同年9月、ワールドカップのメンバー決定後、ストラユーリはその準備としてキャンプ・バーベッド・ワイヤー（Camp Barbed Wire = 有刺鉄線キャンプ）を実施する。軍隊で行われるいわゆるブートキャンプ的な内容で、生きた鶏一匹のみを支給され終日砂漠に放置されたり、砂利の上を全裸で匍匐《ほふく》前進させられたり、さらには全裸で湖に入り寒さに耐えきれず出ようとした選手に拳銃を突き付けて戻るよう促すこともあったという。

ワールドカップの直前にラグビーとは関係のないサバイバルキャンプを行ったことで、ストラユーリに対する非難の声が高まった。また、ある選手はこのキャンプで人権を蹂躙されたとしてSARFUに対し訴訟を起こした。ストラユーリとしてはチームビルディングとして、規律を浸透させるという目的で企画したトレーニングキャンプだったが、行き過ぎたものになった。2005年まで契約期間があったストラユーリだが、「シャークスでもう数年経験を積んでから（スプリングボックスの監督を）引き受けたかった」と語り、前任者と同様2年を持たずその任期を終えた。

この10年間の低迷の原因は、メンバーの新旧交代期ということが大きかったが、加えてヘッドコーチの統率能力が低かったことも挙げられる。技術面では司令塔になるスタンドオフに1995年ワールドカップ時のジョエル・スタンスキー以降、長く定着できた選手がおらず、ゲーム運びが不安定ということも指摘された。そして、この頃から優秀なコーチの海外チームへの移籍が増え、南アフリカからタレントが流出するという傾向が見え始める。先のヘッドコーチの不祥事に関しても、マレット以降は急な辞任が続き、候補として挙げられた人材が海外チームと契約中というタイミングだったこともあり、意中の適材を確保できないという不運もあった。

## 2007年の歓喜〜再び頂点へ

2004年、待望のジェイク・ホワイトがスプリングボックスのヘッドコーチに任命された。ホワイトはヨハネスブルグにある英国教会系のジャップハイスクール・フォー・ボーイズの出身で、カレッジ卒業後は他校のコーチを経て、1989年から母校を指導した。現在、ジャップハイスクールには、ホワイトの名を冠したスポーツ奨学金制度があり、19年ワールドカップの代表スコッドにも選出されたシブシソ・ンコシなどを輩出している。ホワイトはジャップハイスクールを強豪にした実績から、州代表U19、U21や大学チーム、そしてトランスバール州代表のコーチへと職務のレベルを上げていく。97年から99年にかけては、スプリングボックスのヘッドコーチ、ニック・マレットのテクニカルアドバイザーに就任し、テストマッチ17連勝の偉業を側面から支えた。99年からはスプリングボックスU21のアシスタントコーチを務めた。この時の主将はホワイトが後にスプリングボックスを率いた際にも主将を任せたジョン・スミットである。00年から1年間は、マレットの後を継いだヘンリー・フィルヨーンのバックスコーチとなり、02年にはスプリングボックスU21のヘッドコーチに昇格し、チームをU21ワールドカップ優勝に導いた。

ホワイトは4年間で二人の代表ヘッドコーチ、マレットおよびフィルヨーンに仕えた。しかし、いずれのケースもホワイトは任期を待たず不本意な形でコーチ職から外されたのだった。マレットの時は、ストーマーズのヘッドコーチの実績があり、アシスタントコーチとしてマレットの右腕だったアラン・ソロモンズとそりが合わず途中で解雇。フィルヨーンの時は、1999年ワールドカップでワラビーズが優勝した時のバックスコーチであるティム・レーンが途中から招聘され、ホワイトは追い出される形で職を辞した。

この二度の退場劇の後、ホワイトのコーチとしての資質を高く評価するSARFU内の理解者が救いの手を差し伸べた。SARFUはホワイトを代表コーチのラインに留めておくためユース代表コーチのポジションをあてがった。実質的にはシニアからユースレベルへの降格だったが、彼は逆境にめげずU21でも結果を出し、評価はさらに高まった。いずれにせよ、ホワイトにとっては満を持しての代表チームのヘッドコーチ就任であった。現役時代の華々しい経歴はないものの、前任者の評価が低かったこともあり、指導者としての実績を持つホワイトに対する期待は大きかった。

ホワイトがヘッドコーチとして最初に行ったことは、スミットを主将として固定することだった。U21時代からスミットを知っていたホワイトは彼のキャプテンシーを高く評価していた。実際、歴代のスプリングボックスの中でもフーリー・デュプレア、ビクター・マットフィールド、そしてバッキーズ・ボタなど個性派が揃った当時のメンバーをまとめることができたのはユースレベルから主将を務めてきたスミットしかいなかった。彼自身も後年のインタビューでプライドと個性がぶつかり合うメンバー間を調整するのが自分の仕事だったと回顧している。

スミットは2000年よりスプリングボックスに呼ばれていたが、肩の故障もありレギュラーとしては定着できなかった。また、技術的にも〝122キロあるスミットは、フッカーとしては動きが緩慢〟〝スローイングに難がある〟などの指摘もあり、けっして代表フッカーとして確固たる評価を得ているわけではなかった。そんな周囲の雑音を打ち消したのは、04年のトライ・ネイションズにおける6年ぶりの優勝だった。オールブラックス（●21‐23、○40‐26）、ワラビーズ（●26‐30、○23‐19）にともに1勝1敗で、得失点差で優勝が決まった。特に4年ぶりに勝てたオールブラックスから、40点という大量得点を奪ったことで、ファンから久々の喝采を浴びた。この年は最終的に70％近い勝率を達成し、スプリングボックスがチームとして国際ラグビー評議会（IRB、1998年にIRFBから改称）年間最優秀チーム賞、スカルク・バーガーが同最優秀選手賞、そしてホワイト本人も同最優秀監督賞を受賞した。

翌2005年も勝率は67％とここ数年の成績からすると及第点といえる結果だった。トライ・ネイションズでは、ワラビーズには2連勝（○22‐16、○22‐19）するが、オールブラックスには1勝1敗（○22‐16、●27‐31）。最終的にはスプリングボックス、オールブラックスともに戦績は3勝1敗で、ボーナスポイントの差でスプリングボックスは2位に甘んじた。

この年の最終戦は、次回のワールドカップの決勝が行われるスタッド・ド・フランスでフランスとのテストマッチとなった。結果的には20-26で敗れたが、試合後のロッカールームでホワイトは選手たちを集めこう訴えた。

「今からちょうど2年後、ワールドカップの決勝を終えて、我々はこのロッカールームへ帰ってくる。そして我々はまさしくこの場所にトロフィーを置くことになる」

またこの年には、その後10年、スプリングボックスの不動のウイングとして君臨するブライアン・ハバナが活躍し、そのポジションを確定した。このほか、マットフィールドとボタのツインタワーやスカルク・バーガーとジュアン・スミスのフランカーコンビ、スクラムハーフのフーリー・デュプレア、ジャン・デヴィリアスとジャック・フーリーのセンターコンビ、そして不動のキッカーであるパーシー・モンゴメリーなど、2007年ワールドカップまで続く〝ホワイト一家〟のメンバーが揃い始めた。

ホワイトがヘッドコーチに就任して2年間、ワールドカップに向けてチームは順調に仕上がりつつあったが、2006年は不運の年となった。まず6月のスコットランドとのテストマッチで〝代わりのいない〟スカルク・バーガーが首を負傷した。一時期は再起は難しいと医者が判断したほどの重傷で、脊椎をボルトで固定するという大手術を受けた。バーガーに続いて、FWの支柱であるバッキーズ・ボタがふくらはぎを負傷し、手術をして長期間戦列を離れる。その後も、ジャン・デヴィリアス、ブライアン・ハバナなど、看板選手たちがけがで相次いで戦線離脱し、ホワイトのチーム構想は崩れていった。

スプリングボックスは、フィジカルを武器に身体を当てるラグビーをするため、その代償は大きく、けがをする選手は多い。またこの年には、スーパーラグビーの前身であるスーパー12が14に拡大され、試合数や移動距離が増えたことにより、選手たちの心身の負担も大きくなった。ただ、この想定外の状態は、主力の穴を埋めた当時20歳のフランソワ・ステインやピエール・スパイズなど、翌年のワールドカップメンバーになる若手選手が台頭できる機会にもなった。

その後、スプリングボックスはフランスにホームで初めて敗北を喫し（●24‐36）、トライ・ネイシィンズでも6試合中2勝4敗と振るわず最下位に沈む。特に、ワラビーズに0‐49、オールブラックスに26‐45と大量得点を献上した。さらに、欧州遠征ではフランス（●26‐36）、アイルランド（●15‐32）にも敗れる。連敗が続いていたイングランドとは、第1戦は惜敗（●21‐23）に終わるが、第2戦は45年ぶりに聖地トゥイッケナム・スタジアムで勝利（○25‐14）したことが唯一の朗報だった。4年ぶりに勝率が5割を切り、ワールドカップ前年というタイミングで、スプリングボックスとしては最悪に近い結果となった。後述するが、ホワイト自身、代表チームの選手選考や試合の出場メンバーにまで干渉してくるＳＡＲＵ（２００５年にＳＡＲＦＵより改称）幹部との確執が深まり、試合に集中できる環境ではなかった。スプリングボックスを率いるプロコーチである以上、負けが続くと厳しい批判にさらされるのは仕方のないことであるが、本来ならホワイトやチームを守る盾になるべきＳＡＲＵが逆に足枷となっていたのである。

ワールドカップイヤーの２００７年は、5月にホームにイングランドを迎えた。イングランドはワールドカップ直前ということもあり、数名の主力選手を遠征に参加させなかった。相手のレベルが低かったこともあり、テストマッチ2試合は55－22、58－10とスプリングボックスが大差をつけ昨年の雪辱を果たした。幸先のよいスタートを切ったスプリングボックスだったが、その後のトライ・ネイションズでは、けががからまだ復帰できていない主力選手もおり、4試合中1勝3敗と昨年に引き続き3位に甘んじた。スプリングボックスは不安を抱えながら、2007年9月、フランス、ウェールズ、そしてスコットランドで開催されたワールドカップに臨むことになった。

大きな変化の一つは、それまでコーチ陣ナンバー2の位置にあるテクニカルアドバイザーで、ホワイトも全幅の信頼を寄せていたラッシー・エラスムスが、ストーマーズのヘッドコーチに就任しチームを去ったことだ。ホワイトは、エラスムスの後任として、イングランドでサラセンズのヘッドコーチに就任予定だったエディ・ジョーンズを指名した。

2000年のオーストラリア遠征時に、ホワイトはブランビーズのヘッドコーチをしていたジョーンズと技術論を交わす機会を得た。名将同士感じるものがあったのか、その後もスーパーラグビーやトライ・ネイションズでお互いの国を行き来する際に、都合があえば会合を開き親交を深めた。ホワイトはジョーンズの卓越したコーチング技術を高く評価し、特に前回ワールドカップで決勝まで戦った経験を取り入れたかった。

しかし、保守的であるSARUは、海外、特に同じ南半球のライバル国であるオーストラリアからコーチを招くということには難色を示した。特にジョーンズが、4か月前にプレトリアで行われたスーパーラグビー最終節で、同年に優勝を飾ったブルズに13トライを奪われ、92-3という大差で敗れたレッズのヘッドコーチだったこともある。この試合はスーパーラグビーの最多得点差（89点差）を記録し、これはいまだに更新されておらず、名将ジョーンズとしては屈辱的な試合となった。南アフリカのラグビーファンや関係者にはこの試合の記憶が新しく、わざわざ外国人コーチを、しかも不名誉な記録をつくったスーパーリーグの下位チームから招くことに疑問を持って当然だっただろう。しかしホワイトは、ジョーンズが弱小チームだったブランビーズをスーパーラグビー優勝にまで導いた実績や、２００３年ワールドカップ準優勝の経験を主張し、反対の声を押し切った。

ジョーンズがスプリングボックスの練習に参加して驚いたことは、当時、先進的だったブランビーズやワラビーズの戦術テンプレートをスプリングボックスが採用していたことである。ジョーンズはスプリングボックスが面子やプライドにこだわらず、たとえライバル国で開発された戦術であっても自らの強化のために使うという柔軟さに感銘を受けた。ただし、練習初日にスミットにチームの印象を聞かれ、ジョーンズは「10点中4点」と率直に答えた。スミットは冗談と思い受け流したが、ジョーンズは、スプリングボックスを〝スリーピング・ジャイアント〟と形容し、タレントは揃っているがまだその素材を活かしきれておらず、さらに成長する余地があるチームだと確信していた。選手たちもジョーンズのコーチとしての知識の豊富さや洞察力の高さには尊敬の念を抱いた。技術的な面では、特にアタックのバリエーションに変化がほしかったチームに、フォワードにはショートラインアウト、バックスにはフラットラインに関する助言が奏功し、ワールドカップを前に攻撃力がレベルアップした。

さて、ワールドカップである。スプリングボックスはプールAで、初戦のサモアを59－7で一蹴した。続く第2戦はプールリーグで最大の山場と目されていたイングランド戦だった。ところが警戒していた割には拍子抜けの結果（〇36－0）だった。イングランドは前回ワールドカップ優勝の立役者、ジョニー・ウィルキンソンが欠場していたこともあるが、攻守ともに精彩を欠いた。逆にスプリングボックスは、マン・オブ・ザ・マッチに選ばれたフーリー・デュプレアが、当時〝モンスター〟と異名をとったイングランドのフォワードをほぼ完全に封じ込めた。試合後のプレスカンファレンスでイングランドのヘッドコーチ、ブライアン・アシュトンは、〝最も完璧なパフォーマンス〟とデュプレアを最高の表現で称えた。

次戦の相手はトンガだった。イングランド戦の圧勝で気が抜けたわけではないが、トンガのパワフルなラグビーには苦戦した。スプリングボックスが少しメンバーを落としたこともあるが、前半はトンガのフォワードがよく走り、後半10分まではトンガに7－10とリードを許す。その後、20分間で3トライを挙げ27－10とするが、再びトンガが躍動する。トンガはスタンドオフ、ピエール・ホラのキックパスやチップキックなどの変幻自在な攻めで2トライを挙げるが、結果的には30－25でスプリングボックスは何とか勝利した。ただ、あと10分試合が続けば、トンガが勝ったのではないかと思われる試合の流れで、熱狂した4万人の観衆からは試合後もトンガコールが止まなかった。

スプリングボックスは、最終戦のアメリカを64－15で破り、プールA1位でトーナメントに進む。準々決勝の相手は、プールリーグでウェールズを破り、初めて決勝トーナメントに進出したフィジーだった。フィジー戦前夜はチーム全員で同じく準々決勝のオールブラックスとホスト国フランス代表レ・ブルーの一戦をテレビで観戦した。大方の予想に反し、オールブラックスが18-20で敗れ、選手たちはチームが優勝に一歩近づいたことに歓喜した。このことが気の緩みに繋がったのか、フィジー戦の後半20分までは、芸術的にボールを繋ぐフィジアンマジックに翻弄され、20-20と互角の試合を強いられた。その後、フィジカルで勝るフォワードが力でトライをもぎ取り、37-20で試合を終えるが、この大会でのスプリングボックスはアイランダー系のチームとは相性が悪かったようだ。

続く準決勝は、プールリーグでホスト国フランス、アイルランド、そして準々決勝ではスコットランドを破り、初めて準決勝まで進んだアルゼンチン代表ロス・プーマスとの対戦となった。前半、ロス・プーマスの看板である強力フォワードがスプリングボックス・フォワードを押し込むシーンが数回見られたが、大事な場面でミスが多かった。デュプレアやハバナが合計4トライ。そのほとんどはロス・プーマス側のパスミスによるインターセプトやノックオンが起因していた。最終的なスコアは37-13。正確無比のゴールキッカー、モンゴメリーが4つのコンバージョンと3つのペナルティゴールを完璧に決めたことも大きかった。

ここまで何とか勝ち上がってきたスプリングボックスであるが、決勝を前にしてホワイトと選手たちの確執が表面化する。後述するが、ホワイトにはワールドカップの重圧以外に政治的プレッシャーというオールブラックスやワラビーズのコーチにはない圧迫感と閉塞感があった。その焦りにも似た気持ちが大会中の日々の練習内容を負荷の高いものにしてしまい、選手間に不満が募っていた。そして、決勝前というタイミングでは、さすがの屈強な選手たちも心身ともに疲労困憊、満身創痍の状態であることが明白だった。そこでついに、スミットがホワイトに対して練習を拒否することを伝えた。主将がヘッドコーチに反抗的態度を取ったことで、その関係が崩壊するのは時間の問題であった。

しかし、ここでホワイトと選手の間に入ったのが、テクニカルアドバイザーのジョーンズだった。彼は2003年ワールドカップでワラビーズを率いて決勝まで到達した経験を活かし、感情を押し殺して選手たちの意見を聞くべきだとホワイトを説得した。ジョーンズはその特殊な立ち位置を利用し、ホワイトと選手たちの悪化しつつあった関係を早期に修復した。

そして決勝は、2年前のレ・ブルーとのテストマッチ後、ホワイトが「2年後、ここに戻ってくる」と宣言したスタッド・ド・フランスで、8万人の観衆を集め行われた。ホワイトは試合メンバー発表の際、一人ひとりのこれまでの功績を称え、「それぞれ隣にいる仲間を見てくれ。彼は世界でベストの選手だ。君たちは今後、これだけ高い能力を持ったメンバーと一緒に試合をすることはない」と最高の誉め言葉で選手を送り出した。

決勝の相手は、プールリーグではスプリングボックスに大敗したものの、その後チームを立て直し、決勝トーナメントでワラビーズ、そしてレ・ブルーを撃破し決勝まで這い上がってきたイングランドだった。イングランドは、プールリーグから大幅にメンバーを入れ替えた。特にプール戦ではスタンドオフで出場した南アフリカ出身のマイク・カットを本職のセンターに戻し、司令塔には重鎮ジョニー・ウィルキンソンが入った。スプリングボックスはウィルキンソンのキックを警戒しながらの試合展開となった。決勝ということもあり、お互いが手堅く試合を進めることになり、試合内容はキック多用の面白味のないものとなった。しかし、そのキック合戦で、当時世界最高のバック・スリーと評されたハバナ、JP・ピーターセンの両翼コンビ、そしてロング・キックの持ち主で不動のフルバックであるモンゴメリーが盤石の陣を組んでおり、スプリングボックスが蹴り勝ったといえるだろう。

9-3とスプリングボックスのリードで迎えた後半開始直後、イングランドは50メートル近くゲインしたアウトサイドセンター、マシュー・テイトの好走によりゴール付近まで迫り、フォローした右ウイングのマーク・クエートが左隅に飛び込んだ。誰もがトライと思ったが、スプリングボックスが誇る120キロの巨漢ナンバーエイト、ダニー・ロッソウが直前に値千金のタックルでクエートの左足をタッチに押し出した。このロッソウのタックルはその後の試合展開に大きく影響した。また、ゲームメイクに関しては冷静沈着なスタンドオフ、ブッチ・ジェームスの判断も光った。

実はホワイトは大会に入ってからも司令塔のポジションを安定感のあるジェームスにするか、ジェームスほどの安定感はないが閃きのプレーができるアンドレ・プレトリアスにするか決断できなかった。しかし、ジョーンズの、特にトーナメントに入ってから安定したプレーや冷静に判断を下せるジェームスを使うべきという提言に、ホワイトは従った。ホワイトは決勝トーナメントに入ってからはジェームスを固定し、決勝戦ではまさにその読みが当たった。ジェームスはその安定感に加え、スタンドオフながら時に強烈過ぎてペナルティになる当たりの強いタックルの持ち主で、試合中、対面のウィルキンソンに対して常にプレッシャーを与え続けた。結局、試合はトライレスで双方のペナルティゴールのみ、15-6（ペナルティゴールは5本対2本）でスプリングボックスが12年ぶりにエリスカップを掲げた。

2007年のIRB最優秀チーム賞は3年ぶりに南アフリカが、最優秀選手賞はブライアン・ハバナが、そして最優秀監督賞は同じく3年ぶりにジェイク・ホワイトが選ばれた。ホワイトは04年のヘッドコーチ就任当時、IRBランキング5位だったスプリングボックスを4年かけて1位へと導いた。

## 一瞬の輝き～非白人コーチの挑戦

通常、優勝に導いたコーチには連覇を期待するのが定説だろう。しかし、ホワイトは当初の契約通りワールドカップ後にヘッドコーチの職を辞し、IRBの技術委員会メンバーとなって南アフリカを離れた。SARUはホワイトを引き留めることはおろか、ワールドカップの準々決勝の数日前というタイミングで、新しいヘッドコーチの公募を開始していた。SARUはホワイトに応募を促すことはなく、もちろん、ホワイト自らも応募する意志はなく、両者の関係性がすでに破綻していたことが分かる。

先にも少し触れたが、ホワイトとSARUの確執は、ホワイトのヘッドコーチ就任時から始まっていた。2004年8月のオールブラックス戦においてホワイトはSARU会長から、先発メンバーに非白人選手が少ないという理由で控えのスクラムハーフ、ボラ・コンラディを先発に変更するように指示を受けた。ホワイトは、スクラムハーフにはフーリー・デュプレアを起用する予定だったが、渋々その指示に従った。ホワイト自身は、スプリングボックスのコーチである以上、政府が推進しているクォータ制度に従うことには納得しており協力する意思も持っていた。しかし問題は、SARUが常に試合の直前に指示を送ってくることと、変更する非白人選手を一方的に指名してくることだった。ホワイトは、テストマッチ前に緊張を強いられる選手たちが、突然出場が取り止めになったり、逆に急に出場が決まったりすることによる心理的な負担を憂慮した。

翌2005年6月のレ・ブルーとのテストマッチ第2戦で、再びSARUよりフォワードの大黒柱であるスカルク・バーガーとメンバー外だったソリー・ティビリカの交代を命じられる。しかし、ホワイトは二人の実力差が大きいことと、初戦で引き分けたため第2戦は勝たなければならないことを理由にこの指示を断った。SARU幹部は激怒し、この辺りから両者の溝はより深まっていくことになる。その後、ティビリカは〝政治的判断枠〟で代表候補には残り、ホワイトの指導と彼自身の向上心の相乗効果もあってパフォーマンスが改善し、8キャップを獲得する。ちなみにティビリカは黒人として国際試合で初めてトライを記録した選手である。しかし、11年にケープタウンのタウンシップでギャングとの抗争に巻き込まれ、全身に10発の銃弾を受け命を落とす。

このほかにも、ワールドカップまでのテストマッチでは、SARUよりたびたび黒人選手の出場を要求する指示がホワイトの下に届いた。また、空席だったホワイトの右腕となるチームマネージャーも、彼に相談なくSARUが黒人のゾラ・イェイェを任命した。1998年以降、SARUのトップが非白人になり、SARU内部で政権与党であるANCと関係の深い黒人幹部の発言力が強まった。そして、彼らはクォータ制度実現のために代表選手選考にも影響力を及ぼし、スプリングボックス内の非白人選手数を増やすべく、ホワイトにプレッシャーをかけ続けることになる。

ホワイトのコーチ在職中、スポーツリクリエーション省大臣に就いていたのは、故マカーンケシ・ストファイルだった。彼は黒人ラグビーの名選手であり、アパルトヘイト時代は反政府活動にも数多く参加し逮捕歴もある。スポーツにおける全人種の平等を信条にしていた彼は、1985年に計画されていたオールブラックスの南アフリカ遠征を阻止すべく、ニュージーランド政府に直談判に行くほどの兵《つわもの》だった。特にラグビーにこだわりを持ち、とにかくスプリングボックスに黒人選手を増やしたいという思いが強く、SARU幹部にも彼から直接的に圧力がかかっていた。

そして極めつけは、2007年の〝ルーク・ワトソン事件〟である。ルーク・ワトソンは、当時ストーマーズに所属していた選手で、彼の父親はアパルトヘイト時代に白人でありながら黒人ラグビーを擁護したダニエル・〝チーキー〟・ワトソン（第1章「新時代へ～権力への抵抗」参照）である。ワトソンはU21までの各年代別ユース代表チームに選出され、184センチと南アフリカのフランカーとしては小柄ながら巧みなボディコントロールによる突破力には定評があった。しかし、ワトソンも父親の血を受け継ぎ、ラグビー界にいまだに蔓延《はびこ》る人種差別をたびたび公の場で批判し物議を醸した。ホワイトとは2003年のU21でヘッドコーチと選手という立場で最初の接点があった。結果的にホワイトはU21をワールドチャンピオンへ導くが、選手の最終選考ではスカルク・バーガーを選び、ワトソンを先発から外した。ホワイトが大型選手を好んだということもあるが、ワトソンはスーパー12で活躍していたもののホワイトが代表に呼ぶことはなかった。

いずれにせよ2005年も、ホワイトの評価ではワトソンは代表候補リストに入っていなかった。そしてホワイトは、ワトソンの父親から彼の弁護士を通じて、〝ルークをスプリングボックスのメンバーに入れ、ワールドカップに参加させれば、貴殿のワールドカップまでのコーチ職を確実にするよう関係者に働きかける〟という突拍子もないメッセージを受け取る。ホワイトとSARUの不安定な関係を見透かし、逆に協力しなければワールドカップには行かせないという脅迫に近い内容だった。これまでクォータ制度に従い、黒人選手の代表メンバー入りには極力協力してきたホワイトであったが、ワトソンは白人である。単に実力の足りない選手に下駄を履かせて代表入りさせるという明らかな不正行為である。たとえルークの父親が反アパルトヘイト活動の功績で賞賛されている著名人であっても、それが息子の代表入りの理由とはならない。当然、ホワイトはSARUに相談を持ち掛けたが、彼らの回答はワトソンの父親からのメッセージと同じく「ルークをメンバーに入れろ」だった。

もちろん、ホワイトはこの件についてはスプリングボックスのヘッドコーチとしての矜持、そして南アフリカラグビーのモラルを守るためにも認めるわけにはいかず、SARU側と論争を続けた。代表候補の選手たちも、親のコネで代表入りするという前代未聞の異常事態については、実力でポジションを勝ち取った自身の価値を損ねることにもなるため、選手間で代表活動のボイコットも検討された。

この件は結局、ワトソンの父親がANCとの強力な人脈を使って、スポーツリクリエーション省大臣はもちろん、タボ・ムベキ大統領からも〝犬の声〟が出るように裏工作しており、SARU側も従わざるを得なかった。最終的にはホワイトが譲り、トライ・ネイションズ前のウォーミングアップ的なサモア戦でワトソンを出場させ、その後の判断はホワイトに委ねるということになった。当然このサモア戦以降、ホワイトの在任中にワトソンが代表に呼ばれることはなかった。

ピッチ外でのこうした問題に直面したホワイトには、スプリングボックスのヘッドコーチという大役を続ける余力は残っていなかった。もちろん、どこの国でも代表チームのヘッドコーチは外圧、内圧がかかるものではあるが、スプリングボックスの場合は、オールブラックスやワラビーズのコーチにはない特別な負荷がかかる。その後、ホワイトはIRB（技術委員メンバー）、ブランビーズ、シャークス、トンガ代表（テクニカル・アドバイザー）、モンペリエ、トヨタ・ヴェルブリッツと渡り歩いた後、2020年、久々に母国に帰りブルズのヘッドコーチに就任した。彼が再びスプリングボックスを率いる時は来るであろうか。

2008年、ホワイトの後を継いだのは、スプリングボックス史上初の非白人ヘッドコーチとなるピーター・デヴィリアスだった。彼のコーチキャリアはローカルクラブから始まり、その後、ウェスタン・プロビンスのアシスタントコーチ、U19、U21などのユース代表のヘッドコーチを歴任する。07年、ルーマニアの首都ブカレストで開催されたネイションズ・カップではエマージング・スプリングボックス（現在のA代表）を率いて優勝している。デヴィリアスは、11年のワールドカップまで4年間、スプリングボックスのヘッドコーチを務めることになるが、彼の評価は二分している。

その就任直後、当時のSARU会長オレガン・ホスキンスが「コーチとしての資質だけで彼を任命したわけではない」と口をすべらせた。つまり、デヴィリアスはコーチとしての実績だけでなく、クォータ制度のバランスも考慮し選ばれたと公表したも同然であった。実際、コーチ選考プロセスでは終盤まで、ブルズの黄金時代を築いた知将で結果的にはデヴィリアスの後任となるハイネケ・メイヤーが大本命と目されていた。しかし、前述のダニエル・〝チーキー〟・ワトソンなどの旧反アパルトヘイト派で、クォータ制度の支持者らがANCや関係者にロビー活動をした結果、二番手のデヴィリアスが選ばれたという経緯があった。非白人がスプリングボックスのヘッドコーチに就くことに対し根本的に抵抗がある白人ファンをはじめ、関係者もまた実績や能力だけでなくクォータ制度の恩恵を受け選ばれたデヴィリアスに対しては疑念の目を向けた。ホスキンス会長の発言が意図的だったかどうかは定かではないが、いずれにせよ完全にSARUの失態だったといえる。

デヴィリアスの通算成績は全48試合30勝18敗で勝率は62・5%。近年のスプリングボックス・

ヘッドコーチの戦績としては及第点といえる（ちなみにジェイク・ホワイトは67％）。しかし、彼の評価を上げたのは２００９年の大躍進である。まず、6月に12年ぶりに南アフリカに遠征してきたB&Iライオンズのシリーズで勝ち越す（○26‐21、○28‐25、●9‐28）。前回（１９９７年）はワールドチャンピオンとしてライオンズを撃破することが期待されたが、１勝２敗で負け越しファンを失望させた。したがって、同じワールドチャンピオンとしてライオンズを迎えた09年こそは勝ち越しが切望されていた。

特に勝ち越しを決めた第２戦は、スカルク・バーガーがウイングのルーク・フィッツジェラルド（アイルランド）の目を突く行為でイエローカードと８週間の試合出場禁止、バッキーズ・ボタが１４０キロのプロップ、アダム・ジョーンズ（ウェールズ）の肩をぶちかまして脱臼させ２週間の試合出場禁止となった。それでも、この荒れた試合を制したのはスプリングボックスだった。

この試合で初キャップを得たモルネ・ステインは、後半20分からの出場となったが、難しい位置のゴールキック、そして試合を決めた54メートルのペナルティゴールで勝利の立役者になる。特に、伝説となった最後のペナルティゴールは、主将のジョン・スミットがフルバックで出場していた経験豊富なフランソワ・ステインに蹴らせようと視線を向けているところに、代表初キャップのモルネ・ステインが蹴らせてほしいと訴えてのプレーであった。この試合がきっかけとなり、彼はその後5年間、不動の10番としてスプリングボックスの司令塔を務めた。代表だけではなくブルズの黄金期を司令塔として支え、その後、フランスのスタッド・フランセに移籍し、ヨーロピアン・チャレンジ・カップの優勝にも貢献した。

モルネ・ステインは、宿敵オールブラックスとのテストマッチ13戦に出場し、139点を挙げた。これはスプリングボックス史上、個人が記録した最高得点であり、いまだに破られていない。そして2020年、ステインは古巣ブルズに復帰した。38歳という年齢であるが、そのブルズでの活躍が認められ、21年、B&Iライオンズと対戦するスプリングボックスに選出された。そして、1勝1敗で迎えたシリーズ最終戦の後半24分、ステインはハンドレ・ポラードに代わりピッチに送られた。スコアは13-13の同点で、ステインはまず、42メートルのペナルティゴールを決める。その後、B&Iライオンズのフィン・ラッセル（スコットランド）がペナルティゴールを決め再び同点。最後はまさに12年前の再現となったが、ステインが後半38分に35メートルのペナルティゴールをポストに蹴り込み勝負を決めた。

また、ステインに加えて今回のB&Iライオンズシリーズで評価を上げたのはテンダイ・〝ビースト〟・ムタワリラである。前年に代表デビューしたばかりの〝ビースト〟・ムタワリラは、デヴィリアスよりルーズヘッドプロップの重責を任された。初戦の対面はイングランドで〝レイジング・ブル〟との異名を取り、当時世界最高のタイトヘッドプロップと評された巨漢フィル・ヴィッカリーだった。試合前、さすがのスプリングボックスも今回はスクラムが劣勢になるだろうとの下馬評を〝ビースト〟・ムタワリラは見事に覆し、要所要所でヴィッカリーに完全に押し勝った。スクラムの優勢は決定力のある両ウイング、ブライアン・ハバナとJP・ピーターセンのゲイン突破に繋がった。ヴィッカリーは第2戦のB&Iライオンズ先発メンバーから外された。

デヴィリアスの次の功績は、この年、トライ・ネイションズでオールブラックスに3連勝（○28－19、○31－19、○32－29）した上で優勝したことである。年間を通じてオールブラックスに無敗だったのは、直近では１９９８年で11年ぶりの快挙だった。オールブラックスのレジェンド、リッチー・マコウのキャップ数は１４８でラグビーユニオンの最高記録である。この１４８試合の中で、彼は15試合しか負けていない。そんな彼が「２００９年のスプリングボックスが今まで自分が対戦したチームの中で最強だった」と明言している。前述のとおり、アマチュア時代の49年にスプリングボックスはオールブラックスにホームで4連勝している。そして、プロ化の時代に入ってオールブラックスに3連勝したのもやはりスプリングボックスだけである。しかし、スプリングボックスはこの年以降、オールブラックスにテストシリーズで勝ち越したことはない。

南アフリカにとって、B&Iライオンズとオールブラックスに勝ち越すことは特別な意味がある。B&Iライオンズは4年に一度結成される英連合王国4か国（イングランド、ウェールズ、スコットランド、アイルランド）の代表チームであり、12年に一度しか対戦できないという希少性がある。もちろん、ニュージーランドはいわずもがな永遠の好敵手である。そのため、南アフリカではこの両チームに対する勝利はほかのテストマッチの勝利と比較して価値が高い。両チームが同じ年に遠征してきたのはラッキーな巡り合わせであるが、デヴィリアスがこの両チームに勝ち越したことについては、もっと高く評価されるべきである。

ただ、デヴィリアスの評価は良し悪し相半ばする。その主な原因は、前任のホワイトがつくり上げたチームをそのまま使ったためだ。ジョン・スミットを引き続き主将に置き、前回ワールドカップの優勝メンバー〝ホワイト一家〟をほぼそのまま残したため、デヴィリアスがチームに新たに加えた付加価値が分かり難かったのである。強いていえば、主将のスミットがシャークスの後輩でもあるビスマルク・デュプレッシーにフッカーを譲り、右プロップにコンバートしたこと。そして、長年スプリングボックスのキッカーを務めたパーシー・モンゴメリーが引退したことぐらいしか変化はなかった。

数少ない交代メンバーの一人で、デヴィリアスに見いだされ、スプリングボックス入りを果たしたレジェンド、〝ビースト〟・ムタワリラは自著にて「デヴィリアスは（ジェイク・ホワイトが育てた）優秀な選手を引き継げて幸せだった。彼はジュニアレベルでは優秀なコーチだが、スプリングボックスでは彼の手法やアプローチは適合しなかった」と痛烈な批判をしている。逆に主将のスミットはインタビューで「我々には今までと異なるスタイルのコーチが必要だった。そしてデヴィリアスはよいコーチで選手が必要とする時に必要なものを与えてくれる。個人的にも適切な助言をもらっている」と擁護している。ここでもデヴィリアスの評価は二分している。

２００９年と10年は、ブルズがスーパーラグビーを連覇している。特に10年はブルズがリーグ戦の総合成績1位で、2位がストーマーズ、トーナメントの決勝の結果も優勝がブルズで準優勝がストーマーズとなり、南アフリカラグビーのレベルが最も高い時期でもあった。当時のスプリングボックスの選手のほとんどはこの両チームから選ばれており、ラグビーファンからは「スプリングボックスの躍進は、フラン・ルディケ（ブルズのコーチ、現クボタスピアーズ船橋・東京ベイのヘッドコーチ）とアリスター・クッツェー（ストーマーズのコーチ、後のスプリングボッ

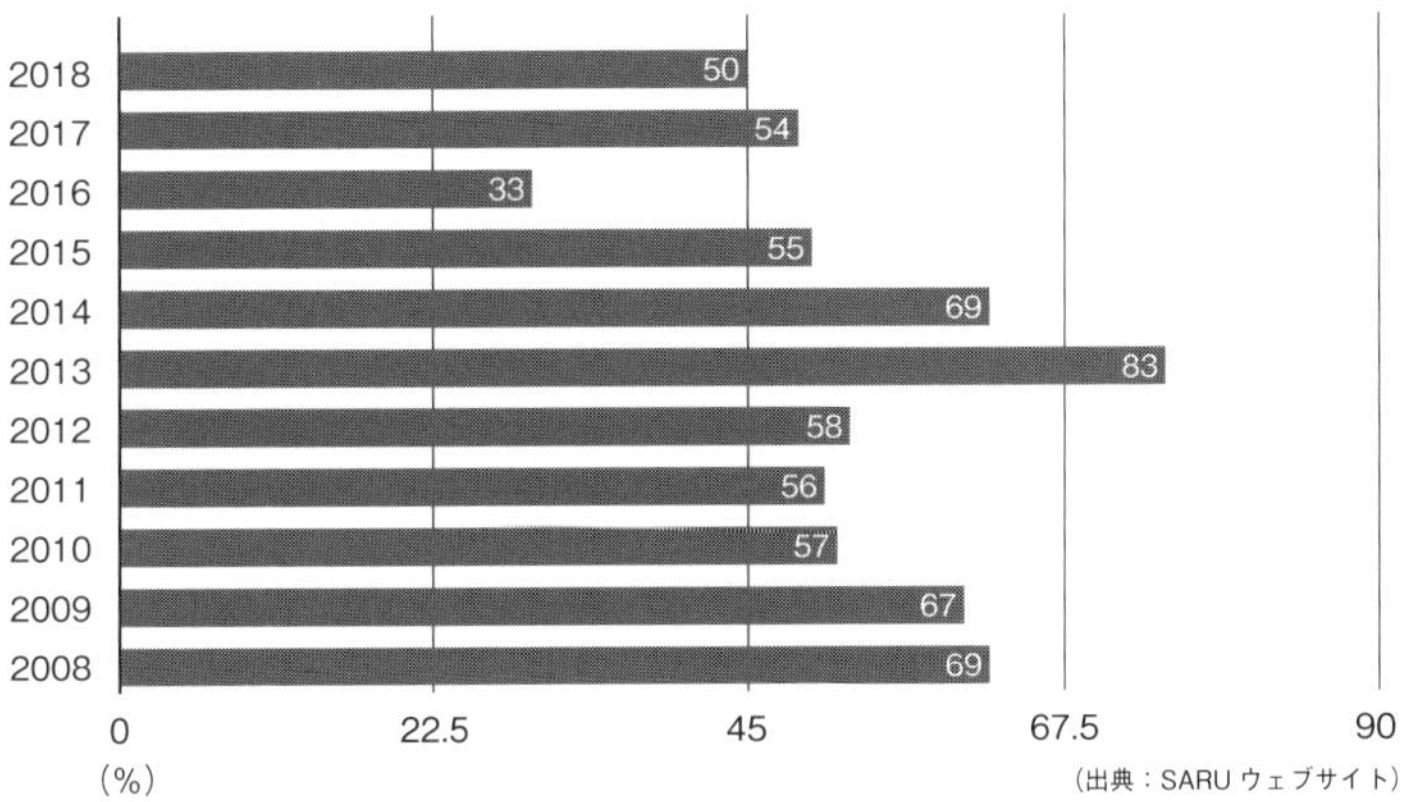


図5　2008～2018年のテストマッチ勝率

クスのヘッドコーチ、当時のコベルコ神戸スティーラーズと横浜キヤノンイーグルスでもヘッドコーチを務めた）のおかげ」と揶揄された。もちろん、強いチームから代表選手が選ばれるのは当然であるが、タイミング的にデヴィリアスは損な役回りを務めることになった。

また、デヴィリアスはもともと歯に衣着せぬコメントで物議を醸すことが多く、非白人のコーチの誕生を歓迎していたSARU幹部からも徐々に疎まれる存在になっていく。人種問題に関して白人を攻撃的に非難することが頻繁にあり、ラグビーに関しても選手の反則を容認したり、相手チームの選手を批判する発言に、国内外で代表チームのヘッドコーチとしての資質を問われた。

**図5**に示すように、2010年からスプリングボックスの勝率は下降線をたどることになる。トライ・ネイションズでは、逆にオールブラックスに3連勝され、ホームでワラビーズから1勝を挙げたのみで順位も最下位に沈む。さらに11年、ワールドカップイヤーのトライ・ネイションズでも1勝のみで、最下位から抜け出せなかった。特に序盤のニュージーランド、オーストラリア遠征では、主力を休養させるため若手主体のメンバーで惨敗（対ワラビーズ：●20－39、対オールブラックス：●7－40）を喫し、相手国からもチーム編成に対する考え方を激しく非難された。この遠征後、メディアはデヴィリアスを〝無能〟という失礼千万なニックネームで呼ぶようになる。

そして、スプリングボックスは低空飛行が続いたまま、ニュージーランドで開催された第7回ワールドカップを迎えた。期待はさほど高くはなく、予想通りの結果となった。プールステージ初戦はいきなりウェールズとの対戦となり、17－16と薄氷の勝利で始まる。以後、フィジー

（○49－3）、ナミビア（○87－0）を一蹴するが、相性の悪いサモアとは13－5の接戦となった。何とかプールステージ首位で決勝トーナメントに進むが、準々決勝でワラビーズに惜敗（●9－11）する。準々決勝での敗退は2003年大会と同じでスプリングボックス史上最低の結果となった。やはり、各国の代表チームはワールドカップに照準を合わせ、スケジュールを組み立てる。そういう意味では、デヴィリアスはチームのピーキング調整を誤った。09年ではなく、その2年後の11年にチーム力を頂点に持っていくべきだった。

ワールドカップ終了後、デヴィリアスはヘッドコーチの座を退いた。その後、しばらくコーチ職に就けなかったが、2018年に隣国ジンバブエ代表のヘッドコーチの公募に応募し採用された。ジンバブエとしては経験豊富なデヴィリアスのコーチ就任により、日本と対戦した第2回大会（1991年）以来のワールドカップ出場を期待していた。しかし、結果としてはワールドカップどころでなく、その予選となるアフリカカップではテイア1（ケニア、モロッコ、ナミビア、チュニジア、ウガンダ、ジンバブエで構成）から降格する寸前まで、ジンバブエは負け続けた。デヴィリアスはこの1年でヘッドコーチ職を解雇された。

## 再びの迷走～黒衣の壁

2012年、デヴィリアスの後任に、満を持してハイネケ・メイヤーが就任する。契約期間は前任者と同じく15年ワールドカップまでの4年間である。そのワールドカップの日本戦では、ボックスルームで憤然とした面持ちのメイヤーが幾度となく映されたので、日本のラグビーファンには顔馴染みかもしれない。

メイヤーの選手としての実績は輝かしいものではない。ネルスプロイト（現在はムボンベラに改称）の高校から名門プレトリア大学に進学したが、膝を負傷し大学時代からプレイングコーチとなる。卒業後はフルタイムのコーチとして大学に残った。その後、いくつかの高校チームでコーチを務め、１９９７年にサウス・ウェスタン・ディストリクト・イーグルスのアシスタントコーチとなる。シニアレベルのプロコーチとなった彼の躍進は続き、翌年にはヘッドコーチに昇格し、ストーマーズでもフォワードコーチを兼任することになった。そして、イーグルスを国内リーグのカリーカップでトーナメント準決勝に導き、同時にストーマーズのスーパー12の決勝トーナメント準決勝進出にも貢献した。これらの実績が評価され、99年には早くもスプリングボックスのフォワードコーチに抜擢された。当時のヘッドコーチ、ニック・マレットを2年間支えた後、アシスタントコーチとしてブルズに移った。

そして２００１年から、メイヤーはヘッドコーチとしてブルズの黄金時代の礎を築く。ただし、就任直後の01年および02年は、主力選手の世代交代の時期と重なり、スーパー12の最下位に終わる。特に02年は1勝もできず、名門であるがゆえにメイヤーに対する批判は高まった。03年、04年はともに6位に浮上し、05年、スーパー14になった06年はそれぞれ3位および4位に食い込み、南アフリカのチームで唯一決勝トーナメントへ進んだ。いずれも準決勝でワラタス（オーストラリア、●13-23）、クルセイダーズ（ニュージーランド、●15-35）に敗れはしたが、チーム力が着実に強化されてきたことを示した。そして07年、ついに決勝に進出し、ジョン・スミット率いるシャークスとの接戦（○20‐19）を制し、南アフリカのチームとして初のスーパーラグビーチャンピオンに輝く。スーパーラグビー史上、南アフリカの2チームが決勝で戦ったのは、この07年と10年（ブルズ○25‐17ストーマーズ）のみである。

当時のブルズはビクター・マットフィールドとベッキーズ・ボタのツインタワーやフーリー・デュプレアとモルネ・ステインの司令塔、ブライアン・ハバナをはじめスターティングメンバーの半数以上がスプリングボックスに選出されていた。そして、それらの選手たちもメイヤーの指導や戦略には絶対の信頼を置いていた。メイヤーはほかのチームより一セッション多く練習をという信念からクリスマスにも練習日を設けたが、選手たちは皆従った。現在でも、スーパーラグビーの初優勝へ導いたコーチとして、メイヤーは南アフリカのラグビーファンから根強い人気がある。

そして、このスーパー14優勝を手土産にメイヤーのスプリングボックス・ヘッドコーチ就任が噂された。前述のとおり、メイヤーは最有力候補だったが、結果としてはピーター・デヴィリアスが選ばれた。失意のメイヤーは、一旦イングランドへ渡り、プレミアリーグの強豪であるレスター・タイガースのヘッドコーチとしてさらに経験を積む。その後ようやく、デヴィリアスの後を受け、目標としていたスプリングボックスのヘッドコーチに選出されたのである。

2012年、メイヤー率いるスプリングボックスの船出はホームでイングランドを迎えた11年のワールドカップ終了後、二期にわたり主将を務めたスミットをはじめ、マットフィールド、ボタなど、長らくスプリングボックスの屋台骨を支えた主力選手が代表からの引退や海外チームへの移籍を発表し、世代交代のタイミングとなった。特にフォワードはほとんどの選手が入れ替わったため未知数の不安がある中でのイングランド戦となったが、結果的には2勝1分（○22‐17、○36‐27、△14‐14）で好スタートを切った。

続くラグビー・ヤンピオンシップ（2012年、アルゼンチンの加入によりトライ・ネイションズより改名された）では、オールブラックスに2連敗（●11‐21、●16‐32）、ワラビーズには1勝1敗（○31‐8、●19‐26）そして新加入のアルゼンチン代表ロス・プーマスとは1勝1分（○27‐6、△16‐16）で、総合成績としては3位に終わる。特にこれまで格下と見ていたロス・プーマスとのドローはスプリングボックスの歴史に汚点を残した。やはり主力選手が大幅に入れ替わったフォワードの経験不足が指摘されたが、このチャンピオンシップではその後、スプリングボックスの第3列の中軸となるドウェイン・フェルミューレンが初キャップを得た。フェルミューレンは09年にエマージング・スプリングボックスに選ばれたものの、けがが多く12年は所属するストーマーズでも9試合しか出場できなかった。しかし、メイヤーは彼の類いまれな当たりの強さと敏捷性を高く評価していた。

最終的にメイヤーのヘッドコーチとしての初年度は勝率58％で、前任者デヴィリアスとほとんど変わらないやや物足りない成績で終わった。

翌2013年は、**図5**のとおり、ワールドカップで優勝した07年以来6年ぶりに勝率が80％を超えた。ラグビーチャンピオンシップでは前年、ドローとなったロス・プーマスをホームで73‐

13という記録的な大差で一蹴し、第2戦もアウェイにおいて22‐12で勝利した。なお、その初戦は95歳の誕生日を迎えたネルソン・マンデラを称えるためスポーツ省が企画したネルソン・マンデラ・スポーツデーのイベントの一環として行われた。9万5000人の収容キャパシティを誇るFNBスタジアムで、バファナ・バファナ（サッカー南アフリカ代表の愛称）とブルキナ・ファソの親善試合との抱き合わせで行われた。ヨハネスブルグ近郊にあるこのFNBスタジアムは別名サッカーシティと呼ばれ、10年のFIFAワールドカップでは開会試合と決勝戦が行われた。

また、ワラビーズにも2連勝（○38‐12、○28‐8）するが、オールブラックスには2連敗（●12‐38、●27‐38）し、総合成績では2位となる。結局、2013年は年間を通じて全テストマッチ12試合のうち、負けたのはこのオールブラックス戦のみだった。そしてこの年、スーパーラグビーで攻守にわたる活躍をしたシヤ・コリシが代表入りする。コリシの評価は高く以前よりスプリングボックス入りが期待されていたが、メイヤーがコリシを代表に招集するまでには時間がかかった。ここ最近のヘッドコーチの中では、メイヤーは非白人選手を選出することが少なく批判を浴びていた。メイヤーは第3列に大型選手を配置する傾向が強く、フランカーとしては標準的な体格のコリシはメイヤーのリストに載ることができなかった。スプリングボックスの第3列をめぐる競争はいつの時代でも激しい。しかし、この年はスカルク・バーガーやジュアン・スミスなどのレギュラークラスに故障者が続いたこともあり、ついにメイヤーはコリシをチームに加えた。

ワールドカップ前年となる2014年、勝率は何とか69％を保てた。しかしこの年はショッキングな出来事から始まる。07年ワールドカップ優勝の立役者の一人であったフランソワ・ステインがウェールズとの初戦直前、合宿から離脱した。理由はステインとSARUの間で、彼の肖像権の支払いをめぐってトラブルが発生したからである。09年、ステインがフランスのラシン・メトロ92（現ラシン92）に移籍した際に彼の肖像権が第三者に渡っていたため、ステインの写る画像に対してSARUはその第三者に使用料を支払う必要があったのだ。このことで、メイヤーとステインの間には軋轢が生じ、ステインはその後メイヤー指揮下のスプリングボックスに呼ばれることはなかった。

ラグビー・チャンピオンシップの初戦はホームにロス・プーマスを迎え、接戦の末13-6で何とか勝利した。続く第2戦は、同じくロス・プーマスとアウェイでの対戦となり、際どい試合内容となった。点の取り合いが続き、後半34分にサラセンズ（イングランド）でも活躍したマルセロ・ボシュがペナルティを決め、31-30とリードされる。このままロス・プーマスが逃げ切り歴史的勝利をもぎ取るかと思われたが、残り3分で痛恨のペナルティをゴール前で与え、モルネ・ステインが難なく決めたスプリングボックスが33-31で薄氷の勝利を収める。ワラビーズには1勝1敗（○28-10、●23-24）、オールブラックスにも1勝1敗（○27-25、●10-14）で、総合成績は前年と同じく2位に終わる。ただ、2012年のイングランド戦以来26試合テストマッチでの負けがなかったオールブラックスに土を付け、スプリングボックスは11年以来、3年ぶりにオールブラックスに勝利した。

同2014年、スプリングボックスはアイルランドに久々に敗れる（●15-29）。また、これまで大差をつけていたイタリアには22－6と点差が縮まり、そのほかのヨーロッパチームとの対戦も僅差のスコアが続いた。ワールドカップを翌年に控えてチーム力の低下が懸念され、関係者の不安は募った。この年のスプリングボックスの朗報は、弱冠20歳のハンドレ・ポラードが代表デビューしたことだった。彼は、12年のU21ジュニアチャンピオンシップで主将としてチームを優勝に導いた。長らく代表の10番を務めたステインがスタッド・フランセへ移籍し、クラブとの契約で代表に帯同できる時間が少なくなったこと、その次のスタンドオフ候補だったパトリック・ランビーの負傷が重なったこともあり、ポラードが招集された。

ワールドカップイヤーの2015年は、短縮版のラグビー・チャンピオンシップ3連敗（対ワラビーズ：●20－24、対オールブラックス：●20－27、対ロス・プーマス：●25－37）という最悪のスタートとなった。特にロス・プーマスにはホーム（ダーバン）でスプリングボックス史上初の敗北を喫した。ロス・プーマスとは近年接戦になることが多く実力差は接近していたが、この試合では前半で13－35とダブルスコアのリードを許して勝負は決まった。ロス・プーマスからすると、1993年以来20回目の挑戦での初勝利となった。その翌週には、ワールドカップの準備試合としてロス・プーマスの本拠地ブエノスアイレスにあるホセ・アマルフィタニ・スタジアムで雪辱を果たす（○26－12）。しかし、短縮版とはいえ順位は最下位に終わり、ワールドカップを翌月に控えたスプリングボックスに暗雲が立ち込めた。

## ブライトンの衝撃〜泥濘《ぬかるみ》の世界へ

イングランドとウェールズで開催された第8回ワールドカップ。スプリングボックスの初戦はいわずと知れた日本戦だった。日本ラグビーの歴史を変えた〝ブライトンの奇跡〟は、南アフリカにおいてはその栄光の歴史が一瞬で崩壊するほどの衝撃を全土にもたらした。後半から途中出場したフーリー・デュプレアは「南アフリカ史上、最も暗い日になった」と呟いた。ほとんどの南アフリカ人はこの日本戦をどこで誰と何をしながら観ていたのか明確に記憶しているという。2019年のワールドカップの優勝、加えて日本との通算戦績が2勝1敗となったことで南アフリカ人が受けたショックは幾分和らいだが、この敗戦の衝撃はそれまで長く尾を引いた。

そもそも南アフリカ人はこの試合の前に日本のラグビーをどう思っていたのか。ある友人は実際にスタジアムで、20年前の自国開催のワールドカップで日本がオールブラックスに17‐145で大敗した〝ブルームフォンテーンの惨劇〟と呼ばれる試合を目の当たりにしていた。前半ですでに3‐84と大差が開いたこともあり、友人は「日本のために試合を前半で終わらせるべき」と哀れを感じたのと同時に「日本はワールドカップで戦えるレベルではない」と怒りも感じたという。この友人だけでなくこの記録的大差の試合を観た大多数の南アフリカ人には、日本のラグビーは〝相当弱い〟という固定観念が形成された。その後、日本代表は長い低迷期に入り、実力格差が大きいこともありスプリングボックスと対戦することもなかった。要するに、南アフリカの一般的なラグビーファンや関係者にとって日本代表の印象やイメージは、20年前から変わっておらず〝相当弱い〟チームのままだった。つまり、南アフリカ人からすると100％の確信を持って負けるはずのない日本代表にスプリングボックスが負けたのである。彼らのショックの度合いは計り知れないものがあった。では、スプリングボックスとしては、この日本戦にどのように準備し、その結果をどのように受け入れたのだろうか。

この大会のスプリングボックスには、日本のトップリーグに在籍中の選手が3名いた。偶然にも、3名ともワールドカップに3回目の出場となるレジェンドたちだ。サントリー・サンゴリアス（現東京サントリーサンゴリアス）に在籍したフーリー・デュプレアとスカルク・バーガー、パナソニック・ワイルドナイツ（現埼玉パナソニックワイルドナイツ）で活躍したJP・ピーターセンだ。このほかにも、この時はメンバー入りできなかったが、フランソワ・ステイン（東芝ブレイブルーパス＝現東芝ブレイブルーパス東京）、ジャック・フーリー、アンドリース・ベッカー（ともに神戸製鋼コベルコスティーラーズ＝現コベルコ神戸スティーラーズ）、エルトン・ヤンチース（NTTコミュニケーションズシャイニングアークス＝現浦安D-Rocks）などの錚々《そうそう》たるメンバーが当時、日本のトップリーグでプレーしており、スプリングボックスは日本の情報を相当程度入手していた。

しかし、問題は選手やコーチたちがいかに真剣に日本戦を捉えていたかということである。デュプレア、バーガー、そしてピーターセンはトップリーグで経験した日本のスピード、低いタックル、フィットネスが想定ほど低くないこと、またヘッドコーチ（当時）のエディ・ジョーンズに鍛えられていることをほかの選手に伝え、警鐘は鳴らしていた。とはいっても、彼ら自身もまさか自分たちが日本に負けるとは思っていなかった。したがって、その警鐘がどこまでほかの選手に響いたかには疑問符が付く。

ヘッドコーチのメイヤーは試合後、「国民に謝罪したい。すべての責任は私にある」とコメントした。この敗戦がメイヤーの輝かしいコーチングキャリアに一生消すことのできない汚点を残したのは間違いない。しかし、メイヤーの好感の持てるところは、言い訳は一切せず、日本の勝ちと自分たちの負けを認め、日本のラグビーを賞賛さえしているところである。彼の自著でも、本来なら思い出したくない日本戦についてかなりのページが割かれている。

試合後のインタビューで、選手たちは敗戦の理由として、スプリングボックスの強みであるモールをあまり組まず、日本の試合運びに合わせたという戦略の失敗を指摘していた。メイヤーもそのことには同意しつつも、それ以上に今大会のチームはフィットネスに問題があったと自己分析している。ちなみにメイヤーはブルズ時代から選手のフィットネスと身体の大きさにこだわることで知られていた。２０１５年のスーパーラグビーは7月に終わり、42名のスプリングボックス候補がキャンプに招集された。この年は、南アフリカから決勝トーナメントに進出したチームはストーマーズだけだったが、16名の選手がけがのため、初日のフィットネステストを受けられない状態だった。フィットネステストはブルズと同じ様式で実施したが、要求する基準はブルズより10%下げた。しかし、結果は悲惨で4名しかその基準を超えることができなかった。この結果にメイヤーは危機感を覚え、通常であれば大会前には負荷を落とすフィットネストレーニングをイングランドに着いてからもやらざるを得ないという状況に陥った。したがって、メイヤーは日本戦に限ったことではなく、ワールドカップに臨むに際して準備が十分ではなかったと自省している。

また、メイヤー自身はけっして日本を見下した態度で日本戦に臨んだわけではなかった。下馬評に倣えば、本来なら1・5軍を出してもおかしくはなかったが、その時点でのベストメンバーを日本戦に投入した。先発メンバーの総キャップ数は日本代表の603に対してスプリングボックスは851だった。さらに日本では、エディ・ジョーンズが長期間にわたるハードな合宿で選手を極限まで追い込んでいることも調査済で、ワールドカップ前のパシフィック・ネイションズ・カップやマオリ・オールブラックスとの試合も逐一チェックしていた。

メイヤーは日本戦を例えるのに、アメリカの高校のバスケットボールコーチであるティム・ノトケの有名な〝Hard work beats talent when talent does not work hard〟という言葉を引用した。日本語では「努力に勝る天才なし」とよく意訳されるが、正確には「才能あるものがハードワークを怠れば、ハードワークしたものが才能あるものを打ち負かす」と訳せる。メイヤーは明らかに能力の高いスプリングボックスが、準備不足のためハードワークができなかったとし、対して日本代表は一貫したハードワークにより勝利を引き寄せたと敗北を認めた。

試合は周知のとおり、ロスタイムに日本代表のウイング、カーン・ヘスケスが左端にトライを決め終了した（南アフリカ●32－34）。相当なショックを受けながらも、日本代表にチームメイトがいるバーガーやピーターセンは、試合後、歓喜に沸く日本のロッカールームにやって来て、その勝利を称えたという。しかし当然、スプリングボックスのロッカールームは陰鬱な雰囲気で皆が下を向いていた。チーム最年長のビクター・マットフィールドが最初に口を開いた。

「我々は今日の試合でワールドカップを終了すると決めて国へ帰る。そして、別のチームに来てもらうという決断をすることもできる。もし、それを望むのなら今すぐ部屋から出て行ってくれ」

そう呟いた。もちろん誰も動かなかった。SARUはすぐに打ち消したが、実際、南アフリカ国内ではメイヤーの更迭、選手の入れ替えという声はすぐに上がった。ロッカールームに戻ったメイヤーは、気持ちを切り替えて前を向くよう選手をこう鼓舞した。

「我々はスプリングボックスだ。落ち込むのはここで止めよう。ワールドカップが終わったわけではない。あと6試合勝ってチャンピオンになるんだ。我々だけが心臓の上にスプリングボックスのエンブレムを付けた人間だ。プレッシャーを力に変えられるかどうかは君たち個人にかかっている」

そしてメイヤーは、あらためて各選手の強みと弱みを分析し、チーム力強化のため、いかにお互いが補完し合えるのかを語った。

スプリングボックスはその後のプールリーグでは息を吹き返し、次戦でワールドカップでは愛称の悪かったサモアを46-6で一蹴し、スコットランドを34-16で退け、アメリカを64-0で完封した。準々決勝では、その年のシックス・ネイションズで得失点差のため3位になったが優勝チームと同じ勝率だったウェールズを23-16で撃破した。ここまで来れば選手たちもメイヤーの言葉どおり、〝あと2試合勝ってチャンピオンになる〟ことを考えるようになった。そして準決勝の相手は前回ワールドカップの覇者である宿敵オールブラックスだった。そのオールブラックスは準々決勝で、ワールドカップではたびたび苦戦しているレ・ブルーに63-13で圧勝し、戦力は充実していた。

試合はいきなり前半6分にオールブラックスの6番、ジェローム・カイノが右隅へのトライをもぎ取る。オールブラックスはポゼッションやテリトリーではスプリングボックスを上回ったが、ゴール前での反則が多かった。他方、スプリングボックスはノートライながらも、ハンドレ・ポラードが4本のペナルティゴールを決めて12-7とし、5点差のリードで前半を折り返す。スプリングボックスの強みであるフィジカルプレーがオールブラックスを自由に動かさず、そのフィジカルの強さは伝統的にアタックよりもディフェンスに活かされることが多い。しかし、後半はオールブラックスがゲームを支配した。ダン・カーターのドロップゴールに始まり、ボーレン・バレットのトライ（コンバージョン成功）、カーターのペナルティゴールで勝負を決めた。スプリングボックスも2本ペナルティゴールを返したが、決め手がなくゴールラインは遠かった。司令塔のポラードが途中で負傷退場、トライゲッターのハバナがシンビンになったのもスプリングボックスを厳しい状況に追い込んだ。最終的には18-20と2点差でオールブラックスが辛勝。決勝ではワラビーズを34-17のダブルスコアで下し、オールブラックスはワールドカップを初めて連覇したチームとなった。スプリングボックスは3位決定戦でロス・プーマスと対戦した。ロス・プーマスは準決勝ではワラビーズに15-29と不覚を取ったが、準々決勝でシックス・ネイションズ優勝のアイルランドを43-20で撃破した。ちなみにこのワールドカップでは、準決勝に進出した4チームが南半球4か国で占められるという初めての事態となり、南北格差が明確化した大会となった。

3位決定戦は選手のモチベーションの持ち方が難しく、その必要性もたびたび議論されている。スプリングボックスは前半をピーターセンのトライ（コンバージョン成功）と3つのペナルティゴールで16‐0と零封で終える。後半はロス・プーマス不動の司令塔であるニコラス・サンチェスがドロップゴールとペナルティゴールを決め追いすがるが、スプリングボックスの華麗な繋ぎでロックのエベン・エツベスがトライ（コンバージョン失敗）を返す。最終的には24‐13でスプリングボックスが逃げ切った。

この試合では、38歳のマットフィールドが主将を務めた。もともとチームの主将だったデヴィリアスがサモア戦で顎《あご》を骨折し、代わったデュプレアもオールブラックス戦で顔面を強打し戦線離脱となったからである。実はマットフィールドは前回のワールドカップ後に一度代表レベルからの引退を宣言したが、メイヤーに呼び戻されチームに帰ってきた。このほかにも、前述のとおりワールドカップ出場が3回目という選手が数名おり、メンバーが選出された時からベテラン偏重という批判はあった。2007年の優勝チームの主力にいつまでも依存すべきではないという意見は理解できるし、確かにスプリングボックスは世代交代の時期で、若手にチャンスを与えてもよかったのかもしれない。しかし、日本戦以降のチームの立て直し、難しい状況でのチームの統率、モチベーションの維持、チームを牽引するリーダーシップを考えると、マットフィールド、デヴィリアス、バーガー、デュプレアなど、批判の矢面に立たされたベテラン抜きではこのワールドカップを戦い抜くことは難しかったと思われる。

メイヤーは試合後のインタビューで「3位で満足するようであればスプリングボックスのコーチをやるべきではない」と語り、本人としてはコーチ職の継続を希望した。しかし、多くのユニオンがメイヤーの契約延長に反対した。プレースタイルへの不満と、非白人選手の選出に協力的ではなかったというのが主な理由だった。そして、常に優勝を求められるスプリングボックスである。3位、さらに日本に負けたという結果は国内のラグビー関係者には受け入れられなかった。2015年12月にメイヤーはスプリングボックスのコーチ職を辞任した。彼は最後に、ポラード、エツベス、シヤ・コリシなど主力の半分を占めた若手はまだ20代前半で今後も成長が期待できることから、「これから4年間で彼らはまったく別のチームになるだろう」という期待の言葉を残した。

メイヤーの後を継いだのは、スプリングボックス史上二人目の非白人ヘッドコーチとなるアリスター・クッツェーだった。クッツェーはアパルトヘイトが終わる間際まで、SARU・SACOSの代表チームであるプロテアズのスクラムハーフとして活躍した。1992年にイースタン・プロビンス代表、そしてスプリングボックスAに選出されるが、すでに30歳になっており、スプリングボックスまでは到達できなかった。その悔しさもあり、現役引退後はコーチ業に進むことに決めポートエリザベスの高校で15年間務めた教職を辞した。

1996年、彼のプロコーチとしてのキャリアはイースタン・プロビンス代表のアシスタントコーチから始まる。早くも98年にはエマージング・スプリングボックスのコーチを委託される。

その後、U23のコーチを経て、2000年にはスプリングボックスのアシスタントコーチに抜擢される。翌年ヘッドコーチのハリー・フィルヨーンが突然辞任したためクッツェーも交代の憂き目にあうが、すぐにマイティ・エレファンツ（イースタン・プロビンス・エレファンツの前身）のヘッドコーチに招聘された。そして、04年にはジェイク・ホワイトから指名され再びスプリングボックスのアシスタントコーチ（バックス担当）に就任する。ワールドカップまでの4年間、ホワイトを側面から支え、チームをワールドカップ優勝へと導いた。

クッツェーもホワイトの後継者候補の一人として有望であり、ワールドカップ中に実施された次期ヘッドコーチの公募に応募したが、結果は伏兵のデヴィリアスに敗れた。選に漏れたクッツェーは2008年、ストーマーズのバックスコーチに招かれた。そして10年にヘッドコーチに昇格すると、スーパーラグビーにおいて前年の10位から3年連続でチームをプレーオフ進出に導く偉業を遂げた。この間、国内大会のカリーカップでも12年と14年に優勝を飾っている。15年には、日本のトップリーグの神戸製鋼コベルコスティーラーズのヘッドコーチとなり、プールリーグを制し、1位組のカップトーナメントでも優勝した。

これらの実績が示すとおり、クッツェーの評価は高く実績も申し分ない。クッツェー自身も念願のスプリングボックスのヘッドコーチとなり、次回ワールドカップに向けて意欲的にチーム強化に取り組んでいたはずだった。しかし、クッツェーの就任後、スプリングボックスは歴史的なスランプに陥り、泥濘《ぬかるみ》の世界に落ちていくことになる。

まず就任一年目の2016年は勝率が33％（12試合中4勝8敗）と最近20年で最低の戦績とな

る。初戦は遠征してきたアイルランドとの3連戦だったが、大事な初戦を20-26で落とす。そして不運にもこの試合ではクッツェーが司令塔として期待していたパット・ランビーがパントを蹴った直後に、南アフリカ出身のアイルランド代表でありB&Iライオンズにも選出されたフランカー、CJ・スタンダーにレイトチャージされ脳震盪で退場する。ランビーは15年のワールドカップの日本戦にも先発出場していたが、20歳でスプリングボックス入りし、〝ゴールデンボーイ〟と将来を嘱望されていた。しかし、この時の脳震盪が尾を引き、その後も症状が深刻化して28歳の若さで引退することになる。チームはその後、2連勝して（○32-16、○19-13）何とかシリーズは勝ち越すが、チームの司令塔をいきなり失い前途多難を予想させる幕開けとなった。

続くラグビー・チャンピオンシップは、アウェイでまたしてもロス・プーマスに苦杯を舐めた（●24-26）。少し前までは負けてはいけない相手だったロス・プーマスが確実に実力をつけてスプリングボックスに切迫してきたのである。さらにファンを失望させたのは、オールブラックスとの2連戦で大敗（●13-41、●15-57）を喫したことだった。特に2戦目はホームでの敗北に加え、57点の大量失点、そして42点差は〝この時点〟での最多得点差記録であり、ファンと関係者は動揺を隠せなかった。ラグビー・チャンピオンシップは3位に終わる。

カタストロフィはなおも続く。ラグビー・チャンピオンシップ終了後、スプリングボックスは2年振りの欧州遠征に出掛けるが、イングランド（●21-36）、イタリア（●18-20）、ウェールズ（●13-27）とのテストマッチは3連敗。先のワールドカップでの日本戦に引き続き、格下のイタリアとの対戦に史上初めて黒星が付いた。南アフリカ本国では、泥濘に沈みゆくスプリンボックスに激励の声はなく、クッツェーの更迭、選手の交代などを求める声がSARUに殺到した。

2017年2月に、SARUは前年のスプリングボックスのパフォーマンスの悪さを検証し、クッツェーの続投の可否について審議した。大方の予想を覆し、クッツェーはヘッドコーチの座を降りずに済んだ。SARUとしては、もう1年だけ様子をみるという判断に至った。ワールドカップ以降、世代交代が著しく進んでいた状況なので、この不調の原因をクッツェーだけに押し付けるのは酷であった。例えば、前回ワールドカップの最終戦、ロス・プーマスとの3位決定戦の先発メンバーで、16年最終のウェールズ戦の先発だった選手はテンダイ〝ビースト〟・ムタワリラただ一人だった。けがで欠場している選手もいたが、15年のブロンズメダルに輝いたメンバーのほとんどは入れ替わったのであった。

2017年は意外にも、遠征してきたフランス代表レ・ブルーに3連勝（○37‐14、○37‐15、○35‐12）という幸先のよいスタートを切った。ただし、この時期レ・ブルーはスプリングボックスと同様に世代交代の狭間にあり停滞気味で、前年のシックス・ネイションズでは5位に沈んでいた。続いてラグビー・チャンピオンシップでは、近年、力をつけてきたロス・プーマスに2連勝した（○37‐15、○41‐23）ことでスプリングボックスに対する期待はさらに高まった。それだけに次戦のワラビーズとはアウェイでドロー（23‐23）、翌週のアウェイでのオールブラックス戦は0‐57と、前年の最低記録を更新する大敗を喫し、ファンと関係者は激しく落胆した。

両者の94回におよぶテストマッチの歴史の中で、スプリングボックスがスコアレスだったことは5回しかない。しかも今回は大量8トライを相手に献上している。オールブラックスがまるでタッチラグビーの練習のようにグラウンドを縦横無尽に駆け回り、それを止められないスプリングボックスの惨めな姿を南アフリカのメディアは〝Perfect Storm（壊滅的な事態）〟と報じた。ピーターステフ・デュトイが30回ものタックルを決め、孤軍奮闘の働きをしていたのが唯一の慰めだった。試合後の記者会見でクッツェーは「前半はホラームービーを観ているようだった」と自分たちの惨状を茶化して他人ごとのようなコメントをしたため、非難の声はさらに高まった。

メディアではあきらめに近い論調が続く中、ワラビーズ、オールブラックスをホームに迎え、スプリングボックスに雪辱を果たす機会が訪れた。ワラビーズに関してはここ数年ホームでは勝利を収めていたが、その重要な初戦は再び27－27のドローに終わった。次戦はまさに背水の陣で臨んだオールブラックス戦である。前半は特にマルコム・マークスやピーターステフ・デュトイが獅子奮迅の活躍をし、オールブラックスの動きをある程度制限することができた。前半終了間際にスクラムハーフのロス・クロニエがポスト横にトライして10－8のリードで折り返す。しかし、前節の57点の失点が示すように、スプリングボックスはディフェンスが悪く相手バックスにたびたび独走を許してしまう。調子の上がってきた後半にダミアン・デアレンディがレイトチャージでレッドカードとなった不運はあったが、結果的には24－25で惜敗する。

シーズンの最後は恒例の欧州遠征だった。初戦のアイルランドには3－38と一方的な敗北を喫する。オフェンスに決め手がなく、ディフェンスが脆いという傾向が続く。次のレ・ブルーとは調子の悪い者同士の戦いとなったが、スプリングボックスが18－17で薄氷の勝利を挙げた。昨年、歴史的敗北を喫したイタリアには35－6で勝利し面目を保ったが、最終戦のウェールズには22－

24と競り負けた。

2017年の勝率は54%と前年よりは改善したが、泥濘から脱したわけではなかった。クッツェーの2年間通算での勝率は47%で、歴代のヘッドコーチの中でも最低の部類に入る。チームの足りない部分を補完するのがコーチの仕事であるが、クッツェーは最後まで世代交代でできた穴を埋めることはできなかった。18年2月、クッツェーはSARUより成績不振を理由に契約を打ち切られた。彼の22か月に及ぶ在任期間中、スプリングボックスのワールドラグビーランキングは3位から7位まで落ちた。さらにチームのメインスポンサーであるABSA（南アフリカ最大の金融機関）とBMWの2社が契約の打ち切りを発表した。

## 救世主の降臨～王者復活への分岐点

2018年2月、日本で開催される次回ワールドカップまであと18か月というタイミングで、ラッシー・エラスムスがスプリングボックスのヘッドコーチに就任した。エラスムスはデスパッチというイースタンケープ州の片田舎の出身で、ブルームフォンテーンにあるフリーステート大学に入学するまではこの地で過ごした。卒業後はブルームフォンテーンに本拠地を置くチーターズと契約し、1994年のカリーカップでデビューする。同年にスーパー12でも出場機会を得て、97年にはブリティッシュ・ライオンズとの対戦でスプリングボックスに初選出された。それ以降、99年のワールドカップでも激戦区のフランカーで先発ポジションを勝ち取った。しかし、けがの影響もあり、２００１年のフランス戦が最後となり、キャップ数は36に留まった。98年にはキャッツ（現在のライオンズとチーターズの混成チーム）に移籍するが、元オールブラックスのヘッドコーチだったローリー・メインズとは折り合いが悪かった。エラスムスはチームの主将にも選ばれ、00年にキャッツはスーパー12の準々決勝まで進むが、その年で契約を解除した。その後、彼はストーマーズに移るが、03年に引退した。

翌２００４年、エラスムスのコーチとしての第二の人生は古巣のチーターズから始まる。当初はボーダコムカップ（若手主体の国内大会）に参加するチームのヘッドコーチとなりチームを準決勝に導いた。05年、06年はワンランク上のカリーカップのコーチとなりチームを連覇に導いた。その後、スーパー14のヘッドコーチに昇格し、08年にはストーマーズに移る。同年、07年スーパー14では10位と振るわなかったストーマーズの順位を5位まで上げた。そして10年には、カリーカップとスーパー14でともに準優勝という結果を残した。この頃から徹底したビデオ分析から戦略を絞り込み、国内随一の理論派コーチと高い評価を得ていた。

２０１６年にはアイルランドのムンスターにディレクター・オブ・ラグビーとして招聘された。しかし、ヘッドコーチのアンソニー・フォーリーが急逝したため、急きょヘッドコーチも兼務することになる。翌年は欧州の3大ラグビーコンペティションの一つであるＰＲＯ12（ＰＲＯ14の前身）で準優勝を飾る。この功績が評価され、エラスムスはＰＲＯ12の優秀コーチ賞を受賞した。

所属チームでの指導の合間に、エラスムスは裏方として断続的にスプリングボックスを支えてきた。ジェイク・ホワイトの時代はテクニカルアドバイザーとして、ピーター・デヴィリアスの時代はアシスタントコーチの中でもテクニカルスペシャリストとして、ハイネケ・メイヤーの時代はゼネラルマネージャーとして。そして2017年からはディレクター・オブ・ラグビーとしてさらに大局的な立場からスプリングボックスを見守ることになった。

しかし前項のとおり、アリスター・クッツェーの時代にスプリングボックスは落ちるところまで落ちた。チームの惨状を目の前にして、チームを見守るだけの立場でいるわけにはいかなかった。もともと3年契約だったムンスターを1年で辞めたのも、スプリングボックスの指導が念頭にあったからである。スプリングボックスのヘッドコーチ選定は政治的な横やりが入り、人種問題などで揉めることが多い。しかし、今回はスプリングボックス史上最大の危機がさし迫っているという非常事態であり、スムーズにエラスムスのヘッドコーチ就任が決定した。この時点でワールドカップまでに彼に残された時間は600日、加えて18回予定されていたテストマッチのみだった。

エラスムス組の初戦は2018年6月、アメリカのワシントンDCで行われたウェールズ戦だった。しかし、この試合の1週間後にホームでイングランドとのテストシリーズが始まるため、主力は温存され、遠征には参加していない。そのためメンバーには13人のノンキャップ組が含まれており、実験的なチーム構成での挑戦となった。結果は、20‐22で新生スプリングボックスは初戦を勝利で飾れなかった。しかし、この試合でテストデビューしたマカゾレ・マピンピとクワッガ・スミス（スミスは7人制の代表キャップは158あるが15人制は初キャップ）は後にワールドカップの代表スコッドに選出される。また、この試合で主将を務めたピーターステフ・デュトイは、エラスムスの信頼を勝ち取り、以後、主力として外せない存在になった。

　エラスムス率いるスプリングボックスの真価が問われるイングランドとのテストシリーズは、ヨハネスブルグのエリスパークから始まった。イングランドは3月にシックス・ネイションズを終え（結果はウェールズに次ぐ準優勝）、戦力を整えてからの南アフリカ入りだった。このテストマッチではスプリングボックス史上初の黒人主将シヤ・コリシがチームを率いた。南アフリカラグビーの新時代を開いた歴史的な試合を目の当たりにした5万5000人の観客は、コリシの登場を大歓声で迎えた。もちろん、第1章で前述した一般的な白人ファンのように、コリシの主将就任を皆が歓迎したわけではない。

　例えば、コリシよりも代表や海外チームでの経験が豊富で、リーダーシップのあるドウェイン・フェルミューレンを推す声はワールドカップ直前まで上がっていた。しかし、コリシを主将に指名したのはエラスムスである。エラスムスはストーマーズでのコーチ時代、コリシの才能を見抜いて18歳でプロ契約に導いたコリシにとっての恩人でもある。そして、エラスムスはコリシに対する〝黒人初の主将〟という表現を嫌った。なぜなら、エラスムスがコリシを主将に選んだ理由に人種的な忖度はなく、ストーマーズ時代から評価していたリーダーシップとラグビーに対する驕《おご》らない姿勢を挙げている。実際、コリシはスプリングボックスの前に、126年の歴史を誇るストーマーズにおいても、初めての黒人として主将を務めた。

　コリシについては前述しているので詳細は省くが、彼はポートエリザベス近郊のタウンシップで、10代の若い夫婦の間に生まれる。父親は出稼ぎに出ていたため、15歳の時に母親が他界した後は祖母に育てられた。家庭は貧しく、子どもの頃からまともに食事を取ることも難しく、ラグビーを始めた時は、栄養不足のため練習の最後までスタミナが持たなかったという。また彼の育ったズウィデは極悪な環境で、欲しいものがあれば他人のものでも奪い取るという考えが普通だった。コリシは幸いラグビーと出会ってプロのラグビー選手になるという夢を持ち、道を外れることはなかった。ラグビーが彼の人生を救ったといえる。現在、彼はタウンシップの生活環境を改善するための基金を設立し、自らも現場へ赴き奉仕活動を続けている。そんなコリシの人柄は黒人社会から絶大な人気を集めている。

さて、2018年のイングランド初戦。スプリングボックスは試合開始直後に浮足立ち、相手の早い攻撃に受け身になる。19分までに3トライを献上し、3-24と大きくリードを許す。しかし、ここから双方のチームが入れ替わったかのように、今度はスプリングボックスが怒涛の攻めに転じた。この日初キャップのシブシソ・ンコシの2トライをはじめ、連続5トライにより試合を決めた。終盤、イングランドが意地を見せ2トライを返すが、最終的には42-39でシーソーゲームを制した。第2戦も23-12で勝利し、シリーズの勝ち越しを決めた。第3戦はリザーブ選手を中心とした実験的なメンバー構成になったこともあり10-25で黒星となった。しかしシリーズ全体では、新チームの船出としては及第点が与えられ、関係者やファンも溜飲を下げた。

ラグビー・チャンピオンシップはホームでロス・プーマスを迎え、34-21で初戦を勝利で飾る。この試合では両ウイングが2トライずつするという理想的な展開となった。しかし、問題はここからである。アウェイの3連戦だったが、まずロス・プーマスに19-32でリベンジされた。スプリングボックスはチームディフェンスが機能せず前半だけで7‐27とほぼ勝負はついた。続くワラビーズ戦は接戦となったがゴール前のミスが響き18‐23でやはり勝てなかった。この時点においては、南アフリカ国内では〝Springboks is dead.（スプリンボックスは終わった）〟という失望感からあきらめの論調のコメントが多くを占めた。そのコメントの根底には次戦のオールブラックスもアウェイであるため、負けは確実で3連敗になるという想定があった。

ウェリントンで行われたオールブラックス戦は前半15分で2トライを献上し、〝予想どおり〟の展開になるかと思われたが、この日のスプリングボックスは勝利に対する執念が攻守に表れた。エラスムスが最も期待をかけていたウイングのアフィウェ・デャンティのトライをきっかけに、ウィリー・ルルーが相手のミスに乗じてトライ、そして、得意のモールでマルコム・マークスがトライを決め、前半を24‐17で折り返す。後半、スプリングボックスは交代で入ったチェスリン・コルビーの代表初トライとデャンティの2本目のトライで差を広げたものの、オールブラックスもリエコ・イオアネやフォワードのモール・トライを返した。しかし、この試合ではゴールキックの名手であるボーデン・バレットが珍しく不調だったこともスプリングボックスには幸いした。後半35分の時点でスプリングボックス2点差のリードで36‐34の大接戦となった。ラスト5分は地元で負けられないオールブラックスがスプリングボックスをゴール前に釘付けにして怒涛のラッシュを繰り返すが、スプリングボックスは身体を張って虎の子の2点差を守り抜いた。ニュージーランドの地でスプリングボックスが勝利したのは9年ぶりだった。

ノーサイドの笛が鳴った瞬間、数人のスプリングボックスの選手は涙を流して抱き合った。海外ではワールドカップの決勝トーナメントでもないと、勝敗で選手が感情を露わにし涙することは稀有である。それだけこの試合に勝たなければチームは終わるという危機感が選手間にもあったのである。実際、エラスムスも試合後のインタビューで「もしウェリントンで勝っていなければ、コーチを辞任していただろう」と告白している。コーチ、選手たちのこの試合にかける意気込みは相当なものであったと想像できる。いずれにせよ、この試合はスプリングボックスのワールドカップまでの道程の中でターニングポイントとなった。

その後、ホームに舞台を移し、まずはワラビーズ戦を23‐12で勝利した。そして、問題のオールブラックス戦である。前半はスプリングボックスのペースで進み、ジェッシー・クリエルとダミアン・デアレンディの2トライにより23‐6で終える。後半に入っても、18分にはコルビーがトライを決め、30‐13とさらに差は拡がった。しかし、雪辱に燃えるオールブラックスも意地を見せ、ここから逆襲が始まる。トライを重ね、終了1分前にアーディー・サヴェアが執念のトライをもぎ取り、今度はオールブラックスが2点差で逆転勝利した。もちろん、スプリングボックスは常に勝利を求められるので、善戦したから良しということはない。しかし、それほどスプリングボックスの弱体化が懸念されていたのか、メディアのこの試合に対する論調は厳しくはなかった。結局、この年のラグビー・チャンピオンシップの優勝はオールブラックスで、スプリングボックスは2位に甘んじた。しかし、5勝1敗の1位と3勝3敗の2位の差は大きかった。

その後の恒例の欧州遠征は2勝2敗（対イングランド：●11‐12、対フランス：○29‐26、対スコットランド：○26‐20、対ウェールズ：●11‐20）で終え、２０１８年全体の勝率は50％。

けっして満足できる結果ではないが、敵地で宿敵オールブラックスから勝利をもぎ取った満足感はファンや関係者の間で続いており、ワールドカップに向けて前向きな意見が増え始めた。

ワールドカップイヤーの２０１９年はショッキングなニュースから始まった。18年に代表デビューして以来、不動の左ウイングだったアフィウェ・デャンティがドーピング検査で陽性となりスプリングボックスはおろか所属チームのライオンズでの活動中止を余儀なくされる。この件は次章で後述するが、エラスムスはスーパーラグビーにデビューしたばかりのデャンティをいきなりイングランド初戦に引き抜いた。デャンティはエラスムスが最も期待していた秘蔵っ子ともいえる存在だった。デャンティもエラスムスの期待に十分応えてイングランド戦では勝負を決めたトライを含め攻守に大活躍した。それ以降、デャンティは18年のすべてのテストマッチに出場し、エラスムスやチームの信頼を勝ち得たところだった。まさにバックスの大黒柱が突然離脱したのは大きな痛手になっただろう。しかし、南アフリカは選手層が厚い。ここで浮上してきたのが、ワールドカップで大活躍したチェスリン・コルビーとマカゾレ・マピンピである。

スピードスターであるコルビーをエラスムス監督が選出した際、実は南アフリカ国内では批判的な意見が少なくなかった。１９０センチ、１００キロクラスのバックス選手が珍しくない南アフリカにおいて１７１センチ、74キロという彼の体格は日本人選手に例えると１６０センチ、65キロの選手が代表チームに選ばれたに等しいだろう。南アフリカのラグビー関係者やファンは、コルビーが所属するフランスのスタッド・トゥールーザン（２０２１年にＲＣトゥーロンへ移籍）においてトライを量産し、ＴＯＰ14(40)の優勝に導いた功績は認めるが、インターナショナルレベルではサイズが小さ過ぎるという不安が大きかったのである。しかし、エラスムスは外部の騒音を一蹴し、コルビーをスプリングボックスに迎え入れた。コルビーにとって幸運だったのは、エラスムスが南アフリカラグビーに浸透している〝Bigger is always better（より大きいことが常に優れている）〟ポリシーの信奉者ではなく、身体の大きさより技術を重視するコーチの一人であったことだ。

コサ語でコブラの意味を持つマピンピはイースタンケープ州のチョロムンカという小さな貧しい村の中でも特に貧しい家庭に生まれた。さらに14歳までに家族を全員事故や病気で亡くすという不幸に見舞われる。なかでも兄弟の一人は電線を盗もうとして感電し、片足を失ったことによる後遺症で帰らぬ人となる。２０１９年のワールドカップでスプリングボックスがほとんどの試合で着用したジャージの背番号にはよく見ると選手の家族の写真が埋め込まれていたが、マピンピは家族の写真を持っておらず自分の写真を使うしかなかった。

スプリングボックスの中では珍しく、マピンピはラグビーエリート校の出身ではない。24歳の時にボーダー・ブルドッグス（イーストロンドンの代表チーム）のファーストグレードに選ばれるまでは、特に注目されることもなく地元の高校を出て、地元のローカルクラブでアマチュア選手としてプレーしていた。２０１７年、27歳の時に彼はサザン・キングスと契約を交わしスーパーラグビーにデビュー。翌年、28歳になる直前にスプリングボックスのキャップを得た。バックスの選手としてはかなり遅咲きであり、ジュニア、シニアレベルともにセレクターのネットワークが張り巡らされている南アフリカでは珍しいことである。

新しい両ウイングを迎えて、ワールドカップイヤーの短縮版ラグビー・チャンピオンシップが始まった。初戦のワラビーズ戦は満員のエリスパーク・スタジアムで行われ、35‐17で勝利する。この試合でエラスムスはさらに新しい才能を発掘した。初キャップのハーシェル・ヤンチースが相手の隙をつく2トライを挙げてマン・オブ・ザ・マッチに選ばれた。ヤンチースも前年にストーマーズに入ったばかりの新人だった。ワールドカップではファフ・デクラークの控えに回ったが、ファンの間ではこの試合の印象が強く、キックが多過ぎるという評価のデクラークよりバランスのよい攻めをするヤンチースを推す声も多かった。

南アフリカ国内では、大会前まで今回チームの穴はスクラムハーフとの懸念があった。前回大会まで圧倒的な存在感を放ったフーリー・デュプレアのインパクトが強過ぎて、彼に代わる人材が出てきていないという。しかし結果的には、デクラークは強気のリードでデュプレアにも遜色ない働きをし、スクラムハーフ弱体説は杞憂に終わった。

その後、宿敵オールブラックスとは再び敵地ウェリントンで対戦し、大接戦の末16‐16で引き

---

(40) TOP14：フランスにおけるプロのラグビーリーグ。1892年に現在もリーグに所属するスタッド・フランセ・パリとラシン92が一度限りのチャンピオンシップを開催したことが起点。フランス国内では多くのファンを持ち、1試合の平均観客動員数は1万4000人を超え、人気のある試合には8万人を動員することもある。ほかのヨーロッパリーグと比べても高い収益を上げており、2017年の1チーム当たりの平均収益は2400万ユーロ（約32億円）。優勝回数が一番多いのはスタッド・トゥールーザンで20回を誇る。

分けた。ともに1トライ、1ゴール、3ペナルティゴールに終わる。スプリングボックスの敗色濃厚となったノーサイド1分前にコルビーの上げたキックパスをヤンチースがキャッチし、そのままトライ。ドローをもぎ取った。アウェイでの試合だったためスプリングボックスには勝ちに等しいドローとなった。チャンピオンシップの最終戦はアウェイでロス・プーマスを46-13で破り、久々の大勝で終えた。この結果、スプリンボックスは2009年以来10年ぶりのチャンピオンとなり、ワールドカップ直前にチームの仕上がり具合が確認できた。

8月にはワールドカップの代表スコッド31名(フォワード17名、バックス14名)が発表された。過去2年間で61名の代表選手が18試合のテストマッチ(10勝7敗1分=勝率56%)に出場し、競い合った結果である。そのポジション別内訳を見ると、フルバック5名、ウイング7名、センター6名、スタンドオフ3名、スクラムハーフ5名、フッカー6名、プロップ9名、ロック7名、そしてバックロー13名。この布陣を見ると、やはりフォワードを重視していたことと、バックスではスクラムハーフ、そしてフルバックに試したい選手が多かったことが推測できる。また、2015年の日本戦に出場した先発メンバーで、今回の代表スコッドに選ばれたのは3名のみである。つまり15年以降の4年間が選手の新旧交代時期だったということが分かる。

エラスムスも自負するほど、ベテランと若手のバランスが取れたチーム構成となった。メンバーの3分の1が〝実力で〟選出された非白人選手で占められ、主要スタッフに4名の女性が加わった多様性の高いスプリングボックスは、過去にない国民全体が共感できる存在となった。そして、〝海外チームに所属している選手は30キャップ以上の保持者のみ代表選手の選考対象になる〟というルールをＳＡＲＵが撤廃した。このことによりデクラークやコルビーなど、若くして海外チームに移籍したためキャップ数が少ない選手も選出できたのはエラスムスにとって幸運だった。実はエラスムスとＳＡＲＵとの契約では、非白人選手の比率の目標を45％とする一文が入っていた。しかし、エラスムスは選手選定についてはクォータ制度ではなく実力で選んだと公言している。アパルトヘイトの廃止以降、黒人居住区でのラグビーの普及および指導活動が実を結び、黒人選手の技術レベルは向上した。そのようなタイミングの巡り合わせもあったが、エラスムスは歴代の代表コーチの中では、政治的な外圧を比較的受けずにチーム運営ができたという幸運にも恵まれた。

また、エラスムスは優勝への布石の一つとして、ともに現役から引退することを公言していたスカルク・ブリッツ、フランソワ・ロウ、そしてしばらく代表からは遠ざかっていたフランソワ・ステインというベテラン選手をメンバーに選出した。２０１５年の教訓もあり、このベテラン勢の選出には賛否の声が上がった。しかし、エラスムスが彼らを選んだ理由は、試合での活躍よりＢチームのまとめ役、そして相談役として最適という理由からだった。

代表チームから末端のクラブチームに至るまで、レギュラーメンバーや一軍に入れなかった選手をどう扱うか、どのようにモチベーションを維持させるかということは永遠の課題である。特に代表チームまでは到達できたが、ワールドカップという夢舞台には立てないという状況は、精神的に落ち込みモチベーションが下がるのが当然である。ともすれば彼らは不良分子となりチームの足を引っ張る存在にもなり得る。ブリッツやロウのような長年スプリングボックスで活躍してきたベテラン選手の言葉は重い。年功序列のない世界であっても、若い選手は彼らに一目を置き、彼らが発する指示や助言を素直に受け入れることが期待された。また、彼ら自身も代表チームに返り咲いて、キャリアの最後の花道をワールドカップで飾ることができる。たとえ試合に出場できなくても高いモチベーションでBチームを鼓舞することができる。

ブリッツはフッカーとしては、ビスマルク・デュプレッシーやアドリアン・ストラウスといった名プレイヤーたちと年代が重なっており、2015年のワールドカップでは彼らの陰に隠れて今回と同じ3番目のフッカーという存在だった。07年のワールドカップでも代表スコッド入りが期待されたが、サイズを重視するジェイク・ホワイトはデュプレッシーを選んだ。ブリッツは08年に初キャップを得て11年になるが、ライバルたちの影に隠れて得たキャップ数は15という苦労人である。デュプレッシーは現在もブルズでプレーしており、実力的にはブリッツより上と主張する向きもあった。しかし、エラスムスがブリッツを選んだ理由は、国際舞台での経験を伝えることはもちろん、彼の親分肌で快活な性格とその場にいるだけで雰囲気を明るくする満面の笑顔だった。そしてブリッツ自身も現役の最後を飾るワールドカップで、裏方であってもBチームを牽引することに全力を尽くした。実力的には上でも我が道を行くタイプのデュプレッシーにはできない役割だった。

エラスムスは、代表スコッドが決まる前のトレーニングキャンプでスプリングボックスのあるべき姿を選手たちにプレゼンテーションしている。その際に使ったのが**図6**であり、スプリングボックであるために選手は常に自己犠牲（Sacrifice）を厭わないということが前提となっている。

（出典：SARU のビデオクリップ）

図6　スプリングボックのあるべき姿

そのプロセスは、まず一心不乱、死に物狂いで（Desperation）代表に選ばれ、それを名誉に思う（Honour）。その次に、選手は代表になったことでよい契約が取れ巨額の年棒がもらえる、人々より注目を集めるなど、満足感が高まる（Satisfaction）。最後に、それらを踏まえて選手はスプリングボックとしての自覚を持ち（Ownership）、さらに犠牲を厭わないという姿勢でいなければならないと訴えた。特にOwnership（オーナーシップ＝自覚）に関しては、自分自身がスプリングボックスになり、金、地位、そして名誉も得たことによる慢心から自覚を忘失したため、代表選手としては短命で終わった失敗談をあえて話した。そして自分のようになってはいけない、そしてこのOwnershipの部分で選手としての価値が決まると選手たちを諭した。彼の選手選考の方針も、まずは選手に自覚があるかどうかに焦点が置かれている。エラスムスはこの自覚にはこだわりをもっており、滅多に引き受けない講演会をステレンボッシュ大学で行った際にも、「チーム全体が考えを同方向に向けることが重要であり、成功に必要なのはリーダーシップではなくOwnershipである。選手は個々にオン・フィールドそしてオフ・フィールドでも自覚を持ち続けなければならない」と力説した。つまり今回選ばれた31名は、エラスムスから見てこの自覚を持つ人材である。

しかし、ここでデャンティに続きもう一つ大きな問題が発生する。フォワードの大黒柱であるロックのエベン・エツベスが、メンバー発表日の前日にランゲバーンというケープタウンの北にある観光地のヨットクラブで人種差別絡みの暴力事件を起こした疑いが報じられた。被害者とされる4人の黒人男性はエツベスに対して100万ランド（約730万円）の損害賠償や謝罪を要求して告訴した。エッベスはこの事件を「完全な虚偽で事実無根」と全面的に否定し、エラスムスやチームメイトはエッベスの主張を信じるコメントを出した。

ところが、コイコイ人の擁護団体がエッベスの代表はく奪に向けて運動を開始し、さらに人種差別が絡んでいることから南アフリカ人権委員会（ＳＡＨＲＣ）が介入することになり、事件は大事になっていく。ＳＡＨＲＣはワールドカップ前半の10月上旬に告訴状を提出したため、エッベスは大会中、裁判に出廷するためにいつ帰国を要請されるか分からない状態だった。幸いなことにエッベスが大会中に呼び戻されることはなかった。そして、ワールドカップ後の12月、ＳＡＨＲＣの調査においても事件の証拠は確認できず、エッベスは事件を起こしていないという結論に至った。

## ２０１９年の欣幸《きんこう》～３度目の頂点へ

スプリングボックスは代表スコッドを発表してすぐに日本に向けて出発し、9月1日には岐阜県関市でトレーニングキャンプを開始した。エラスムスの意向でワールドカップ参加国の中では一番早い大会3週間前の日本入りだった。その目的は、ワールドカップ前半で予想される気温と湿度の高さに選手を慣らすことだった。南アフリカの気候は海岸沿いにおいては地中海性気候で、人が生活する上では非常に過ごしやすい。ダーバン周辺は少し蒸し暑いが、日本の夏の比ではない。また、ラグビーどころのヨハネスブルグ、プレトリア、そしてブルームフォンテーンは乾燥地帯であり、かつ標高1400～1500メートルという高地にあるため、日本で例えると夏の信州のような快適な気候である。つまり南アフリカの選手にとって9月の日本の暑さと高い湿度は第二の敵となる。

ワールドカップ開幕の2週間前、熊谷ラグビー場にて日本代表とのワームアップゲームが行われた。マカゾレ・マピンピが3トライのハットトリック、チェスリン・コルビーが2トライと両ウイングがそれぞれ活躍し、41‐7とスプリングボックスが圧勝した。一方的な試合展開となり、この試合でスプリングボックスが得たものは多くはなかったが、当初の目的である日本の暑さを克服したことは確認できた。そして、日本との対戦成績を1勝1敗のイーブンとし、ワールドカップを前に2015年のショッキングな敗戦にけじめをつけて本番に臨むことができた。

プールリーグ初戦はいきなり優勝候補の筆頭であり、宿命のライバルであるオールブラックス戦となった。横浜国際総合競技場を埋めた6万4000人の観客の前で、両チームはお互いのプライドをぶつけ合う好勝負を繰り広げた。少しスロースターターなところがあるスプリングボックスは、この試合でもオールブラックスの華麗な繋ぎでジョージ・ブリッジ、スコット・バレットに連続トライを決められ、前半を17‐3で終える。後半に入り、ピーターステフ・デュトイが相手の隙をついてラックからトライを決めた後もハンドレ・ポラードのドロップゴールなどで13‐17まで詰め寄るが、最終的には17‐23で惜敗する。

実はこの試合において、スプリングボックスはテリトリー（スプリングボックス59‐41）もポゼッション（スプリングボックス53‐47）もオールブラックスを上回っていた。この二つは、エラスムスのゲームプランにとって重要な部分であり、戦術的には失敗ではなかった。しかし、タックルミスが相手の28に対して35あり、この差が勝敗を決めた。加えて、ともにこの試合では途中出場だったが、センターのジェシー・クリエルとプロップのトレヴァー・ニャカニが負傷しメンバーから外れ帰国することになった。両選手は前回大会から代表に選ばれている実力者で、クリエルはユーティリティバックスであり、ニャカニはルースヘッド（1番）、タイトヘッド（3番）の両方ができる器用さを持つため、この二人を初戦で失ったダメージは大きかった。

第2戦は格下の弟分ともいえる隣国ナミビア(41)に対してスプリングボックスはボム・スコッド（スプリングボックス独特の控え選手に対する名称）が中心のメンバー編成となった。ゲームキャプテンはナンバーエイトで出場のスカルク・ブリッツが務めた。マピンピおよびフッカーのボンギ・ンボナンビがそれぞれ2トライを決め、合計9トライの猛攻の末、57‐3にて難なくナミビアを下した。

続く第3戦はイタリアとの対戦だった。エラスムスの当初の構想では、もしオールブラックスに勝っていれば主力を温存するためイタリア戦はナミビアと同じくボム・スコッドの選手を中心

(41) ナミビア（Namibia）：1990年に共和国として独立するまで、南アフリカの委任統治領であった。そのため代表チームは〝南西アフリカ〟として54～89年南アフリカ国内のカリーカップに参加しており、最高位は88年の3位。独立後はカリーカップから離脱するが、ここ数年はラグビー・チャレンジなど若手選手を対象とする大会に復帰。代表チームは、同国ナミブ砂漠に自生する生命力の強い植物にちなみ〝ウェルウィッチアズ（Welwitschias）〟と呼ばれる。

としたチーム編成の予定であった。しかし2016年の敗戦により、スプリングボックスにとってイタリアは微妙な存在だった。エラスムスは熟考の末、その後決勝までほぼ不動のメンバーとなるAチームで勝負することにした。そして、ここでエラスムスは大きな決断をした。世界一のフッカーと評されるマルコム・マークスに代え、ンボナンビを先発にしたである。189センチ、118キロの体格で突破力があり、ジャッカルなどの巧みさを持つマークスはスーパーラグビーやトップリーグでの活躍もあり世界中でその実力が知られている。対してンボナンビは175センチ、108キロと南アフリカのフッカーとしてはかなり小柄だが、モールラックでの献身的な働き、そしてゴール前でのトライへの嗅覚に優れた玄人好みの選手であり、これまではマークスの影に隠れた存在だった。

エラスムスがンボナンビを先発に選んだ理由は、ラインアウトのスローイングの正確さとスクラムでの安定度だった。エラスムスのゲームプランは、まずセットピースで相手を凌駕することが基本となっている。高校までフランカーとしてプレーし、大学から本格的にフッカーに転向したマークスとフッカー一筋で経験豊富なンボナンビでは、セットピースに関しては、ンボナンビに一日の長があるとエラスムスは判断した。ただ、スプリングボックスの場合は、先発と控えという考えではない。あくまでスターターとフィニッシャーという役割で両者に優劣はない。

それに加えてエラスムスが念頭に置いていたのはレフリーのジェローム・ガルセスである。フランスが生んだ世界のトップレフリーの一人であるガルゼスは、これまでスプリングボックスのテストマッチ14試合の笛を吹いたが、そのうちスプリングボックスが勝てたのはわずか4試合である。対オールブラックス戦にいたっては5連敗している。ワールドカップでは、前回大会の日本戦とトーナメントの準決勝でオールブラックスに惜敗した試合、そして今回大会のプールリーグ初戦でやはり苦杯を喫したオールブラックス戦を担当した。偶然で片づけるのは難しいほど、ガルゼスとスプリングボックスの相性はよくなかった。

そして、今大会で引退を表明しているガルゼスは、その時点では発表されていなかったが、前回大会の決勝の笛を吹いたウェールズ人のナイジェル・オーウェンズとともに、決勝を含むトーナメントのいずれかのレフリーに指名されることが確実視されていた。エラスムスの分析では、ガルゼスはクリーンでしっかりとした構造のセットピースを好み、またセットピースに時間をかけることを好まなかった。ガルゼス対策として試合前半にンボナンビの安定したスクラム、ラインアウトをアピールし、ガルゼスの印象をよくするということも狙いの一つだった。エラスムスのこの読みは当たり、ガルゼスはスプリングボックス側の準決勝、そして決勝のレフリーに指名された。

イタリア戦は、スプリングボックスがピッチを縦横無尽に走り回り、49-3の圧勝で終わった。しかし、ノーサイド直後、選手たちが勝利を喜んでいるシーンが南アフリカ国内では物議を醸した。イタリアの選手たちと一列になって握手をした後、たまたま近くにいたスプリングボックスの選手6名が抱き合って健闘を称え合い、そのグループは次第に円の形になっていった。最後はフランコ・モスタードがそのグループに加わり円陣が完成した。一瞬、モスタードに続くような素振りを見せたマカゾレ・マピンピは、タイミング的にそのグループに加われなかったため少し居心地の悪い様子でその場から離れた。その円陣に参加していた選手は、全員ボム・スコッドの白人だった。さらに円陣が解かれ、メンバーの一人だったフランソワ・ステインが、見ようによってはマピンピに向けて「ここに来るな」というジェスチャーをしていた。すぐにこれらシーンは切り取られSNSにより拡散された。反応は二分されており、白人選手グループの人種差別的行為という非難と、バツが悪そうに立ち去ったマピンピを嘲笑する心ないものだった。筆者もこのシーンは何度か確認したが、客観的に見てもたまたま先にグループの円陣が出来てしまい、それに参加するタイミングを逃したマピンピがコースを変えたように見えた。

翌日、マピンピは自身のインスタグラムで「彼らの行為は悪意のあるものではなかった。我々は一つだ」という声明を出した。また、ステインの行為については、ンボナンビとともにこの試合よりボム・スコッドからAチームに昇格したロックのローデ・デヤハーに対して「君はこっちじゃないよ」というジョークだった。やはり南アフリカでは人種が絡むと、このような何気ないことでも見過ごせず問題になり得る可能性がある。事態を重く見たエラスムスも「物事をこのように否定的に見る人がいるということは悲しい。言っておきたいが、ヘッドコーチとして、そのようなことがチーム内で起こるのは私が許さない。また、そのようなことがチーム内には存在しない」とプレス・カンファレンスで断言し、この一件に幕を下ろした。

プールリーグ最終戦では、ボム・スコッド中心のメンバー構成でカナダを66-7で一蹴した。第三のスクラムハーフであるコーバス・ライナーがハットトリックを決め、最初のトライから3つ目のトライまでかかった時間はわずか11分間で大会最短記録というおまけが付いた。これでスプリングボックスはプールB2位となり、決勝トーナメントに挑むことになった。

決勝トーナメント、準々決勝は因縁の相手である日本代表、ブレーブ・ブロッサムズとなった。エラスムスはイタリア戦の23人のAチームをそのまま日本戦に持ってきた。そして日本より早い3日前にメンバー発表した。

日本戦は開始3分でスプリングボックス・フォワードがジリジリとスクラムを押して出たボールをマピンピが個人技で左隅にトライして決めた。その後、テンダイ・〝ビースト〟・ムタワリラが日本のルーズ・ヘッド・プロップ、稲垣啓太選手に対する危険なタックルで10分間のシンビンとなる。これをきっかけに日本代表が攻勢に転じるが、南アフリカの堅守でトライを割ることはできなかった。しかし、18分に日本代表フォワードが7人フォワードとなったスプリングボックスをスクラムで押し勝ちペナルティを得た。その後、ムタワリラが戦列に戻り、スプリングボックスのフォワードは優勢を取り戻し、バックスもセンターの怪力ダミアン・デアレンディなどがたびたびゲインラインを突破しゴールラインに迫った。日本代表も必死の防御で凌ぎ前半は5-3、スプリングボックスの2点リードのまま終了した。

後半はほぼエラスムスが思い描いた一方的な試合展開となった。セットピースで勝ち、ファフ・デクラークとハンドレ・ポラードのキックでテリトリーを奪う。圧巻は後半25分のデクラークのトライに繋がった40メートル進み続けたモール。スプリングボックス・フォワードのフィジカルの強さを見せつけた瞬間だった。最後もマピンピがトライを決め、最終スコアは26-3となり、スプリングボックスが日本の快進撃を止めた。

この試合で明確に差が出ていたのは、選手の心身の疲労度合いだった。初戦からメンバーをほとんど変えず戦ってきた日本代表に対して、スプリングボックスはチームを二つに分けてナミビアとカナダという格下の相手にはボム・スコッドを中心としたBチームで戦い、主力を温存してきた。代表同士の激しい緊迫した試合が続く中、肉体的にも精神的にも疲弊している選手がリカバリーするためいかに休息を取るかは重要な戦略である。そして、スプリングボックスの場合はマルコム・マークスをはじめとするボム・スコッドが試合の後半にその名のとおり爆発力を発揮することによってインパクトを与えた。実際、この準々決勝から決勝に至るまで、スプリングボックスは後半で勝負を決めている。

エラスムスのゲームプランに則り、ボム・スコッドは常にフォワードが6人（プロップ2名、フッカー1名、ロック2名。ルーズフォワード1名）、BKが2人（スクラムハーフ1名、ユーティリティバックス1名）。つまり、エラスムスはフォワード戦に賭けていた。スターティングメンバーには後のことは考えずにフィジカルに身体を当てて全力を出させ、消耗が見えたところでボム・スコッドへ交代というシナリオだった。ただ、このフォーメーションができたのは、フランソワ・ステインという天才的ユーティリティバックスがこのチームにいたからである。彼はバックスであれば10番以降、どのポジションでも高いレベルで務めることができる。ちなみにステインはスプリングボックスでは二人目の、2回のワールドカップ（2007年、19年）で優勝を経験した選手となった。

よくワールドカップの準決勝は決勝よりも難しいといわれる。スプリングボックスの決戦の前日に行われたもう一つの準決勝では、スプリングボックスがプールリーグの初戦で敗れたオールブラックスの3連覇をイングランドが阻んだ。19-7という点差以上にイングランドの勢いとオールブラックスの元気のなさが浮き彫りになった試合内容だった。ポゼッション（56％）もテリトリー（62％）もイングランドが上回っており、オールブラックスのペナルティの多さ（11回）が彼らの焦りを物語っていた。

スプリングボックスの準決勝の相手はウェールズになった。コーチ陣の分析ではウェールズの戦術はスプリングボックスと似ていた。敵に一旦ボールを与えて、それをチェイスして追い込むように動きを止める。つまり、ガレス・デービスとダン・ビガーのハーフ団がキックを多用してくると想定していた。スプリングボックスは、バックスリーがそれに対応し、ウェールズがランニングプレーに変更せざるを得ない状況に追い込むというのがエラスムスの戦略だった。しかし、ここでスプリングボックスに不安要素が生じた。チェスリン・コルビーが日本戦で足首を負傷し、準決勝の欠場が決まったからである。コルビーはキック処理に優れ、小柄ながらハイパントにも強いことから彼の不在は戦略の遂行にあたって懸念事項の一つとなった。

横浜国際競技場で行われた準決勝は接戦となった。前半は双方ともペナルティゴールのみの得点で、スプリングボックスが9-6と3点リードで終えた。後半に入り、ウェールズがペナルティゴールを追加し同点とするが、57分にダミアン・デアレンディが持ち前のパワーで3人を引きずりながらゴールに飛び込む。コンバージョンも決まり16-9とする。その後、ウェールズも敵陣ゴール前でフォワードが泥臭く粘り、この大会でトライ王になるウイングのジョシュ・アダムスが左隅にトライを決め（コンバージョン成功）、試合は振り出しに戻った。しかし最後は、試合終了4分前にポラードがペナルティゴールを決め、スプリングボックスが19-16で辛勝し、12年ぶりの決勝進出を決めた。最終的にウェールズは41回、スプリングボックスも40回とキックの多い展開となった。

試合後のインタビューでウェールズのヘッドコーチである名将ウォーレン・ガットランドは、この試合を〝腕相撲のようだった〟と表現した。確かに一進一退の緊迫した試合展開となったが、フェルミューレンやデュトイなどがタックルを的確に決め、チーム全体でも147回とウェールズの倍近くのタックルを決めている。そして終始押し気味に進めたスクラムや安定したラインアウトも僅差の勝利にインパクトを与えた。

エラスムスは、透明性と誠実性をチームのカルチャーとしていた。個人を尊重する海外の指導者が多い中、彼はチームの連帯と協調を重んじた。本大会のスプリングボックスのSNSにおける公式ハッシュタグは〝#StorongerTogether〟。このハッシュタグは、選手、コーチ陣、そのほかのスタッフが全員で考えたもので、まさにチームがともに強くなっていくというエラスムスの強い意志を表現したものである。

決勝の相手はイングランド。決勝前の平日練習でフォワードは6回だけスクラムを組んだ。そしてワールドカップ後は相手イングランドのフォワードコーチに引き抜かれたアシスタントコーチ（フォワード担当）、マット・プラウドフッドは最後のスクラム練習を見て、静かにその場を離れた。そして「これ以上素晴らしいスクラムを彼らに組ませることはできない」と自分の仕事が終了したことをエラスムスに報告した。スプリングボックスの強力な武器であるスクラムは、フォワード8人の微妙な調整やバランスが必要とされる。白人選手と非白人選手が意識を統一し、動きを一方向に向け、8人が〝#StrongestTogether〟になった。そしてこのタイミングでエラスムスはこの決勝が自分にとってヘッドコーチとして最後の試合になることを示唆した。この発表でチームのまとまりがさらに深まったことはいうまでもない。

メディアの下馬評ではイングランド優勢の声が高かった。イングランドはこの大会でアルゼンチン、オーストラリア、そしてニュージーランドという南半球の強豪を倒しての決勝進出だった。最後にスプリングボックスを決勝で撃破し〝南半球グランドスラム〟を達成しての優勝を狙っていた。しかし、逆にこのことがスプリングボックスの選手たちを奮起させた。エラスムスも自分たちは決勝に向け完全な準備ができたことに自信を深めており、スプリングボックス不利というこの報道は逆にチームのモチベーションを高めるものと静観していた。

決勝の日の朝、初戦に負傷して戦列を離れ、本国で治療とリハビリを続けていたジェシー・クリエルとトレバー・ニャカネがこの日に合わせて戻ってきた。メンバー全員が揃ったことで、チームは活気づいた。特に司令塔ポラードは、高校代表、ブルズ、スプリングボックスと常に試合中は側にいた相棒クリエルの登場で大一番を前に精神的な安定を取り戻すことができた。陽気なキャラクターで人気者のニャカネは連戦で疲弊しているメンバーに笑いをもたらした。最大のサプライズは、シリル・ラマポーサ大統領がチーム激励のためにホテルを訪れたことだった。同大統領は特にラグビーに関する話はせずに「健闘を祈る」とメンバー全員と握手をして帰っていった。

決勝は11月3日、横浜国際総合競技場におけるスポーツイベントの最多入場者数7万103人を迎え、日本時間の午後6時、南アフリカ時間の午前11時にキックオフ。開始を告げるホイッスルはジェローム・ガルセスによって吹かれた。開始早々から数的に優勢のイングランドサポーターが歌う〝Swing Low, Sweet Chariot〟がスタジアム内に響き渡った。

試合開始1分後にスプリングボックスはペナルティキックの機会を得る。いつものポラードであればまずは外さない位置でのキックだが、ボールの弾道はゴールの右側に逸れた。スプリングボックスとしては少し勢いを削がれた嫌な雰囲気で試合は始まった。しかしその1分後、イングランドに不運が訪れる。スクラムの要であるタイト・ヘッド・プロップのカイル・シンクラーがマピンピにタックルに行った際に頭を打ち、ファーストスクラムも組まないうちに退場となった。シンクラーの退場はこの試合の流れに大きな影響を与えた。もともと先発と控えのフロントローの実力差が指摘されていたイングランドは、この後スプリングボックスにスクラムで圧倒され、耐えきれずに何度も反則を犯す。一方、スプリングボックスもフッカーのンボナンビ、ロックのデヤハーが負傷し、わずか20分過ぎに交代。しかし、シンクラーの交代で明らかにパフォーマンスが落ちたイングランドとは異なり、二人と交代したのはマルクスとフランコ・モスタート。スプリングボックスはメンバー交代により攻撃力が増したほどである。結局、前半はスクラムでスプリングボックスが得たペナルティゴールが2本。30分過ぎにイングランドがゴールに迫ったが、解説者が〝グリーン・ウォール（緑の壁）〟と形容した鉄壁のディフェンスでトライは免れた。

双方ともトライはなくペナルティゴールだけの得点で、スプリングボックスが12 - 6とリードして前半を終えた。

ハーフタイムのロッカールームで、エラスムスはコリシにそのまま相手にプレッシャーをかけ続け、もう少し我慢をすることを命じた。というのは、最後まで粘ったウェールズとは違いイングランドは後半のどこかでふと気が抜けるブレーキングポイントがあると想定していたからだ。

後半、エラスムスはスティーブン・キッツオフとビンセント・コックを投入した。両プロップが入れ替わったがスクラムはやはり優勢で後半開始5分に再びイングランドがスクラムを崩しペナルティを得た。しかしその4分後、やられっ放しのイングランド・フォワードが奮起してスクラムを押し、今度はスプリングボックスがペナルティを与えた。この時点でのスコアは15 - 9で、依然スプリングボックスの6点リードだが、1トライ、1ゴールで逆転される緊迫した状況だった。その後、双方ともペナルティゴールを加え、後半20分の時点で18 - 12と6点差は変わらなかった。

そして、後半25分、ハーフウェイライン付近でできたラックからデクラークがブラインドサイドに振り、アム、マークスが素早くパスを繋いでマピンピにボールが渡る。マピンピは相手ディフェンスの裏へ絶妙の距離のパントを蹴り、バウンドしたボールはタイミングよくシャークスでもコンビを組んでいる盟友アムの胸に収まった。ここで相手ディフェンスが迫っていることに気付いたアムは、即座に外にいたマピンピにパスし、マピンピはゴールラインまで無人の野を行くことになる。このトライは、スプリングボックスにとってはワールドカップ決勝の舞台で初めてのトライとなった。

1995年、2007年の決勝でのスプリングボックスの得点はすべてドロップゴールかペナルティゴールによるものだった。ただ、トライをした当の本人はその事実を知らなかった。トライ後、アムはマピンピを迎えてハイファイブをしようとしていたのに、マピンピはそのまま通り過ぎ、ほかの選手が寄ってきてもうつむき加減で喜びを表さなかった。この行動についてマピンピは後日のインタビューで、本当は喜びたかったという前置きの後「決勝ということで、喜びを分かち合う前に頭に浮かんだのは、喜ぶのはまだ早いということだった。この後、どうなるのか、何が起こるのか分からなかったしね」と語った。

トライ後のコンバージョンが決まり25‐12。試合終了まではまだ13分残っており、2トライ2ゴールで逆転される点差だった。残り時間からするとトライを取るしかないイングランドは死に物狂いで最後の猛攻を仕掛けるが、焦りからか大事な局面でミスが出た。終了7分前にはマークスの好タックルで相手が落球したボールをアムが拾いデュトイにパス。ボールはさらにスピードスターのコルビーへ渡った。コルビーは鋭いステップで3人のタックラーを抜き、ダメ押しのトライを決めた。80分のホーンが鳴り、ポラードはスタンドにボールを蹴り込む。ガルセスがノーサイドの笛を吹いた。32‐12。スプリングボックスはワールドカップ決勝における最多得点を記録し、熱戦の幕は閉じられた。また、スプリングボックスはワールドカップ史上初めてプールリーグで1敗して優勝したチームとなった。つまり、これまでの優勝チームはすべて無敗で優勝していたのである。

この試合が自身50キャップの節目だった主将コリシは、ワールドカップの表彰式の終盤で、ステージ後方にいたエラスムスを前方に促し、一緒にカップを掲げたいと伝えた。しかしエラスムスは、「君たちが仕事をしたんだ」と言って選手たちの後ろに留まった。エラスムスの友人によると、華はあるのに脚光を浴びることは好まないという彼の性格が表れているという。帰国後、国中を周った優勝パレードでもエラスムスはほとんど表に出ることはなかった。故郷のデスパッチに行った時だけ、自分を育ててくれた地元の人々に感謝するという意味でパレードカーから手を振った。南アフリカのラグビー関係者、そしてファンのほとんどがエラスムスのコーチ続投を希望したが、当の本人にその意思はなく、アシスタントコーチでストーマーズ、ムンスターで右腕的存在だったジャック・ニーナバーにあっさりとヘッドコーチの座を譲った。おそらく健康上の理由によると思われる。ワールドカップ後に発表されたことだが、エラスムスは多発血管炎性肉芽腫症という血管に対して異常な自己免疫反応を起こす難病を患っていた。彼の主治医によるとがん性のものではないが、放置しておくと生命の危険もありワールドカップ期間中も治療を続けていた。この件は選手には知らされておらず、ごく一部の関係者のみが知ることであった。

２０１８年にエラスムスがスプリングボックスを引き継いだ時、ワールドラグビーの世界ランキングは史上最低の7位だった。状況が異なるので一概に比較はできないが、07年ワールドカップ優勝の名将ジェイク・ホワイトは4年かけて5位から1位にしたが、エラスムスは1年半で7位から1位にするという偉業を成し遂げた。

２０１９年のワールドラグビーアワードでは最優秀チーム賞、コーチ賞、選手賞の〝3冠〟をスプリングボックスが受賞した。最優秀チーム賞は09年以来10年ぶり、エラスムスが受賞した最優秀コーチ賞は07年のジェイク・ホワイト以来12年ぶりだった。そして最優秀選手賞は、2メートルの巨体で攻守にわたる大車輪の活躍でチームを支えたデュトイが受賞した。この選手賞にスプリングボックスの選手が選ばれたのは、やはり07年のブライアン・ハバナ以来12年ぶりのことであった。

# 第3章

## 王者の現実
## ～スプリングボックスの革新

## クォータ制度の呪縛〜功績と罪過

1992年以降、南アフリカではスポーツリクレーション省が〝Transformation（トランスフォーメーション＝変革）〟という言葉を用い、人種の壁を越えてすべての人々が平等にスポーツに取り組むことができるように数々の政策を提言してきた。

1995年、第3回ワールドカップが開催される1週間前に、SARFUは〝すべての年代の代表チームはすべての人種から選出される。そして、一定の割合でunder-privileged（＝社会的、経済的に恵まれない）な出自を持つ選手を含むこととする〟という公式発表を行った。この発表は、ネルソン・マンデラが狙っていたワールドカップを通じてのアパルトヘイトの終焉、そして人種の融合をアピールするという目的の一つだった。ここでいうunder-privilegedな出自というのは貧困層の大部分を占める黒人を指す。この発表は、現在に至るまで南アフリカラグビーにおいて賛否両論が渦巻くことになるクォータ制度発足の瞬間であった。発表の2か月後にアルゼンチンで開催されるU21の大会に向けて、初めてクォータ制度を採用した代表チームが結成されることになった。ただし、最初の代表選考の時点では、7名の〝定員〟があった黒人選手は一人も選出されなかった。そこで当時のSARFUのCEOだったエドワード・グリフィスがコーチやセレクターを説得し、4名の黒人選手がメンバーに追加された。

1999年、南アフリカ政府は、ラグビーとクリケットにクォータ制度を課すことを公式に発表した。しかし、アパルトヘイト以降、圧倒的に白人の競技人口が多かった両競技に、黒人選手の参加を促したものの、結果は芳しくなかった。もともと黒人にとってラグビーとクリケットは馴染みのない競技であり、黒人側から積極的に両競技へ参加しようという動きも鈍かった。政府当局は、自然の流れに任せるだけでは、ラグビーに関しては人種融合という結果には繋がらないと判断した。対応策として、各チームに政府が介入して、選手の人種構成バランスを調整することになった。当然、競技人口の多い白人選手には不利で、逆に競技人口の少ない黒人選手は試合に出場できるチャンスが増える。この制度は白人に対する逆差別になるということ、競技の質が低下するということを訴えた反対派のロビー活動が奏功し、2011年、クォータ制度は一旦廃案となる。

しかし、スポーツリクレーション省は2012年にトランスフォーメーション憲章を制定し、あらためてトランスフォーメーション（変革）に対する指針を示した。14年再び、同省は新しいクォータ制度を施行した。それを受けてSARUは〝トランスフォーメーション開発戦略2015‐2019（STRATEGIC TRANSFOMATION DEVELOPMENT 2015 - 2019）〟を策定する。この戦略では、19年までに選手、コーチ、さらにはSARUも含めたユニオンの関係者などラグビーに携わるすべての人々の非白人比率を段階的に上げていき、最終的には50％にするという野心的な目標を掲げた。SARUは、この戦略の進捗に関しては非常に細かくモニタリングをしている。例えば、各フランチャイズのスーパーラグビー、カリーカップ、そのほかのリーグ戦に出場した選手の人種構成比率を試合ごとにすべて記録している。もちろん同時に、スプリングボックスや7人制代表チームのブリッツボックスなど代表チームのメンバー人種構成比率にも常に目を光らせている。それら代表クラスを対象にしたトランスフォーメーションの進捗状況を調査した2018年の結果は、**図7**のとおりである。

例えば、2018年のスプリングボックスにおける非白人の人種構成比率の目標値は45％だったが、実績は39％だった。つまり、目標をクリアできなかった。一方、7人制ラグビーの南アフリカ代表でありブリッツボックスや学生代表、女子代表は目標値をクリアしている。ブリッツボックスは機敏性を重視しているためアジリティのある黒人選手が選ばれやすく、また学生代表は草の根レベルにおけるラグビー普及活動の成果が実を結び黒人選手が増えたためである。女子ラグビーは、もともと黒人選手が多いという特徴が結果に現れている。この結果だけを見るとトランスフォーメーションは順調に進んでいるように見えるが、先に示したとおり、影響力が大きいスプリングボックスは目標値に達しておらず、フランチャイズの選手構成比率も非白人選手が占める割合はまだ低い。SARUの分析では、全体としてはまだトランスフォーメーションの目標値と実績の乖離は大きく、そこから抽出した反省材料や教訓から19年に、30年までの中長期計画を作成し直した。SARUは、前戦略を後継する〝トランスフォーメーション開発戦略2019-2030（STRATEGIC TRANSFOMATION DEVELOPMENT 2019 - 2030）〟を策定し、南アフリカラグビーの今後10年の方向性を示した。そこには30年までには非白人選手の割合が60％に達するという新たな目標値が掲げられた。

南アフリカで、代表選手のセレクションマッチに行くと、セレクターから「Aチームの5番は、

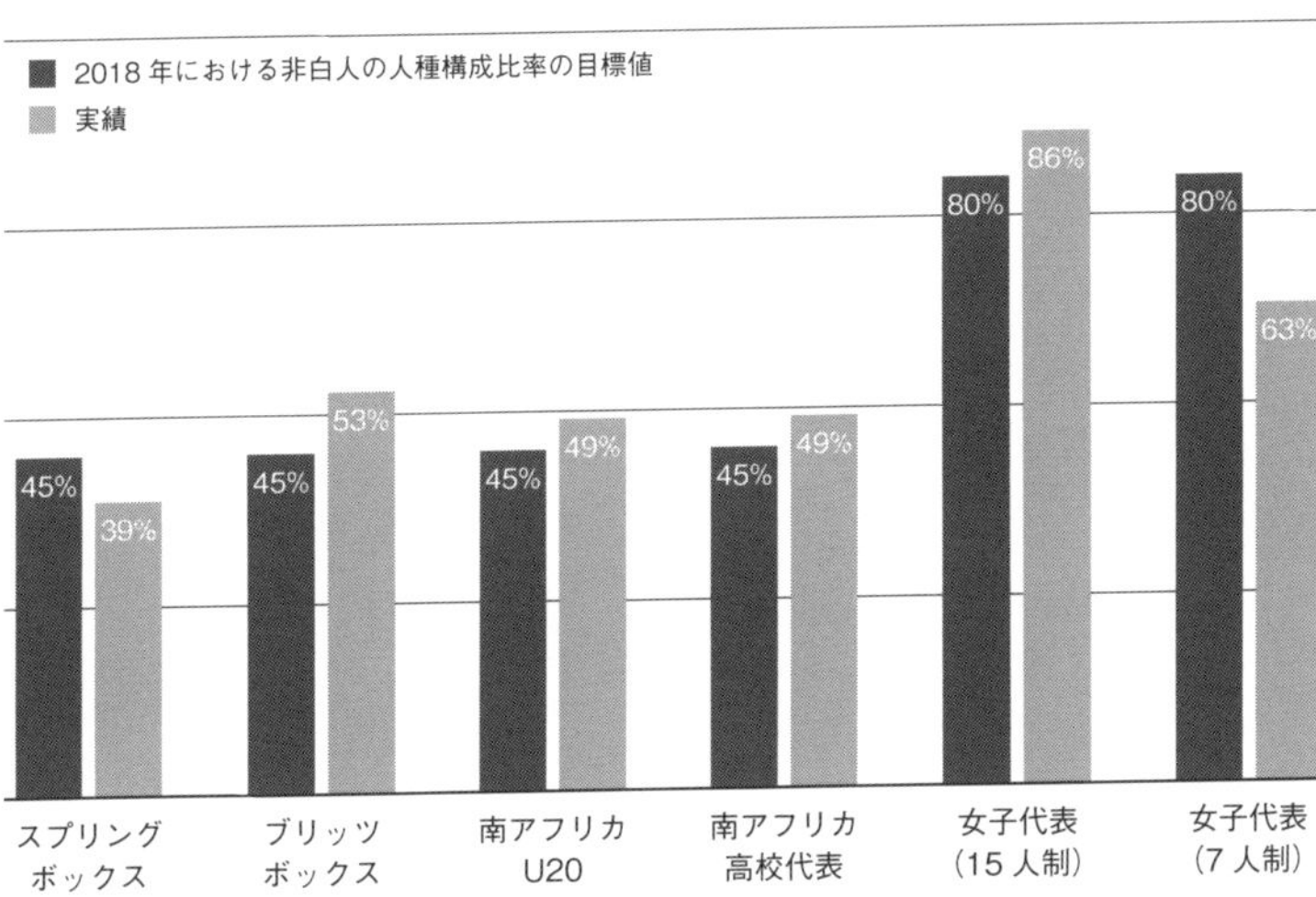


（出典：Strategic Transformation Development Plan）

図7　トランスフォーメーション開発戦略2015〜19の目標値と実績の比較

本当はBチームだがクォータ制度の関係でAチームに入れた」というような説明を受ける。その場合、そのAチームの5番は非白人選手で、不幸にも入れ替わりでBチームに降格した元5番の選手は白人である。このクォータ制度は代表チームだけが対象ではなく、すべてのレベルの単独チームにも適用される。

例えば、ラグビーの名門高校はほとんどがアパルトヘイト期は白人専用、そして基本的にはアフリカーナーのための教育機関だった。こうした学校には今なお白人生徒の入学希望者が多いため、ラグビーチームも必然的に白人選手が多くなり、何らかの対策を施さなければクォータ制度を逸脱してしまう。そうならないように、各ラグビー名門校は黒人の優秀なラグビー人材を集めることになる。そして大部分の黒人選手は社会的、経済的に恵まれない貧困家庭に出自を持つため、生活費も含めた奨学金を与えてスカウトする。逆に、小、中学校レベルでラグビーをしている黒人の生徒たちからすると、ラグビーは貧困から脱出する手段であり、その第一段階は高校からスカウトを受けることだと捉えている。しかし前述のとおり、イースタンケープ州以外では黒人間でのラグビー人気は低く、ジュニアレベルのラグビー選手層は薄い。よって優秀な黒人の人材を他州で獲得することは難しく、黒人のジュニアレベルのスカウトはイースタンケープ州の学校に集中する傾向にある。

第2章でもたびたび、南アフリカ政府は、ラグビーチームの黒人選手（ここでは非白人全体ではなく黒人に限定している）の少なさに不満を抱いていることに触れた。非白人選手が活躍した2019年のワールドカップ優勝で、一旦この人種問題は落ち着いたように見えた。しかし、20

年、SARUのマーク・アレキサンダー会長自らがスーパーラグビー・アンロックド(42)に参加している7チームの一部は先発メンバーの大多数が白人選手であると批判した。同会長はこれらの問題について「スポーツ・リクリエーション大臣にそれらの理由を説明できない」と嘆いており、彼自身も政府の意向と現実の板挟みに苦しんでいた。アレキサンダー会長は非白人で、アパルトヘイト期のラグビー選手である。反アパルトヘイト運動に身を投じ、海外に出て、スプリングボックスとの交流を阻止すべく各国のラグビー関係者を説得に回ったという経験を持つ。今でもその活動を後悔はしていないと明言しており、クォータ制度推進派と見てよいだろう。なお、SARUとしては19年以降も選手構成の45%が非白人、そのうち半分はアフリカ系の黒人になるように、各フランチャイズに指示を送っている。

次にクォータ制度が課せられ、各フランチャイズのメンバー構成には実際どのような影響を与えているのかを検証する。

2014年の時点で、スーパーラグビーに出場した191名の選手中、非白人選手は40名(21

(42) スーパーラグビー・アンロックド(SuperRugby Unlocked):2020年のスーパーラグビーは新型コロナ禍の影響により途中で中止になった。その後、ニュージーランドが6月に、オーストラリアが7月にそれぞれ国内大会として再開。感染の収束が遅れた南アフリカでは10月に、スーパーラグビー組(ブルズ、ストーマーズ、ライオンズ、シャークス)にチーターズ、ピューマズ、グリークアズを加えてスーパーラグビー・アンロックドと称した国内大会が開催された。ジェイク・ホワイト率いるブルズが優勝した。

%）だった。この40名の非白人選手中、5試合以上先発出場した選手は半分の20名。この20名中、ポジションがウイングだった選手は11名だった。

さらに遡ると、2009年から13年の5年間で、スーパーラグビーの5チームには合計79名の非白人選手が在籍したが、54名がバックスで、うち38名がウイングまたはフルバックだった。そしてフォワードの25名の選手の中で、先発で出場した選手はわずか10名だった。これらの数字から判断する限り、この時点ではまだ非白人選手が全体に占める割合は小さく、ポジションがウイングに偏っているという傾向が見られた。しかし、このポジションの偏りは、白人と非白人の体格差によるものであり、当時はサイズを重視するコーチが多かったため、努力や工夫では乗り越えられない部分であった。

少し話が逸れるが、ここで南アフリカ人の体格について触れておきたい。世界のトップチームの中でもスプリングボックスは最も身長が高く、体重も重いことが多い。これはスプリングボックスのチーム構成の中で大部分を占めるアフリカーナーがオランダ系を中心としており、ほかのヨーロッパ系白人と比べても体格的に優っているからである。

2016年にイギリスのインペリアル・カレッジ・ロンドンが発表した最近100年間のデータ分析による国別成人男性身長調査では、オランダ人男性の平均身長は182・5センチで、世界でもっとも身長が高いという結果だった。もちろん、オランダ人とアフリカーナーはイコールではないが、少なくとも遺伝的には身長が高くなる可能性は高い。例えば、アフリカーナー系の高校に行くと、身長2メートル近い生徒が数人連れだって教室から出てくる光景に出くわすことがある。全体的に背が高いことはひと目で分かる。ある高校チームの練習を見学した際に、コーチが発した言葉が印象的だった。

「あのロックの選手は良い選手だが、卒業までに2メートルにならなければ、彼の将来のためにフランカーに下げる」

もちろん、高校生の話である。

また、〝世界最高のフッカー〟と評されるマルコム・マークスの後釜と予想されているヤン・ヘンドリック・ウェッセルズという20歳の選手が2020年にブルズと契約を交わした。マークスは189センチ、118キロでインターナショナルレベルにおいても比較的大柄なフッカーである。しかし、ウェッセルズは193センチ、120キロとマークスよりもひと回り大きい。フッカーというポジションは日本では〝小柄な体格でもできる〟とされ、実際、リーグワンでも160センチ台の選手は存在する。しかし南アフリカではフッカーでも190センチ台が主流となる時代が近づいている。南アフリカの白人、とりわけアフリカーナーは、日本人の想像を超えた堂々たる体躯を誇る巨漢が多い。

一方、南アフリカの非白人の中でマジョリティを占める黒人は、アフリカ大陸の中では比較的大柄な西アフリカや東アフリカの人々と比べると身長が低い。また、先の身長調査では南アフリカ男性の平均身長は166・7センチで、170センチの日本人よりも低いという結果だった。身長は高いが人口が少ない白人と身長が低く人口が多い黒人を合わせた統計結果である。

ここで本筋に戻るが、南アフリカでは、おそらく世界中で最も体格のよい白人選手とアフリカ

| ポジション | 全出場黒人選手数 | 30 試合以上先発出場 | 15 ～ 29 試合先発出場 | 先発出場は14 試合以下 |
|---|---|---|---|---|
| WTB, FB | 43 | 9 | 8 | 26 |
| CTB | 9 | 2 | 3 | 4 |
| SH, SO | 14 | 1 | 1 | 12 |
| No.8, FL | 14 | 3 | 3 | 8 |
| LO | 8 | 0 | 0 | 8 |
| PR, HO | 19 | 2 | 2 | 15 |
| 合計 | 107 | 17 | 17 | 73 |

（出典：SA Rugby）

**表1　スーパーラグビー：先発出場したポジションごとの黒人選手数（2014～17）**

大陸の中でも小柄な部類に入る黒人選手が一つのラグビーチームを構成することになる。したがって、必然的に白人選手はフォワード、そして黒人選手はバックス、しかも比較的小柄で敏速な動きが求められるウイングに配置されることが多かった。しかし、ラグビーのクォータ制度は短期的には先発メンバーの半分を非白人にする目標があるが、最終的には人口の比率に応じて黒人選手が先発メンバーの8割を占めるという長期目標がある。そのため、ウイング以外のポジションにも黒人選手が進出しなければ目標は達成できず、政府関係者は黒人選手のポジションの多様化を望んでいる。

**表1**は、2014年から17年までのスーパーラグビーで、先発出場した黒人選手の数をポジションごとにまとめたものである。この期間は1チームが予選リーグだけでも年間15、16試合を戦うというフォーマットで実施され、4年間で最低62試合が組まれた。スーパーラグビーではシーズン中における出場選手の休養は各チームに義務付けられている。けがによる欠場もあるため、30試合以上先発メンバーとして出場した選手は、4年間レギュラーメンバーとして試合に出続けたとみなすことができる。しかし、その

実績がある黒人選手は107人中17人（16％）しかいなかった。残り90人（84％）の黒人選手のうち、15～29試合に先発出場した選手は17人（16％）で、73人（68％）は14試合以下しか先発出場できなかった。この試合にあまり出場できなかった90人の選手は先発としての実力がなかったと思われるが、クォータ制度の目標指標に近づけるためリザーブに置いておき短時間でも出場させたとも読み取れる。

続いてポジション別に見ると、やはり圧倒的にウイング（WTB）、フルバック（FB）のバックスリーが多いことが分かる。最近、南アフリカでは適性があっても白人選手がウイングに行きたがらないことが問題になっている。実力的にはレギュラーポジションを掴める位置にいても、ほかのポジションと比較すると、クォータ制度により試合に出られない可能性が高いからであった。またセンター（CTB）については、最近ルカニョ・アムがスプリングボックスのアウトサイドセンター（13番）として定着しているが、長らく黒人選手が獲得できなかったポジションである。南アフリカでは、センターは相手のディフェンス網をラインブレイクし、次の攻撃の拠点となるポジションと捉えられており、フィジカルの強さが要求される。そのためインサイドでもアウトサイドでも、これまでセンターを務める選手は190センチ、100キロを超えるような体格が理想的とされ、黒人選手には不向きとされていた。

南アフリカでも比較的小柄な選手が多いスクラムハーフ（SH）やスタンドオフ（SO）は、体格的には黒人選手に向いている。しかし、バックスリーほど黒人選手の数が増えていないのは、この二つのポジションはチームの司令塔の役割を果たすため、ゲームに対する深い知識と豊富な経験が必要とされるからである。その知識と経験は、子どもの頃からよい指導の下で、レベルの高い試合経験を積むことで習得できる部分が多い。白人選手のほとんどは5、6歳から親に連れられ近隣にあるクラブチームのジュニア組織でラグビーを始める。そして段階別にシステマティックな指導を受けて、設備の整ったグラウンドで同じくらいのレベルのチームメイトと切磋琢磨し、ラグビーの知識と経験を蓄積していく。対して黒人選手は前述のとおり、そのほとんどが貧困家庭の出身であり、本格的な指導を受けるのは高校に進学してからとなる。この状況はすべての黒人選手に当てはまるわけではないが、一般には質の高いゲームの知識、レベルの高い試合の経験が白人選手と比べると不足していることは否めない。もちろん、天性の資質を持つ者もいれば、最近ではSARUなどが黒人居住区の子どもたちを対象にしたラグビー教室を計画的に実施しており、子どもの頃から質の高いラグビーに触れて育った黒人選手たちは確実に増えてはいる。

フォワードを見ると、状況は厳しくなる。**表1**のとおり、4年間で先発メンバーに定着した黒人選手は5人しかいない。ポジション的にはバックロー（フランカー＝FL、ナンバーエイト）3人とフロントロー（プロップ＝PR、フッカー＝HO）2人で、セカンドロー（ロック＝LO）には1人もいない。やはり身長の低い黒人選手では、南アフリカでは2メートル超の身長が必要とされるセカンドローのポジションを獲得することは難しい。ただ、フォワードに関しても年々変化の兆しは見えており、特にフロントローに関しては、2017年以降、黒人選手の数は増加している。最近では試合によってはフロントロー3人が全員黒人というケースも見受けられるようになった。

| 年度 | WTB, FB | CTB | SH, SO | No.8, FL | LO | PR, HO | 合計 |
|---|---|---|---|---|---|---|---|
| 2014 | 2 | 0 | 0 | 0 | 0 | 1 | 3 |
| 2015 | 2 | 0 | 0 | 0 | 0 | 1 | 3 |
| 2016 | 1 | 0 | 1 | 1 | 0 | 1 | 4 |
| 2017 | 3 | 0 | 1 | 1 | 0 | 1 | 6 |
| 2018 | 2 | 1 | 0 | 1 | 0 | 1 | 5 |
| 2019 | 1 | 1 | 0 | 1 | 0 | 2 | 5 |

（出典：SA Rugby）

**表2　テストマッチで年間5試合以上先発出場した黒人選手数**

**表2**はレベルが上がり、スプリングボックスに選出され、年間５試合以上先発メンバーで出場した黒人選手数を年度ごとにポジション別にまとめたものである。結果は**表1**とさほど変わらないが、２０１５年までウイングとプロップにしかいなかった黒人選手が、16年以降少しずつではあるが、ほかのポジションにも拡がりを見せている。**表2**のフォワードのポジションで黒人選手として孤軍奮闘してきたのは、誰もが思い浮かべるであろうテンダイ・〝ビースト〟・ムタワリラとシヤ・コリシの２名である。

次に、黒人選手だけでなく非白人選手という枠で考察する。２００７年ワールドカップ優勝時のテクニカルアドバイザーで南アフリカラグビーをよく知るエディ・ジョーンズがその自著で次のように記している。「ポストアパルトヘイトの政治がスプリングボックスに暗い影を落としている。ただ、黒人、カラード選手の養成プログラムが効果を上げ、19年のワールドカップチームに多くの非白人選手が入った」

長年にわたり、末端の高校チームからスーパーラグビーのフランチャイズに至るまでの各チームは、クォータ制度に対応するため、非白人選手の強化策をチーム自体の強化プランの一つとして取り入れている。次ページの**図8**が示すとおり、歴代のワールドカップ時のスプリングボッ

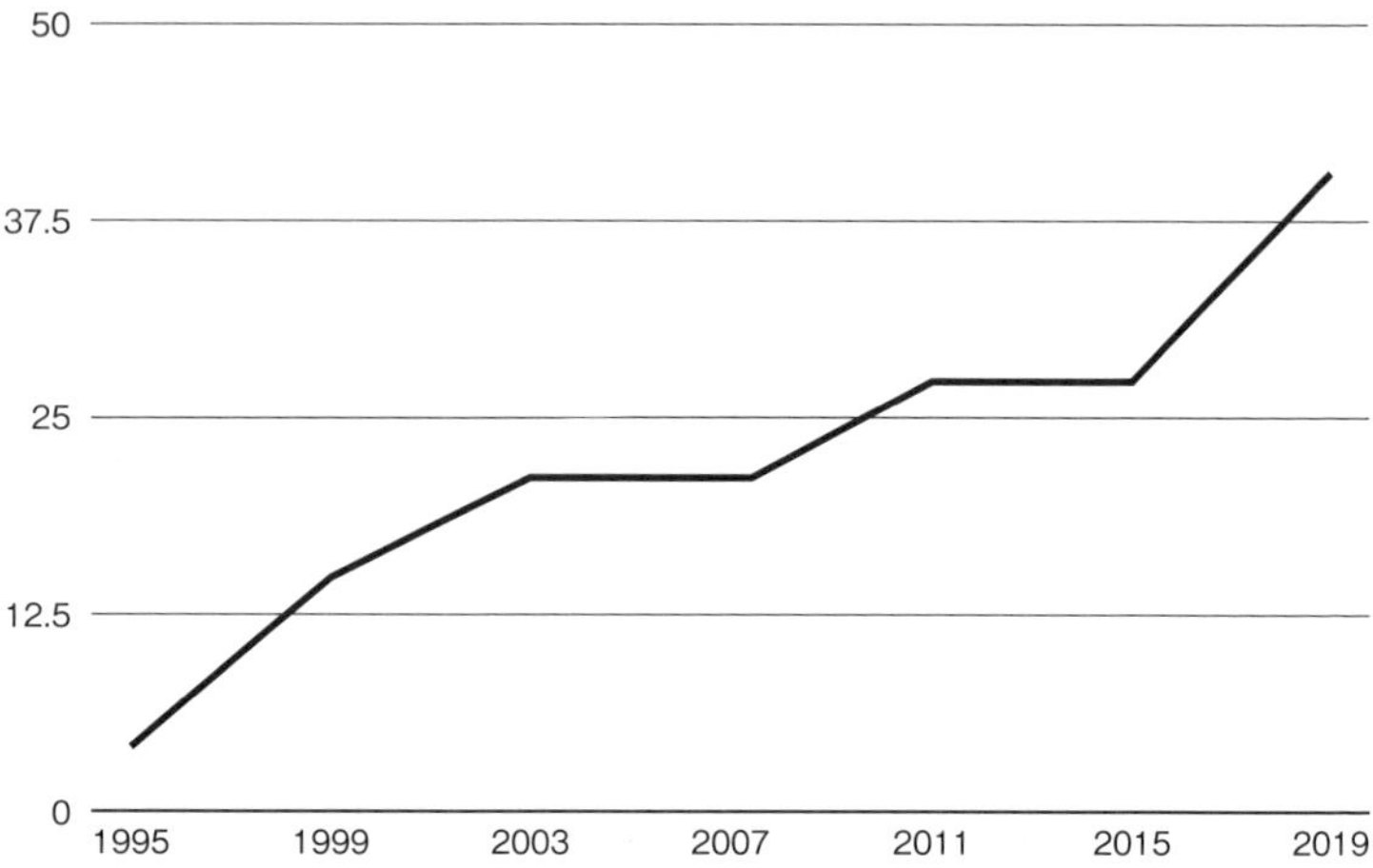

（出典：SA Rugby）

**図8　歴代ワールドカップ時のスプリングボックスの非白人選手の割合**

クスにおいて、非白人選手の割合は１９９５年の４％から２０１９年には40％と10倍の伸びを見せている。

ただし、スーパーラグビーの各チームを考察すると、もともと黒人が多いクワズールナタール州の都市ダーバンに拠点を置くシャークスは、試合によっては先発メンバーの半分以上が非白人選手という場合も見受けられる。逆に、白人人口比率が他州と比較すると高いハウテン州に拠点を置くブルズとライオンズは、依然として白人中心のチーム構成となっている。２０１９年スーパーラグビーでの両チームのメンバー構成をみると、非白人選手がブルズは38名中12名、ライオンズが40名中11名と割合としてはともに30％前後であった。両チームとも当局から改善が必要と指摘されている。

いずれにせよ、非白人選手がチーム内で占

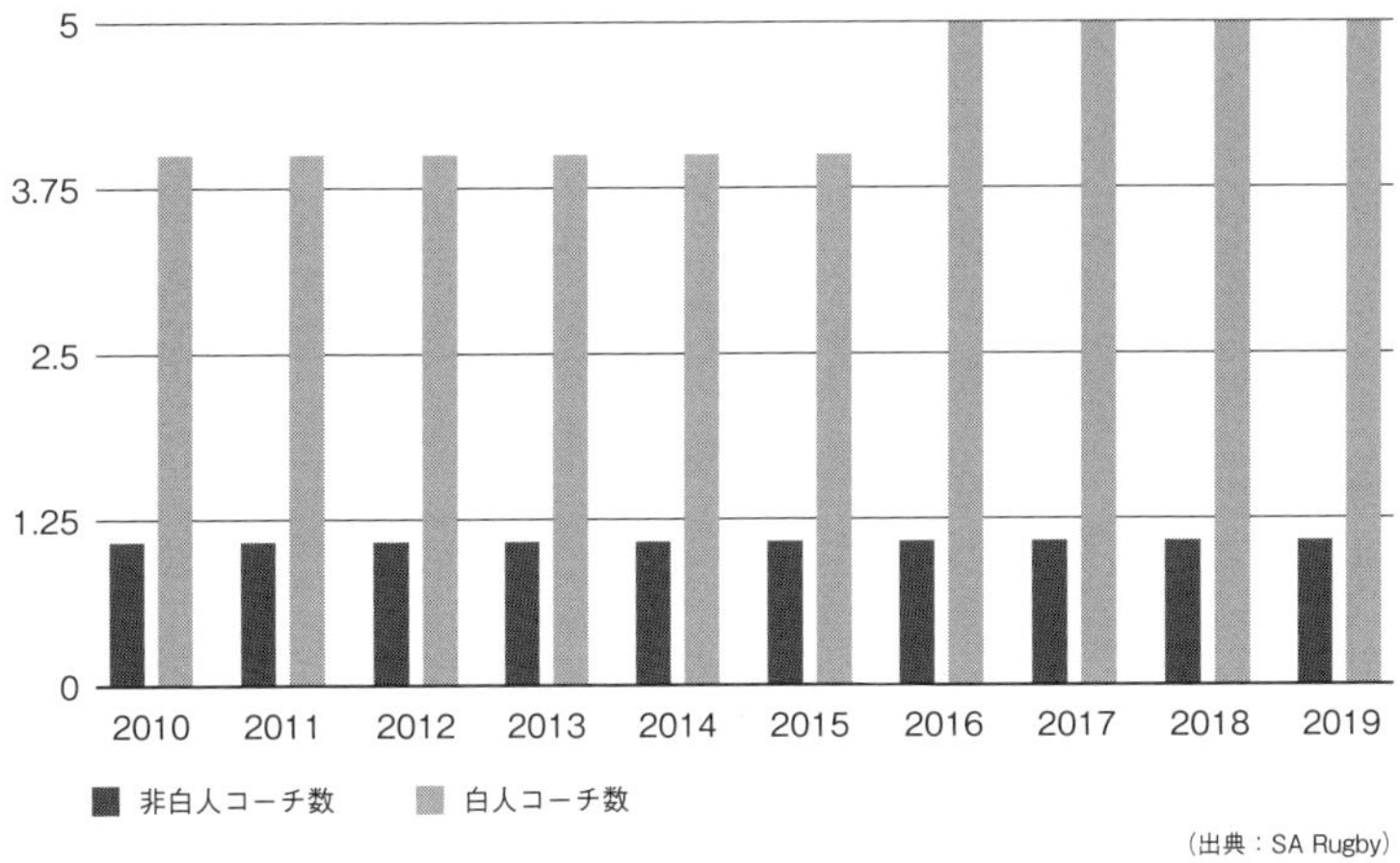


**図9　スーパーラグビー/PRO14参加チームのヘッドコーチ数の比較**

める割合は、各フランチャイズのコーチやマネジメント陣の頭を悩ませながらも増え続けている。

前述のとおり、SARUのアレキサンダー会長がスーパーラグビーにおける各チームのメンバー構成がクォータ制度の目標値に達成していないと非難の声を上げた時、同時に黒人コーチの数がきわめて少ないことにも不満を漏らした。当然、クォータ制度はコーチ陣の人種構成比率にも適用されるが、選手と比べるとポストの数が少ないコーチ職に非白人の進出は進んでいなかった。その時点では、シャークスに1人、ストーマーズに2人しか非白人のコーチはおらず、当局から黒人にコーチ職を与えるように指導があるだろうと同会長は示唆した。主要チームで50%の非白人コーチ枠を達成していたのは、黒人間でラグビーが盛んな

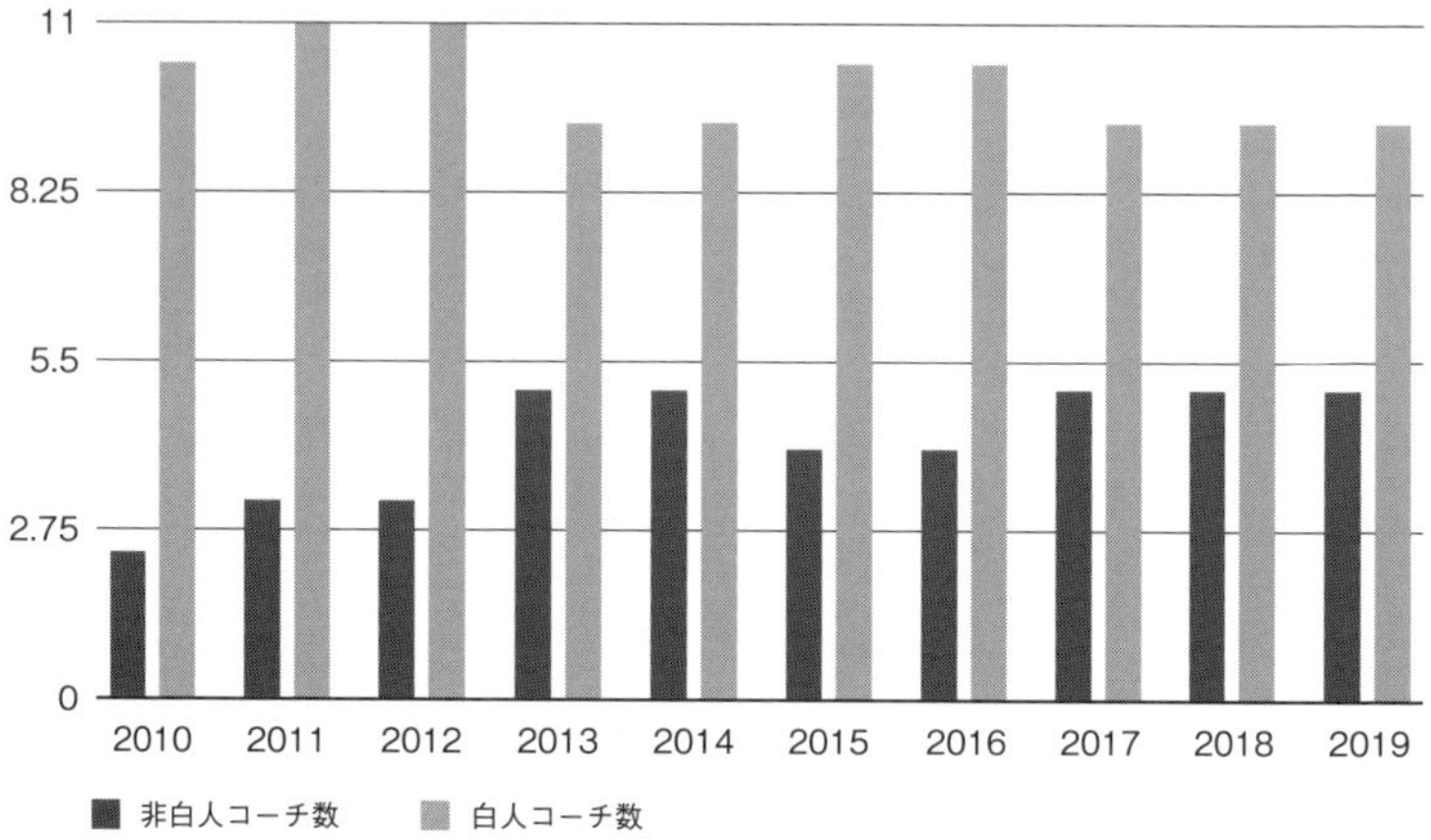


（出典：SA Rugby）

**図10　カリーカップ・チームのヘッドコーチ数の比較**

イースタンケープ州ポートエリザベスに拠点を置いていた、今はなきキングスのみだった。

**図9**は２０１０年から19年までのスーパーラグビー、そしてＰＲＯ14に参加したフランチャイズにおいて、非白人と白人のヘッドコーチの数を比較したグラフである。実はこの10年間でフランチャイズのヘッドコーチを務めた非白人は2人しかいない。ストーマーズを率い（10～15年）、後にスプリングボックスのヘッドコーチも務めたアリスター・クッツェーと、キングスを率い（16～19年）、現在はスプリングボックスのアシスタントコーチになったデオン・ダビッツである。

最高峰の2リーグからはレベルは落ちるが、**図10**が示すようにカリーカップでの状況は少し改善される。これは4チームしか参加していないスーパーラグビーと比べて、カリーカップは14地区の代表チームが競い合うという形にエリアを細分化しているからである。地区によってはイースタンケープ州のように黒人のラグビー競技人口が多い地域もあり、ウェスタンケープ州でもいくつかのフランチャイズの拠点はカラードの人口が大部分を占める。

では、なぜ非白人コーチは少ないのだろうか。それはコーチになるためのキャリアパスが非白人に不利に働いているからにほかならない。ジェイク・ホワイト、ハイネケ・メイヤーそしてアリスター・クッツェーなどの指揮官は皆、高校チームのコーチからそれぞれのキャリアを始めている。ラッシー・エラスムスのようにプロ選手を引退してコーチとしてフランチャイズに残るというパターンもあるが、一般的には高校チームのコーチを起点に、ユースの州代表、ジュニアスプリングボックス、大学チーム、プロのユースや下部チーム、カリーカップ、スーパーラグビーと段階を踏んで昇格していくことが多い。ここで問題なのは、起点となる高校チームだ。

南アフリカの場合、少数の強豪高校チームが常に国内大会の上位におり、ユース代表、ひいてはスプリングボックスに多数の選手を送り込んでいる。日本でも似たような状況であるが、南アフリカでも高校ラグビーは多少の浮き沈みはあるものの、強いチーム群が固定している。それらの強豪校は前述のとおりアフリカーナー系の学校がほとんどで、生徒のほとんどは白人である。また、その強豪校のコーチは学校の教員である場合もあるが、最近はプロコーチであることが多い。プロコーチの場合は学校側が候補者をリクルートすることになり、まずはOB組織などのコネクションを通じて候補者を選抜する。そして、学校内の共通語はアフリカーンス語であるためその言語能力が必須となり、外部の非白人コーチが採用されにくい状況なのだ。

SARUのCEO、ジュリー・ルーは〝非白人コーチを育成するメカニズムが必要〟として、2030年までにすべての単独チームにおいて非白人コーチの占める割合を60％にする目標を掲げている。各フランチャイズに対しても、非白人コーチの増員を要請しているが、実情は**図9**および**図10**のとおりである。選手の場合と異なり、指導技術が必要であるため非白人というだけで優遇はされない。コーチを育てるのは選手以上に時間がかかる。各チームも試行錯誤しながら、SARUの目標に近づけるべく非白人コーチを養成している。

クォータ制度については世界中で見解が割れるが、南アフリカ国内においても賛否両論がある。クォータ制度の発祥の地ノルウェーでは、同制度を施行して以来、女性の社会進出が進んだ。しかし、そのノルウェーでもクォータ制度は男性から見ると逆差別に繋がっているという批判があるように、南アフリカでも白人が逆差別を受けていると見る向きもある。

人種問題を専門に扱う南アフリカ人種関係研究所が2018年にスポーツのクォータ制度に関してインタビュー調査を実施した。調査項目の一つは「スポーツチームのメンバー選考では、クォータ制度ではなく実力で選ぶべきか？」だった。対する回答は、白人の96％、黒人の82％が「そう思う」と賛同した。この調査結果からはクォータ制度をよしとせず、選手は実力で選ばれるべきという意見が人種を問わず圧倒的に多いといえる。

最近ではシヤ・コリシが2018年の年末に来日した際、共同通信社のインタビューで、ネルソン・マンデラの示した人種融合のモデルとクォータ制度の関連を聞かれ、このように回答した。

「ネルソン・マンデラはクォータ制度には賛成しなかったでしょう。私自身も肌の色で代表に選ばれたいとは思わない。また、そんなことはチームや関係者にとってもよいことでないのは確かです」

この彼のコメントは、瞬時に南アフリカ本国で報道され物議を醸した。南アフリカ政府としてはクォータ制度を妙案として推進しているからである。

2019年にイギリスの「エコノミスト誌」が故チェスター・ウィリアムズとピーター・デヴィリアスに興味深いインタビューをしている。ウィリアムズは1995年ワールドカップの優勝メンバーの中で唯一の非白人選手であり、デヴィリアスはスプリングボックス史上初の非白人ヘッドコーチである。彼らはともに非白人の先駆者として活躍。その功績には「唯一の」「初の」という修飾語が常につきまとい、ゆえにクォータ・プレイヤー、クォータ・コーチという誹謗中傷を受けた経験を持つ。称賛と非難を同時に経験した二人であるが、クォータ制度に関する意見は異なる。

まず、ウィリアムズは、クォータ制度を取り入れることに賛成で、その理由は、この制度がなければ何も変わらない、つまり非白人にとってラグビーはいつまでも遠い存在で、白人主体のスポーツのままになるからというのである。他方、デヴィリアスは、クォータ制度は意味がないと否定している。クォータ制度は南アフリカの社会構成を適切に反映しておらず、本質的なものを変えることはできないとし、実力で選ばれていない選手は最終的には消えていくとしている。ともに正論である。意見の分かれた二人であるが、共通の意見としては非白人選手を育てるには、コミュニティレベルで年少のうちからラグビーを始める環境をつくり、よい指導者の下、各個人の成長をフォローするべきというものだ。

前述のとおり、特にタウンシップ内の黒人コミュニティでは小学生や中学生を対象にラグビー教室が開催されている。そういった草の根レベルの努力は着実に実を結んでおり、黒人の競技人口は増え、そのレベルも上がっている。クォータ制度を廃止してもチーム構成の人種バランスが取れている。そういう時代が近づいている。

いずれにしても、このラグビーにおけるクォータ制度はライバルであるニュージーランドやオーストラリアには存在しない。例えば、ニュージーランドで白人選手とマオリ系選手の比率を50：50にする、またはオーストラリアで先発メンバーの20%はアボリジニ系の選手を含めなければならないというような規制が敷かれたらどうなるだろうか。南アフリカのコーチ陣にとってクォータ制度は常に頭を悩ませる障壁であり、その分、南アフリカはハンディキャップを抱えているといえる。しかし、クォータ制度が発足してから四半世紀が経ち、各フランチャイズでは、同制度の中でチーム強化を進めるというスタイルが確立されつつある。この足枷にもなり得るクォータ制度を克服し、同制度に則りながら強くなる術を南アフリカラグビーは見つけたのである。結果的にはマンデラが目指したように、スプリングボックスは人種を隔てることなく国民の目を一つに向ける存在へと変貌しつつある。

## プレイヤーズ・ドレイン〜南アフリカラグビーの空洞化

〝ブレイン・ドレイン（Brain Drain）〟とは頭脳流出と訳され、高度な技術や知識を持った人材が海外に流出してしまう現象のことをいう。よく見られる例としては、途上国の技術者や研究者が、給与や待遇のよさ、高い生活水準などを求めて先進国の企業や機関に移るパターンである。当然、貴重な人材が海外に流出することは、その国にとっては大きな人的損失となり、ひいては国の発展を阻害する要因にもなる。そして今、南アフリカラグビーにも同様のことが起こっている。〝プレイヤーズ・ドレイン（Players Drain）〟、つまり選手流出と呼ばれる事象である。周知のとおり、南アフリカのラグビー選手が日本を含めて世界中に〝流出〟し、南アフリカ国内のラグビーが空洞化するのではと危惧する声が高まっている。

では、選手たちはどうして海外へ行くのだろうか。当然、最も大きな理由はお金である。現在、海外からのオファー金額は、国内チームの倍以上といわれている。大企業がスポンサーについている海外チームの予算は潤沢であるからだ。

リーマンショック以降、南アフリカ経済は低迷を続けており、連動して南アフリカの通貨ランドの価値も大きく下降している。２００７、08年には、1ランドは16〜18円台を推移していたが、20年には6円を切ることもあった（22年1月現在は1ランド約7・5円）。つまりランド通貨の価値は直近15年間で3分の1程度になったのである。この為替変動は円に限らずユーロやドルなどほかの通貨でも同じ動きになっている。

選手からすると、当然、海外からのオファー金額は高く感じ、逆に海外チームからすると南アフリカの選手は〝お買い得〟になる。ちなみに南アフリカ国内で移籍するトップ選手の年棒は3000〜4000万円、海外チームへ移籍するスプリングボックス級の選手は1、2億円と推定される。サッカーなどほかのプロスポーツと比べると金額は低いが、南アフリカではラグビー選手はセレブリティであり、名声と高収入が得られるので誰もが憧れる職業の一つである。

例えば、2015年ワールドカップの日本戦に出場し、長らくスプリングボックスで不動のタイトヘッドプロップ（3番）だったヤニー・デュプレッシーはラグビープロ化の時代において医師資格を持つ数少ないプロ選手である。実際、病院で医師として勤めた経験もあるが、最終的には南アフリカでは医師より高額な年棒が得られるラグビー選手を職業として選んだほどである。

ここで南アフリカ全体の人口流動の傾向について確認しておく必要がある。まず、南アフリカの人口はおよそ5939万人（2021年現在）。そのうち白人人口は1995年の520万人をピークに減少傾向にある。ラグビーとは関係なく南アフリカを出ていく白人は増えている。初めて人口調査が行われた1904年には人口の21％を占めていた白人人口は、2020年は推計468万人で全体の7・8％と割合としては約3分の1に減った。アパルトヘイト廃止以降、100万人以上の白人が海外へ移民したと推計される。その理由は治安の悪化である。かつては南アフリカのどこの都市でも白人は利便性のよい中心地に近い住宅街に住んでいた。しかし、市中での犯罪発生率が高くなり、白人は徐々に郊外へ移る。しかし、その郊外の住宅地にも犯罪が追いかける形になっており、白人は海外を行き場にするしかない。実際、郊外の高級住宅街でも日が暮れると犯罪に遭う可能性が高くなるため外を歩く人は皆無である。夕食後に犬を散歩に連れていくこと、軽くジョギングをすることなど考えられない環境なのである。

ちなみに南アフリカからの白人移民が最も多いのはオーストラリア（移民全体の26％）で、イギリス（同25％）、アメリカ（同13％）がこれに続く。オーストラリアへの移住は、そうした白人を揶揄する〝Packing for Perth（パースへの荷造り）〟という言葉があるほど以前より人気が高い。やはり英語が通じることと、南アフリカと同様に気候が温暖で、アウトドアカルチャーが継続できるということが人気の理由に挙げられる。実際には南アフリカからの移民がパースに集中しているわけではなく、人数的にはシドニーのほうが多い。しかしパースは人口約200万人と比較的小規模な都市なので、約3万人といわれる南アフリカ移民の存在は大きい。

ひと昔前までパースのある西オーストラリア州はオーストラリアンフットボール[43]が人気を独占しており、ラグビーユニオンには不毛の地であった。しかし、南アフリカ移民の影響もありパースでもラグビーの需要が高まり、1998年にはトライ・ネイションズの1試合でスプリ

（43）オーストラリアンフットボール：クリケットの競技場に4本のポールを立て、そこにラグビーボールより少し小さい楕円形のボールを蹴り込んで得点するゲーム。1チーム18人（交代4名）で1クォータ20分を4クォータ行う。ボールは蹴るか、拳を丸めて打ち、前へ進める。特にビクトリア州と西オーストラリア州で人気があり、オーストラリアではオージールールズやフッティーと呼ばれる。アイルランドのゲーリックフットボールと類似している。

ングボックスとのテストマッチが初めてパースで催された。それまでオーストラリア国内ではラグビー人気の高いシドニーとブリスベンでしかテストマッチは行われなかった。そしてそのラグビー需要により２００６年にはスーパー14に参画することを目的にパースを本拠地とするウェスタン・フォースがついに設立された。

本筋からは少し離れたが、ラグビー選手が海外チームへ移籍するだけでなく、もともと南アフリカの白人人材が海外へ流出する傾向があるということだ。オーストラリアやニュージーランドの選手プロフィールを見ると、出生地に南アフリカの都市名が記載されている場合がたまにある。最近になってラグビー選手としてフランチャイズと契約を交わし移籍したケースもあるが、南アフリカで生まれたが育ったのはオーストラリアやニュージーランドという移民のケースもある。例を挙げれば、脳震盪のため残念ながら２０２１年に引退したが、キャップ38を持つワラビーズのデイン・ハイレットペティがいる。ハイレットペティはクワズールナタール州のダーバン生まれで、彼が10歳の時に家族でパースへ移った。典型的な〝パースへの荷造り〟のパターンである。いずれにせよ、南アフリカのラグビー選手、特に白人選手が海外へ出る理由には、お金以外にもさまざまな社会的背景や事情が影響している。

では、なぜ本項の冒頭で言及したように〝プレイヤーズ・ドレイン〟が南アフリカで問題になっているのだろうか。その理由は大きく分けて3つある。一つ目は、海外に渡った南アフリカの選手がそのまま渡航先の国の代表選手になることである。その場合、以前のワールドラグビーのルールではその選手が一度でも他国の代表スコッドに入れば、スプリンボックスに選ばれることはなかった。その選手がスプリングボックス入りを嘱望されていた存在であれば、南アフリカラグビーとしては大きな損失である。２０２１年にワールドラグビーが国代表資格に関する規程を改訂し、22年からは、最初の代表チームで最後の試合から3年以上経過し、変更を希望する国で本人か両親、祖父母が出生していれば、一度だけ代表チームを変更できるようになった。ただし、ワールドラグビーの承認が必要となる。つまり条件を満たせば、国の代表選手が3年経てばほかの国の代表になれるようになったのである。この変更がスプリングボックスにプラスと作用するのか否かは現時点では不明だ。当該選手は3年間国際試合におけるブランクがあり、代表レベルの技能を維持することは難しくなる。また、某国でコストと時間をかけて南アフリカ人選手を代表レベルにまで育てた場合、全盛期が過ぎてパフォーマンスに陰りが見えるまでは簡単に当該選手を手放さない。この規定の改訂は、例えば選手の移り変わりの激しいオールブラックスに在籍したフィジーなどの大洋州諸国出身の選手が少しレベルの落ちる母国代表に返り咲くことを助長するだろう。しかし、変更先が世界最高峰であるスプリングボックスとなると話は違ってくる。仮にその選手がフリーの状態であってもスプリングボックスは、例えば特定のポジションにけが人が続出するなどの異常事態が起こらない限り、当該選手を必要とすることはないだろう。そもそも南アフリカには、新しい人材が常に湧出《ゆうしゅつ》する大きな泉が存在している。

次ページの**表3**は、２００８年から17年までの10年間で各国の代表に選ばれた南アフリカ人選手の人数を示す。国名をワールドラグビーのランキング順（21年4月現在）に並べたもので、イングランドをはじめ、ティア１[44]の国々においても南アフリカの選手は代表に選出されている。

| 国名 | 人数 |
|---|---|
| イングランド | 3 |
| アイルランド | 5 |
| フランス | 5 |
| ウェールズ | 3 |
| オーストラリア | 2 |
| スコットランド | 6 |
| 日本 | 2 |
| イタリア | 8 |
| アメリカ | 7 |
| ルーマニア | 4 |
| スペイン | 1 |
| ポルトガル | 4 |
| 香港 | 4 |
| カナダ | 1 |
| ブラジル | 2 |
| ドイツ | 14 |
| UAE | 1 |
| キプロス | 1 |
| 合計 | 73 |

（出典：SA Rugby）

（※）ナミビアとジンバブエは除く

**表3　海外で代表に選出された南アフリカ人選手**

選手は自分の意思で他国の代表になったものの、これらの強豪国の代表選手になるということは当然、スプリングボックスの脅威になり得る。ちなみにラグビー同様に選手の海外流出が続くクリケットでは、15年のワールドカッププレーオフ準決勝において、南アフリカ代表プロテアズが南アフリカ出身の選手を7名擁するニュージーランドに敗れた。ほかの強豪国代表にも南アフリカ出身の選手は多数含まれており、この時はクリケット界でも選手の海外流出を憂慮する声が強まった。

ラグビーで他国代表になるパターンとしては、移籍してきた南アフリカ人選手がその国の国内リーグで活躍し代表に誘われるケースと、最初から代表選手にすることを念頭に補強したいポジションの選手をスカウトする場合がある。特にスコットランド、アイルランド、フランスなどは後者のパターンで、高校時代に目星をつけた選手を計画的に自国のチームに招き入れ代表になるまで育てるケースが増えてきている。

2021年のシックス・ネイションズにおいてスコットランドは、代表スコッド40名中18名が海外出身選手で、その依存度は日本代表とほとんど変わらない（19年ワールドカップの日本代表スコッドは31名中15名が海外出身選手）。18名のうちに、南アフリカ人選手は5名（プロップ3名、スタンドオフ1名、ウイング1名）選出された。アフリカーナーが主体となる南アフリカ選手の場合はイギリス系のニュージーランドやオーストラリアの選手と異なり、例えば選手の祖父母や両親がスコットランド人というケースは少ない。そのため、スコットランド・ラグビーユニオンは目を付けた南アフリカ人選手をまず同国内のチームでプレーさせ、代表選手になれる条件(45)をクリアするまで待つことになる。前述のとおり計画的に南アフリカ出身の若手を代表選手にすべくスカウトし育成しているのである。

ただし21年より、〝36か月（3年間）継続して当該国に居住する〟という最も用いられていた条件が、60か月（5年間）に延長になった。この変更は今後、各国の海外選手の獲得戦略に影響

(44) ティア1（Tier1）：ワールドラグビーのランキングとは別にこれまでの実績や歴史からティア1の強豪国、ティア2の中堅国、それ以外のティア3の国に区分される。ティア1はシックス・ネイションズの6か国と南半球のラグビー・チャンピオンシップの4か国に日本を加えた計11か国。区分けに関する明確な規則やルールはなく、例えば、ランキング14位のイタリアはティア1、11位のジョージアはティア2（2023年7月現在）。区分け方法を明確に定義すべきという声も上がっている。

(45) ワールドラグビーが規定した代表選手になることのできる4つの条件：①当該国で出生している。②両親、祖父母のうち一人が当該国で出生している。③60か月間継続して当該国を居住地としている（2021年に36か月から変更）。④累積で10年間当該国に居住している。

を与えることになるだろう。

アイルランドは37名の代表スコッドのうち8名が外国籍の選手で、南アフリカ人選手は2名いる。そのうちの1人であり、長らくアイルランドのフォワードの大黒柱として活躍したCJ・スタンダー（51キャップ）は、ブルズでスーパーラグビーにデビューしたばかりの2012年にムンスターに引き抜かれ、その3年後にアイルランド代表として国際舞台に立った。スタンダーは南アフリカスクールU18、U20とジュニアの年代別代表に常に選出されており、南アフリカラグビーとしても期待の逸材だった。17年にはB&Iライオンズにも選ばれており、南アフリカに残っていればスプリングボックスに選出された可能性は高い。ただ、185センチと背が低いスタンダーをスプリングボックスのフッカーにしようとする動きがあり、本人がこれを嫌がったとされる。ちなみにスプリングボックスの宿敵であるB&Iライオンズにはこれまで10名の南アフリカ人選手が選ばれている。特にバースやサラセンズで活躍したイングランド代表のマット・スティーブンスは05年と13年の二度B&Iライオンズに選出された。

2019年のワールドカップに出場した全選手620名のうち139名が、代表に選ばれた国で出生していないか、その国の国籍を所持していない。そして、139名中14名が南アフリカ人選手だった。12名が滞在期間ルールで、2名が先祖の血縁関係でその国の代表資格を得ている。また、20か国の参加チームのうち、外国籍の選手がいなかったチームは3か国だけだった。スプリングボックスは、ジンバブエ国籍であるテンダイ・〝ビースト〟・ムタワリラ以外は全員南アフリカ国籍だった。日本でも、日本代表に外国人選手が含まれることに違和感を持つ人たちが少なからずいるが、外国人選手の選出に対して批判的な意見が出るのは他国でも同じである。事例を挙げれば、日本の場合、ルーク・トンプソンやピーター・ラピース・ラブスカフニが日本代表に選ばれたことに対して反対意見は出ない。特にFW第2、第3列の外国人選手は、日本人選手と比べると圧倒的な実力差が認められるからだ。しかし、日本と同様に外国人選手が代表チームやローカルクラブに多いアイルランドやスコットランドでは、南アフリカやニュージーランドの選手が地元選手と比べてそれほど実力差がない中で代表選出されることがあり、物議を醸すことが多々ある。

最近では、2019年ワールドカップのアイルランド代表選考の際に、過去10年間、211センチの長身を武器に不動のロックとして活躍してきたデヴィン・トナーが南アフリカ出身の若手ジーン・クレインにポジションを奪われる形で落選し、不満を示すファンが多かった。クレインは当初からこのワールドカップに間に合うよう、16年に強豪ムンスターに入団し、〝スケジュールどおり〟3年滞在ルールがギリギリ適用されてアイルランド代表に選出された。ニュージーランド出身の名将ジョン・シュミットは勝つために冷静な目で代表選手を選んだが、地元ファンとしては憤懣やる方ない思いだった。数値化した定量評価が難しい代表選手の選考はどこの国でも波紋を呼ぶ。

二つ目の問題点は、国内のコンペティションの空洞化である。次ページの**図11**は2008年と17年において海外クラブへ移籍した南アフリカ人選手数を国ごとにまとめたものである。合計すると08年が235人、17年が332人とこの10年で約100人増となっている。ラグビーマイナ

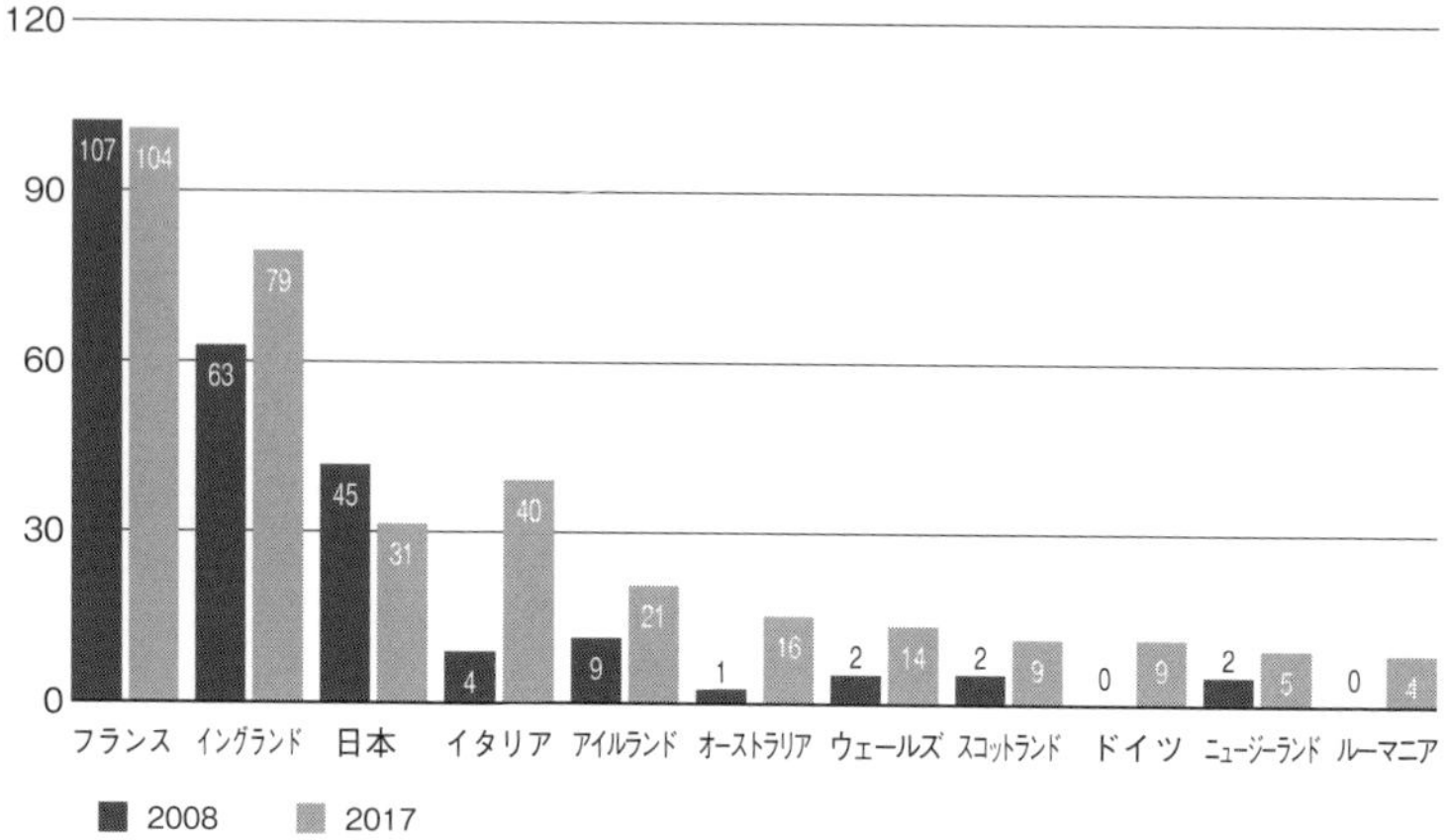

（出典：SA Rugby）

**図11　海外チームに所属する南アフリカ選手数**

ー国のチームにいる選手を含めると現在、５００名程度の南アフリカ人選手が海外チームに所属していると推計される。もちろん、５００人となるとスプリングボックス級の一流選手から出場機会を求めて海外に出た選手まで玉石混交である。ただ、海外チームは自国の選手と比較し技術レベルが優れていると判断し、高給を支払って南アフリカから選手を獲得したのである。たとえ〝石〟のほうの選手でも南アフリカで使えなかったわけではない。彼らも本国に残れば国内のコンペティションを盛り上げることができるレベルの選手たちである。

　現在、２０１９年ワールドカップのスプリングボックスメンバー31名中18名が海外チームに所属している。２名は現役から完全に引退しており、加えてけが人などもいるため、21年および22年のカリーカップなど国内コンペティションに出場している代表選手は少ない。また、例えばスーパーラグビーでよい成績で終わったフランチャイズほど選手の流出が激しくなる。フランチャイズの優勝や好成績により選手個人の価値も上がるため、海外や国内強豪チームから所属チームでは捻出できない高額の年棒をオファーされ出ていくことになるからだ。そして移籍のため退団するレギュラー級の選手が増えると、彼らの損失を埋める補充がない限りチーム力は落ちる。フランチャイズが弱体化するとチームを愛するがゆえに厳しい態度を取るファンはスタジアムに行くことをやめ、観客動員数が減少する。また、チームの衰退はチケット収入だけなく、ライセンス使用料やテレビ放映権料などにも悪影響を与える。そのため資金難からチーム強化ができないというのが南アフリカのフランチャイズが陥る負のスパイラルである。

英語で選手の出身を表現する場合、〝彼は〇〇高校のプロダクト（Product＝製品）〟〝ヨハネスブルグのプロダクト〟のように形容される。まさに選手は今、南アフリカの主要な輸出品となっている。ここでは南アフリカの選手を受け入れる側の海外各国の事情を詳しく追求してみたい。

例えば、イングランド、プレミアシップ・ラグビー(46)のセール・シャークスにはファフ・

(46) プレミアシップ・ラグビー（Premiership Rugby）：イングランドのラグビーフットボールユニオンが主催するコンペティションで12チームにより構成。1970年代までアマチュアリズムを踏襲していたイングランドで、87年、カーリッジ・リーグ・デビジョン・ワンが設立され、これが原型となって、96年にプロ化、2002年にプレーオフが導入され、現在の形になる。最多優勝はレスター・タイガースの10回。

デクラークやロード・デヤハーをはじめ11名の、フランス、TOP14のモンペリエにはハンドレ・ポラードをはじめ9名の、そして日本のリーグワン、NTTドコモレッドハリケーンズ大阪（現浦安D-Rocks）には8名の南アフリカ人選手が在籍している（2022年1月現在）。そのほか、ヨーロッパリーグのトップチームであれば、4、5人の南アフリカ人選手が所属しているのが普通である。

イングランドのプレミアシップ・ラグビーでは、加盟している12チームの選手総数515名中324名（63％）が外国人選手である。TOP14にもチームの登録選手数の半数以上が外国人というケースが少なくない。リーグワンに外国人選手が多いという批判じみた声がたまに聞かれるが、外国人選手が占める割合はディビジョン1および2レベルだと20～30％程度である。実はヨーロッパリーグと比較すると、リーグワンの外国人選手の比率は半分程度なのである。

2010年にサッカーのプレミアリーグで先発メンバーの全員が外国人でイングランドの選手が1人もいないということがあり議論を巻き起こした。ほとんどのヨーロッパリーグではルール上、厳密には欧州連合（EU）加盟国の国籍を持たない外国人選手は2人しか試合に出場できないことになっている。ではなぜこれだけの南アフリカ人選手を含む外国人選手がいるのか。ヨーロッパリーグの外国人選手雇用に関しては、いくつかの抜け道があるからである。

まず一つがサッカーで採択されたボスマン判決(47)がラグビーでも適用され、EU域内の国籍を持つ選手はEU圏内のチームであれば自国の選手として扱われる。例えば、アイルランド国籍の選手がTOP14のスタッド・フランセ・パリに移籍してもフランス人選手としてカウントされる。その逆も然りである。ノルウェーやスイスなど、ヨーロッパでもEUに加盟していない国はあるが、たまたまラグビー不毛地帯が多くラグビーに対する影響はほとんどない。しかし、2020年にイギリスがEUを離脱したいわゆるブレグジットにより、イングランド、スコットランド、ウェールズ、そして北アイルランドの選手たちは、今後EU圏では〝外国人〟扱いされる。その影響により、今後ヨーロッパリーグの外国人選手の構成は大きく変化することが予想される。

そして、南アフリカ人選手が多い理由はコルパック判決(48)、コトヌー協定(49)という南アフリカ国籍の労働者を保護する規程に守られているからである。コルパック判決では、EUと労

(47)ボスマン判決：1990年、サッカーのベルギーリーグ2部、RFCリエージュの選手だったジャン＝マルク・ボスマンが、契約終了後も選手の所有権がクラブにあることに不満を持ち、移籍の自由と、EU域内で加盟国の国籍を持つ選手の就労条件に制限がないことの確認を求めて提訴し勝訴した。この後、EU域内のサッカー選手の雇用形態が大きく変わることになった。

(48)コルパック判決：2000年、ドイツのハンドボール2部リーグでプレーしていたスロバキア国籍のマロシュ・コルパックが、EUと労働協約を締結している国の国籍を持つ選手に対してEU国籍の選手と同等の権利を与えるべきと提訴して勝訴。この判決の恩恵を被ったのは、西インド諸島や太平洋諸国、南アフリカからの選手流入が期待されるクリケットとラグビーといわれている。

(49)コトヌー協定：2000年西アフリカにあるベニン最大の都市コトヌーでEUとアフリカ・カリブ海・太平洋（ACP）諸国79か国間で調印された国際協定。目的はACP諸国の貧困撲滅と持続的発展を基盤とし、ACP諸国の世界経済への統合である。協定の対象は幅広く政治、経済、社会保障なども含む。

働協約を締結する国々から来た選手はEU国籍の選手と同じ扱いになり外国人選手としてカウントされない。南アフリカはEUとその労働協約を締結している。さらにEUは、南アフリカを含むアフリカ・カリブ海・太平洋（ACP）諸国79か国とコトヌー協定を2000年に調印した。この協定があるため南アフリカに加えて、フィジー、トンガ、サモアなどのアイランダー系の選手たちはEU国籍の選手たちと同等の労働条件が確保される。コトヌー協定はかつてEU諸国の植民地だった国々への開発支援を目的とするものだ。つまり、植民地時代に経済的搾取を行い、各国の発展を妨げたことに対する贖罪《しょくざい》的な意味合いがある。そういう意味では南アフリカは、オランダやイギリスの植民地ではあったが、移民してきた白人が社会および経済のインフラを築いた国であり、国の成り立ちがそのほかのACP諸国とは異なる。南アフリカ人選手はコトヌー協定を外国人雇用システムの〝抜け穴〟として用い、より高いサラリーを求めて本国を出てきただけである。南アフリカは、一つの国の中に先進国と途上国の両方が共存しており、場面に応じてその両面を使い分けている特殊な国といえる。

しかし、これらの優遇策で得た特権も終わりになる可能性が高い。まず、ボスマン判決と同様にブレグジットによりイギリスがEU加盟国ではなくなったためプレミアシップラグビーやPRO14傘下のスコットランド、アイルランドそしてウェールズのチームでは南アフリカ人選手は外国人扱いに戻ることになる。つまり他国から来た外国人選手も含めて2人しか試合に出場できなくなる。フランスも後述するジフルールという国内の若手選手の育成を優先する方針を打ち出したため、外国人選手が減る傾向にある。残るイタリアは、現状ではイタリアからPRO14に参加しているのはゼブラとベネトン2チームだけであり、イングランドやフランスのようにもともと受け皿が大きくはない。いずれにせよヨーロッパリーグでは、この2、3年で各チームの選手構成が大きく変化する可能性が高い。そして、その影響により日本市場、つまりはリーグワンを目指す南アフリカ人選手がさらに増えることになるかもしれない。

その日本に焦点を当てると、**図11**に示した国の中で過去10年間で南アフリカ人選手の増加率が最も高かったのは日本である。今や現役スプリングボックスをはじめ、スーパーラグビーで活躍していた多くの南アフリカ出身選手がほとんどのリーグワンチームに在籍している。2022年リーグワン開幕時のディビジョン1では25名（外国人選手全数の15％。最も多いのはニュージーランド出身選手の62名で37％）、その下のディビジョン2には2名、さらにその下のディビジョン3にも6名が在籍している。したがって、プロ選手として日本でプレーしている南アフリカ人選手は30名を超えている。また、ディビジョン1全12チーム中2チームが南アフリカ人のヘッドコーチを置いている。一般に南アフリカ人ヘッドコーチがいるチームは自然と南アフリカの選手が多くなる傾向にある。また南アフリカからはマルコム・マルクス、ピーターステフ・デュトイやウィリー・ルルーなど、スプリングボックスの中でも主力選手が来ているため、占有率15％の割には存在感が大きい。

しかし、なぜ故郷から地理的にも歴史的にも遠い日本で南アフリカ人選手やコーチが増えているのだろうか。一番の理由には、繰り返しになるが円の魅力が挙げられる。そして生活環境、特に欧州などと比べても安全で治安がよいということだ。未遂を含めると年間4万件の殺人事件が発生する国から来た人々には、日本の生活は心地よくリラックスできる。また、ラグビーに関しても、スーパーラグビーやヨーロッパのリーグから見れば多少試合の強度は落ちるものの、試合数は比較的少なく一流のコーチから指導を受けることもできる。日本側からしても、ランドは円に対して価値を落とし続けており、南アフリカの選手はコストパフォーマンスの高い投資なのである。

日本の友人から、南アフリカでは日本のトップリーグ（22年度よりリーグワン）をどう評価しているのかとよく聞かれる。残念ながら、一般的にはさほどレベルが高いとは思われていない。ただ、南アフリカのラグビーファンはトップリーグの試合を観る機会がほとんどない。以前スーパースポーツで単発的に放送されたことはあったが、現在はたまに南アフリカの選手が活躍するシーンのダイジェスト版を観る程度である。したがって、大柄なスプリングボック選手が小柄な日本人選手をハンドオフして独走トライをするようなシーンばかりが切り取られているので、自然とトップリーグのレベルは低いというイメージが視聴者の脳裏に焼き付くのかもしれない。

現役のスプリングボック選手として初めてトップリーグチームに移籍したのはヤコ・ファン・デル・ヴェストハイゼンだった。2004年、〝ブライトンの奇跡〟が起こる11年前に、彼がNECグリーンロケッツ（現NECグリーンロケッツ東葛）に移籍した際、南アフリカでは〝レベルの低い日本に何をしに行くのか〟〝金で釣られた〟など、否定的な意見が多数を占めた。ヴェストハイゼンは日本でのプレー後もスプリングボックスには選ばれたが、07年ワールドカップの代表スコッド入りは叶わなかった。当時のヘッドコーチ、ジェイク・ホワイトは明確に「日本に行ってパフォーマンスが落ちた」と落選理由を述べている。

現在のリーグワンは当時のトップリーグよりレベルが上がっているのは確実であるが、〝ブライトンの奇跡〟以前のワールドカップでの日本代表やスーパーラグビーでのサンウルブズの惨敗が続いたということも南アフリカ人の印象には強く残っている。しかし、ハンドレ・ポラード、ドウェイン・フェルミューレン、ジェシー・クリエル、フランコ・モスタート、そしてエベン・エッツベスなどの代表スコッドの中でもスター選手である彼らがリーグワンでプレーしている。日本でプレーしたことで彼らのパフォーマンスは劣化しておらず、その証拠にスプリングボックスからも外れていない。むしろ本人たちは、日本の早く展開するラグビーを経験できてよかったと言っているほどである。ちなみにラグビーに目の肥えた南アフリカ人の友人を何度かトップリーグに連れて行ったことがあるが、皆、一様にレベルの高さが想像以上だったと感想を残している。

しかし、一旦浸透した既成概念を払拭することは難しい。マルコム・マルクスをはじめマカゾレ・マピンピやフランコ・モスタート、RG・スナイマンなどの主力選手が2019年ワールドカップ後、トップリーグへの移籍を発表した際には、南アフリカのラグビー解説者やラグビーファンの否定的なコメントがSNS上に飛び交った。ほとんどは海外へ行くのであればヨーロッパリーグに行くべきという意見で、日本への移籍に反対する意見が多くを占めた。やはりトップリーグはコンタクトが弱いので選手のフィジカリティが落ちるというのが理由だった。実際、ピーターステフ・デュトイが左足に負った重傷からの回復後、日本行きを決めた理由の一つは、担当医師からヨーロッパよりフィジカルの弱い日本をすすめられたからだという。まるでリーグワンがけがをした後のリハビリにちょうどよい強度といわれているようだが、大方の南アフリカ人が持つ日本の国内リーグに対するイメージはその程度のものである。

ただ、そんな南アフリカのラグビー関係者やファンも、これだけ至宝級の選手やコーチを受け入れているリーグワンが南アフリカラグビーに必要不可欠な存在になってきているという自覚はある。今後、前述したブレグジットや、後述するフランスの外国人選手数の制限強化の影響で、日本に活躍の場を求める南アフリカ人選手がさらに増える可能性は高い。そうなれば南アフリカメディアもさすがにリーグワンを無視できなくなる。リーグワンの試合がフルで放送されれば、南アフリカ人が一般に抱いている過小評価ともいえるそのイメージが少しずつ改善されるだろう。

**図11**に戻ると、突出しているのがフランスでプレーしている南アフリカ選手の多さである。TOP14は常に観客動員数が多く、高額なTV放映権やユーロの為替の強さもあり資金力を持つクラブが多い。かつてはシャンパンの泡のように次々とフォロワーがボールを繋ぐということでフランス代表を〝シャンパンラグビー〟と称した時代もあったが、現在のTOP14は大型選手がぶつかり合うフィジカル勝負が好まれる。そのため、フィジカルの強い南アフリカの選手はフランスでは人気が高い。例えば、ビクター・マットフィールド、バッキース・ボタ、エベン・エッツベスやドウェイン・フェルミューレンなどのフィジカル・モンスターたちは、全員強豪RCトゥーロンに所属していたことがある。

しかし、プロラグビーを管轄するナショナルラグビーリーグは、外国人選手が増え過ぎたことで自国選手育成の妨げになることを憂慮し、2010年にジフルールを制定する。ジフ（JIFF:

Joueurs Issus des Filières de Formation）とは意訳すると〝アカデミーで育成された選手〟となり、その名称どおり各クラブのユースチームで育成されたジフを一定数、登録選手の中に含めるという一種の〝クォータ制度〟である。具体的にはジフと認定されるには、21歳までに最低3シーズンはフランス国内クラブのユースアカデミーに所属していたこと、または23歳になるまでに5シーズンはフランス・ラグビーユニオンに登録されていたことが条件となる。そして、このジフのチーム内における割合は、10年は50％だったのが、13年の改正時には55％となり、一試合当たりの出場メンバー内で最低12人のジフを含めるという規定も追加された。このジフルールによりTOP14の南アフリカ人選手を含めた外国人選手の数は減少している。

しかし、このジフルールに対応するため各クラブが方針を変え、17、18歳のジュニアレベルの選手を〝青田買い〟するようになった。このことが南アフリカラグビーが直面している三つ目の問題点に直結している。すなわち海外に流出する南アフリカ人選手の低年齢化である。

2019年、南アフリカの高校レベルの全国大会に相当するクレイブン・ウィークで活躍した選手18名が国内のプロチームや大学チームに進まず、海外チームと契約した。特にスプリングボック・プレイヤーを輩出し続けている上位5校に入る強豪校からの海外流出に、関係者の間には戦慄が走った。日本で例えれば花園の全国高校ラグビー大会で準決勝に残った各4チームから主力選手5名、計20名が日本の大学へは進まず海外のチームに引き抜かれたということになる。

特に名門グレイ・カレッジからはモンペリエへ5名、RCトゥーロンへ2名と計7名の選手がフランスへ渡ることになった。現在、モンペリエとグレイ・カレッジはラグビー選手向けの奨学金プログラムを共同で実施しており、このことが選手のフランス行きに拍車をかけている。また18名のうち、12名の行き先はフランスであるが、ほかにイングランドやアイルランド、そして日本でのプレーや生活を選択した選手たちもいる。

関係者が憂慮するのは、先の問題にも繋がるが南アフリカからの才能の流出である。10代で海外に渡った若い選手たちは順応性が高く現地に早く馴染むことができる。つまり現地に定着してしまう可能性が高い。そして、受け入れる側のチームも例えば選手が希望すれば現地の大学に通えるような制度も設けている。ラグビーに関してもプレイヤーとして現地で全盛期を迎え、生活の基盤ができたその国の代表を目指すことになるというのが自然の流れである。

知人である高校チームのコーチ数人に聞くと、コーチとしてはスーパーラグビー、U18などの代表チームに選手を送ることが自分や学校の評価に繋がるため、選手たちには国内での進路を一旦はすすめるとのことである。しかし、最終的には本人の決断が優先される。

デジタル世代の選手たちは簡単に海外の情報を入手でき、物事を合理的に考える。彼らはまず、ほかの競技と比べると選手生命の短いプロラグビー選手の海外と国内チームでの契約金や年棒の格差を比較する。けがもなく順調に現役を終えた場合、海外チームで現役時代のすべての時間を費やせば、国内にいた場合とは生涯年収が5倍違うと試算した選手もいる。以前はスプリングボックスという最終目標が流出の歯止めになっていた。しかし、打算的な傾向が強いデジタル世代は夢を追いかけるよりは自分の実力とタイミングを冷静に査定し、移った国の代表に選ばれる可能性が計算できた場合は、最初からその方向を目指すという。

例えば18歳でモンペリエと契約し、3年後の21歳でジフになり国内リーグで活躍し、5年後の23歳でフランス代表になるというプランを練り実践していくのである。

もちろん、SARUとしてもこの状況に手をこまねいているだけでなく、対策を講じようとしている。国内チームに所属する若手選手の中から70~80人を選抜し、フィットネス、試合時間、練習内容から栄養状態まで完全にSARUが管理できるように契約するというものである。具体的には約6000万ランド（約4億6000万円）を若手選手の契約用に各チームに分配する。トップ選手1名を確保する金額で10名以上の若手選手と契約できる計算だ。SARUと各チームが密に連絡を取り合いながら、各選手の技術的向上と試合経験を計画的および効果的にマネジメントし、国内チームへの定着を図る。

しかしあらためて思うのは、これだけ多くの選手が国外へ流出し、国内ラグビーの空洞化が危惧されても、ユナイテッドラグビー・チャンピオンシップではヨーロッパの強豪チームと互角に戦っており、カリーカップをはじめとする国内大会もレベルの高い試合を維持している。そういう意味では、新しい人材が海外に流出した選手の損失を補って余りある活躍をしており、南アフリカはラグビー人材の宝庫といえるだろう。

## ラグビーの存在とは~空席のスタジアム

南アフリカの特に白人にとって「ラグビーは宗教である」とは本書で何度か使ったフレーズで

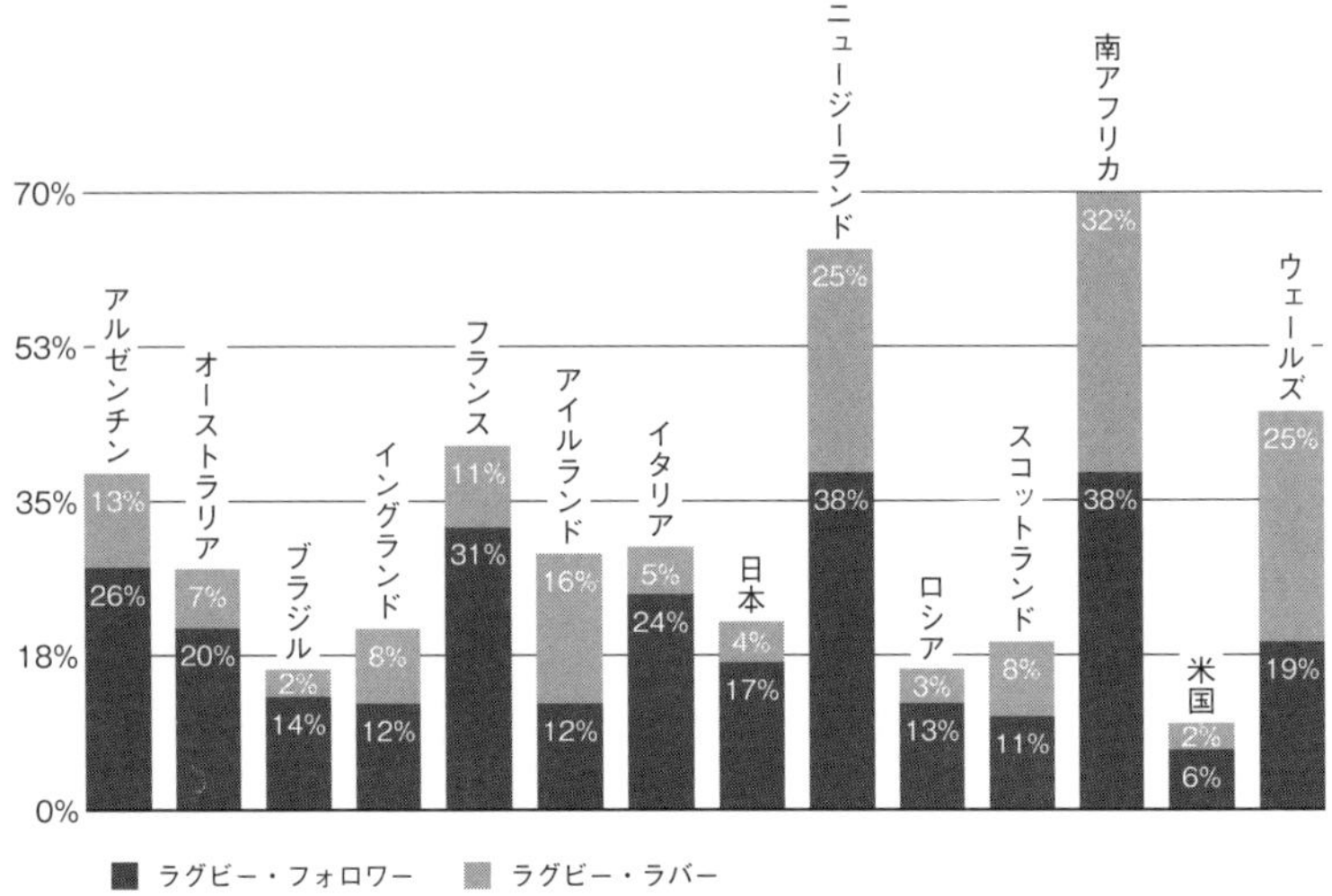

（出典：University of Salford, Prof. Simon Chadwicky）

**図12　14か国のラグビー好感度調査結果**

ある。しかし、南アフリカで行われているスーパーラグビーの試合をテレビで観ると、その観客数のあまりの少なさに驚くことも多い。はたして現在の南アフリカでラグビーはどのような位置にあるのか。いまだ人気スポーツの座を維持しているのだろうか。

　アジアのスポーツ経済を専門にしているイギリス、サルフォード大学のサイモン・チャドウィック教授が、2018年に世界14か国でラグビーの好感度調査を実施した。無作為に選ばれた回答者が、ラグビー・ラバー（＝ラグビーが好きでたまらない）、ラグビー・フォロワー（＝ラグビーが好き）、ニュートラル（＝好きでもなく、嫌いでもない）、ノー・インタレスト（＝興味なし）の4つカテゴリーのどれに当てはまるかという調査だった。その中のラグビーに好意を持つラグビー・ラバーとフォロワーに対する回答の結果を**図12**にまとめた。

14か国の中で、ラグビー・ラバーとフォロワーの比率がもっとも高かったのが南アフリカ（70%）だった。つまりこの調査結果によると南アフリカの人々は世界で最もラグビーが好きな国民といえる。ラグビー・ラバーの比率も38%と一番高い。なお、この調査は世界一になるワールドカップ前、しかもスプリングボックスの低迷期に実施されているので、今ならさらに高い数字になるだろう。ちなみに南アフリカの次にラグビーへの好感度が高い国はニュージーランド（63%）で、以下ウェールズ（44%）、フランス（42%）と続く。

この結果は大方の予想どおりであろう。しかし、イングランド、アイルランド、スコットランドはやはりサッカー人気に押されており、サッカーファンはラグビーにさほど興味がないという傾向も見てとれる。オーストラリアでは、ラグビーは人気スポーツであるが、その人気はラグビーリーグのほうに集中しており、ワールドカップを二度制したラグビーユニオンも、国内での人気獲得には苦戦していることも分かる（本調査はラグビーユニオンを対象として行われた）。

これまで見てきたとおり、南アフリカでは基本的には白人のスポーツだったラグビーが、アパルトヘイト廃止以降は、非白人選手の存在感が徐々に増しており、都市部を中心に非白人間においてもラグビー人気が高まってきている。特に2019年のワールドカップでは代表スコッドの3分の1、そして先発メンバーの半数が非白人選手となった。そして、そのチームが優勝したこともあり、人種の垣根を超えて全国民にラグビー人気が浸透しつつある。

とはいえ、南アフリカ全人口の8割を占める黒人が最も好むサッカーが依然として南アフリカのナンバーワンスポーツであることは明白である。例えば1995年のラグビー・ワールドカップの優勝より、翌96年にやはり南アフリカがホスト国となって開催されたサッカーのアフリカ・ネイションズカップでの優勝のほうが国民全体にインパクトを与えたという説もある。

この大会はもともとケニアがホスト国に決まっていたが、財務上の問題が生じて前年に南アフリカに開催地が変更された。当時の南アフリカサッカーはラグビーのように強豪国ではなくさほど期待もされていなかった。しかし、蓋を開けて見るとカメルーン、アルジェリア、ガーナなどのアフリカの強豪国を倒し、決勝ではチュニジアを2-0で制し初優勝を遂げた。

もちろん、マンデラ大統領はこのサッカーの代表チーム、バファナ・バファナも全面的にサポートしており、チームの躍進は〝マディバ・マジック〟と名付けられた。試合後の優勝セレモニーではカップを掲げる白人の主将ネイル・トーベイの横でマンデラはラグビーの時と同じようにその主将と同じ背番号9を付けたユニフォームを着てガッツポーズをしている。アパルトヘイト廃止当時、全国民のラグビーとサッカーの支持比率は大まかに1対9といわれていた時代である。地域大会とはいえ9割の国民が支持したバファナ・バファナの優勝は、前年にスプリングボックスが達成した偉業の印象を少しかすめ取ったかもしれない。

また市場調査の大手企業IPSOSが、2015年に南アフリカで〝どのスポーツの代表チームをサポートするか?〟〝スポーツは何が好きか?〟という二つの質問について、無作為に選ばれた3564人を対象に対面でのヒヤリング調査を実施した。二つの質問の回答結果はほぼ同じになった。**表4**に示すとおり、この調査結果では、全回答の53%がバファナ・バファナを支持しており、スプリンクボックスが好きという回答はわずか10%である。前述のサルフォード大学の

| | 全体 | 黒人 | 白人 | カラード | インド系 | 男性 | 女性 |
|---|---|---|---|---|---|---|---|
| バファナ・バファナ（サッカー） | 53% | 65 | 5 | 21 | 12 | 66 | 42 |
| スプリングボックス（ラグビー） | 10% | 2 | 48 | 34 | 4 | 13 | 7 |
| プロテアズ（クリケット） | 8% | 4 | 18 | 18 | 56 | 9 | 8 |
| その他のナショナルチーム | 1% | 1 | 1 | 2 | 1 | − | − |
| 特に好きなナショナルチームはない | 28% | 28 | 28 | 25 | 27 | 12 | 43 |

（出典：IPSOS）

**表4　他競技代表チームとの支持率比較**

調査のように〝ラグビーが好きか？〟という聞き方であれば7割が好きと答えるが、ほかのスポーツとの比較になるとサッカーに軍配が上がる。

人種別に見ると黒人でサッカーを支持した層は65％だが、ラグビーは2％で、4％の支持があったクリケットより低い。逆に白人では48％がラグビーを支持し、18％のクリケットが続くが、サッカーは5％の支持率に留まる。やはり黒人はサッカー、白人はラグビーを好み、逆に黒人はラグビー、白人はサッカーに対して興味がないという傾向は変わっていない。

ただし、BMIというコンサルタント会社の調査によると、ラグビーをサポートすると答えた白人は2003年には78％だったが、13年には64％に減少したという気になる結果も出ている。カラードの人々はラグビー支持者が34％と最も多いが、サッカー、クリケットを支持する層も多く、黒人や白人のように圧倒的な人気スポーツはない。もともとニュートラルな立場ということもあり、生活圏のロケーションや生活環境により支持するスポーツが決まる。そして、インド系の多くはダーバンを中心としたクワズールナタール州に住んでおり、本国同様にクリケットの熱狂的なファンが多く、調査結果でも56％が支持している。

男女別に見ても、やはりサッカーを支持する層が男性66％、女性42％と圧倒的に多い。この調査結果からいえることは、ラグビーは女性からの支持の取り付けには苦戦している。ただし全体で43％の女性が特定のスポーツを支持しないという結果については逆に、ラグビーに限らずほかのスポーツにも女性ファン開拓の余地があるとも捉えられる。

南アフリカでは過去10年間でサッカー人気に陰りが見えており、ラグビーにとってはサッカーファンを取り込める好機がきているのかもしれない。２０１０年、南アフリカで開催されたＦＩＦＡワールドカップで、南アフリカはグループリーグ敗退の憂き目に遭う。続く14年、18年は連続してアフリカ予選の段階で敗退しており、出場すら叶わなかった。加えて、たび重なる国内大会での八百長疑惑や、南アフリカサッカー協会内の汚職問題などもあり、ファン離れが進行している。

また、最近では中・高所得層の黒人家庭は、子どもを白人が多い教育レベルの高い学校に入学させるケースも増えている。白人生徒が多い学校に入った黒人生徒はラグビーやクリケットなど、白人が好むスポーツを始めることになり、これまでサッカーに吸収されていた人材が徐々にラグビーへとシフトする傾向にある。

さて、数値化すると国全体では人気度合いが低かったラグビーではあるが、個々のラグビーファンが持つ競技に対する思いは熱い。熱過ぎて時には過激な行動に走ってしまうケースもある。そして、特にスプリングボックスに対する愛情とオールブラックスに対するライバル心は半端ではない。強豪国ではどこもそうだが、チームや選手の調子がよい時は熱狂的な応援が後押しとなるが、チームの負けが続いたり選手が負けに繋がるミスをしたりすると、容赦ない批判や罵詈雑言が浴びせられる。

２０１２年から4年間、スプリングボックスのヘッドコーチを務めたハイネケ・マイヤーは、チームの負けが続いた時に脅迫的な内容のメールが多数届き、家族の安全のため警備員を雇用したこともあった。

また、02年、ダーバンのキングスパーク・スタジアムで行われたトライ・ネイションズのオールブラックス第2戦では、レフリーの判定に不満を抱いた43歳のスプリングボックスサポーター、ピーター・バンセールが、試合中のピッチに乱入しレフリーを襲撃するという暴挙に出た。ちょうどスクラムの場面だったため。アイルランド人レフリー、デイブ・マックヒューはスタンドに背を向けているところを後ろから不意打ちされた。スクラムのレフリー側にいたオールブラックス2年目のリッチー・マコウと対面のＡＪ・ベンターの両フランカーがすぐに異変に気付き、背後からレフリーを抱きかかえて倒そうとするバンセールを引き離そうとするがうまくいかずマックヒューは地面に倒された。騒ぎに気付いた両チームのフォワード陣が加勢に入ってバンセールを地面に抑え込み、セキュリティガードに引き渡した。

仰向けの状態だったマックヒューが起き上がる際に手伝おうとしたオールブラックスの選手二人が腕を引っ張った際、タイミングが悪く左肩を脱臼させてしまう。マックヒューにとっては災難続きで、そのまま担架で運ばれラグビーでは珍しいレフリー交代になった。

この事件は南アフリカはもとより、ラグビーの歴史上に残る蛮行であり、バンセールはSARUから永久に国内全スタジアムへの立入禁止を言い渡された。しかし後日、バンセールは「この事件はレフリーが片目を瞑《つぶ》り、スプリングボックスを見ようとしないから起こったことを忘れてはならない。私は自分がしたことをまったく後悔していない」と自分勝手な理由で自らの正当性を主張し、謝罪はおろか反省の色を示すこともなかった。

そして驚くべきは、この南アフリカラグビーの恥部となる出来事を起こした暴漢に対して、その行動に賛同する人たちが少なからず存在したことである。

この試合では確かにオールブラックスにペナルティトライ（スプリングボックスのセンター、デウェット・バリーが対面のオールブラックス、タナ・ウマガに対するハイタックル）が与えられた一方で、スプリングボックスの右ウイング、ブレイトン・ポールスのトライは認められず、スプリングボックス・サポーターからするとフラストレーションが溜まる試合内容だったことは間違いない。試合も接戦で最終的には23－30で惜敗する悔しい結果になった。バンセールがインタビューでさらに語ったのは、レフリーのマックヒューに対する積年の恨みだった。

実はマックヒューは1995年ワールドカップで〝ボーア・エラスムスの戦い〟と名付けられたカナダ戦でもレフリーを務めた。第2章で紹介したとおり、この試合は乱闘が頻繁に起こり荒れた内容となった。偶然このオールブラックス戦にも出場していたフッカーのジェームス・ダルトンが、乱闘に巻き込まれた左ウイングのピーター・ヘンドリックスを守ろうとカナダの選手の腕を掴んだ。実際、ダルトンはカナダの選手と取っ組み合いにはなったが、どちらかというと防戦一方で相手を殴ってはいない。しかし、マックヒューはダルトンに退場を命じ、ヘンドリックスも別の暴力行為でその後退場となる。そして二人にはワールドカップ期間中、出場停止という罰則が科された。スプリングボックス・サポーターからすると、勝つには勝った（20－0）が、その代償は大きく非常に後味の悪い試合となった。

バンセールの常軌を逸した行動は、この7年前の試合の恨みを持ち続け、これ以上このレフリーに任せるとスプリングボックスに不利な判定ばかりするという思い込みから生じたものである。南アフリカのラグビーファンが熱すぎる思いを持っていること自体は理解できるし悪いことではない。しかし、この暴挙に賛同する者たちがいたことはショッキングなことであった。パンセールの場合はその思いが完全に歪んでおり、彼の犯した愚行はラグビーという競技に対する冒とくであった。

南アフリカでオールブラックスの試合を観る時、日本人ファンが楽しみにしている試合前の〝ハカ〟を聞くことはできない。これは南アフリカに限ったことではないが、スプリングボックスのファンはハカが始まると一斉にブーイングや南米サッカーの応援歌である「Olé, Olé, Olé（THE NAME OF THE GAME）」の大合唱を始めるからである。ハカを唱和し気合を入れるオールブラックスに対する嫌がらせとスプリングボックスに対する応援の意味がある。ファンとしては、ハカの間は動けないという不公平なルールの下でフラストレーションを感じている同胞の選手たちに激励を届けたいのである。

余談であるが、かつてはスプリングボックスにも〝ハカ〟があった。1921年のニュージーランド遠征、ウェリントンでのテストシリーズ最終戦においてオールブラックスのハカに続いてスプリングボックスがズールー族のインドラム（Indlam）ダンスを踊ったという記録が残っている。当時、オールブラックスにはアウェイでしかハカを行わないという不文律があった。しかし、その伝統を破ってまでこの1勝1敗で迎えた最終戦にかける思いを見せたオールブラックスに対して、スプリングボックスが即座に応えたものだといわれている。

その後、1930年代までテストマッチでは何度かこのパフォーマンスが行われたが、アパルトヘイトの基となる人種主義の台頭により、このダンスパフォーマンスは消滅した。しかし近年、このインドラムダンスをハカの対抗策として復活させようという動きがある。結果的には却下されたが、2007年には当時、スプリングボックスのヘッドコーチであったジェイク・ホワイトがワールドカップに向けてこの南アフリカの伝統的なダンスを取り入れるべきだとSARUに提案した。インドラム復活の可能性はなきにしもあらずだが、オリジナルのインドラムダンスはかなり激しい踊りなので、試合前のパフォーマンス用としては相当な修整が必要となるだろう。

そういう意味では、もし南アフリカでスプリングボックスの試合をスタジアムで観る機会があっても、前方の席は避けたほうがよいかもしれない。最前列付近は熱狂的なラグビーファンが陣取ることが多く、ハカの妨害行動に引き続き、試合中もひっきりなしにスプリングボックスへの声援と相手チームへの罵倒が続き、近くにいると圧倒されて試合に集中できないからだ。熱狂的なファンは試合中、興奮状態にあり、そこには日本人が美化するノーサイド精神や相手に対するリスペクトはない。相手チームは完全に敵であり、相手チームの選手のミスには、スプリングボックスのトライ同様に歓喜あふれる大声援が送られる。日本人のラグビー観戦は世界的に見ても礼儀正しすぎるのだろうが、ラグビー・マッドな国の熱狂的なファンには圧倒される。

さて、そんなに熱狂的なファンがいる一方、TVでスーパーラグビーを観るとガラガラの観客席が目立つ試合が多い。最近であれば唯一ストーマーズが本拠地とするケープタウン・スタジアム(50)が相対的に観客が多い。同スタジアムのあるケープタウン、そしてウェスタンケープ州は白人とカラードの人口比率が高く、黒人の人口が過半数を超えていない唯一の州である。ラグビーに関心のある層が比較的多く、加えて経済力もGDPベースで国内第2位を誇る。この社会的および経済的要因が観客動員数の確保に好影響を与えている。しかし、ケープタウン・スタジアム以外はどこも低調な観客動員数に苦慮している。ここ最近のスーパーラグビーの試合でスタジアムが満席になったのは、ヨハン・アッカーマン(現浦安D-Rocksヘッドコーチ)が低迷していたライオンズを立て直し、2018年スーパーラグビーのプレーオフトーナメントを勝ち進んだ末、決勝戦がヨハネスブルグのエミレーツパーク・スタジアムで行われた時ぐらいである(結果は17-25でニュージーランドのクルセイダーズに惜敗)。

---

(50) ケープタウン・スタジアム(DHLスタジアム):2021年よりストーマーズ(ウェスタン・プロビンズ)はホームグラウンドをニューランズ・スタジアムからケープタウン・スタジアムに変更。ケープタウン・スタジアムは2010年FIFAワールドカップ出場のために新設されたが、それ以降は、稼働率が低く、取り壊しの可能性もあったが、ストーマーズの移転により救われた形になった。キャパシティは約5万5000人。

本項の最初の質問に戻るが、それではやはり南アフリカでラグビー人気は低下しているのであろうか。関係者やファンの話を総合すると人気は横ばいだが、スタジアムへ試合を観に行く回数は昔と比べると減っているとのことである。それではなぜこのラグビー・マッドな国でスタジアムに行って生のラグビーを観る人が減っているのだろうか。理由は複数あり、それらが複合的に絡んでいる。

一つ目の理由に、スタジアムのロケーションと治安の悪さが挙げられる。各フランチャイズの本拠地であるスタジアムはすべて大都市の中心部に位置するが、南アフリカの場合、都市部は常に犯罪に遭遇する可能性が高いというボトルネックがある。特にリスクが高いのがヨハネスブルグにあるエミレーツパーク・スタジアムである。このスタジアムはもともとエリスパーク・スタジアムという名称で、1995年ワールドカップ決勝でフランソワ・ピエナール主将がウェブ・エリスカップを掲げた記念すべき場所だ。現在でもテストシリーズでは必ず使われる南アフリカを代表するスタジアムである。

ここを本拠地とするライオンズは、スーパーラグビーでは優勝こそないが、2016年から18年にかけては、3年連続で南アフリカ・カンフェレンスで1位になった。プレーオフでも3年連続決勝に進出した。いずれもクルセイダーズなどのニュージーランド勢に敗れはしたが、準優勝を飾っている。また、南アフリカ屈指の産業都市であるヨハネスブルグに位置しており、ハウテン州の白人人口比率が比較的高いことを考えると、ある程度の観客動員数が期待できる。しかし、18年のホームにおける平均観客動員数は1万5625人で、開幕戦のシャークス戦が最多で

2万5739人、最少がサンウルブズ戦の7764人。このスタジアムは約6万人のキャパシティを持つだけにこの数字は寂しい。TVでは観客が点在しているので余計に空いているように見えてしまう。

このスタジアムの問題はそのロケーションである。かつては凶悪犯罪の多さで世界中にその名を轟かせたヨハネスブルグであるが、最近は少し改善傾向にある。しかし、犯罪発生率をデータベース化したサイト〝Numbeo.com〟の犯罪指数ランキングによると、世界中の都市の中でヨハネスブルグは依然5位に位置する。エミレーツパーク・スタジアムはそんなヨハネスブルグの中でも特に犯罪発生率が高い市内中心地域に位置する。まさに、観光ガイドブックでは〝治安が悪いので近づかないほうがよい〟と地図に斜線が引かれているような地域である。

最寄りのエリスパーク駅は中央駅ともいうべきヨハネスブルグパーク駅から2駅のところにあるが、このメトロレールという電車に乗ってスタジアムに行く観客は非常に少ない。車内で犯罪に遭う可能性が極めて高いからである。空港からヨハネスブルグを経由してプレトリアに行くハウトレインという特急電車を除いては、白人や中所得以上の非白人が電車に乗ることはまずない。メトロレールもそこは了解しており、ハウトレインでヨハネスブルグパーク駅に着いた観客用に、そこからスタジアムまでの臨時バスを出し観客をピストン輸送するサービスがある。

このほかにスタジアムに行く方法は自家用車、または、パーク・アンド・ライドという郊外の大型ショッピングセンターの駐車場に車を停めてそこから出るスタジアム直通バスに乗るシステムである。いずれにしても、車になるため当然スタジアム周辺は大渋滞となる。臨時バスに乗っていると歩いたほうが早いという速度になる。スタジアムまでは大した距離でもないので降りて歩くという選択肢も出てきそうだがそうする人はまずいない。南アフリカ人はここがどういう場所なのかを理解しているからである。しかもこの臨時バスは多数の観客が見込まれるテストマッチ限定のサービスで、スーパーラグビーの試合は自家用車で行くしかない。

南アフリカはカージャックが多く、特に夜間にヨハネスブルグ市内を走ることは危険である。このようなロケーションでは、リスクを背負ってまでスタジアムに行く気になれずTVで済ますという考え方になるのが普通だろう。ほかのスタジアムも安全が確保されている場所ではないが、特にライオンズに関しては観客の利便性やセキュリティを考えるのであれば、本拠地の移転を考えてもよいのではと個人的には思う。

二つ目の理由に、スーパーラグビーで南アフリカのチームがなかなか勝てずファンの足がスタジアムから遠のいているという現実がある。ブルズを例に挙げる。ブルズはヨハネスブルグから約60キロ北に位置する首都プレトリア(51)のロフタスヴァースフェルド・スタジアムに本拠地を置く。ブルズの2018年の平均観客動員数は1万5432人だが、観客動員数が公表されていない試合も多く、実際は1万人前後ではないかと推定される。ブルズは4つのフランチャイズの中で最も観客動員数が落ち込んでいる。15年には2万6492人だった平均観客動員数が17年には9347人と約3分の1に減っている。

ホームであるロフタスヴァースフェルド・スタジアムはエミレーツパーク・スタジアムとは異なり、中心地からは少し離れたところにある。サニーサイドというやはり治安の悪い地域に隣接しているが、ヨハネスブルグと比較すると犯罪発生率は低く、エミレーツパーク・スタジアムほど治安問題が観客動員数には影響していない。ブルズの場合は、チームの弱体化が原因である。繰り返すが南アフリカのラグビーファンは熱い半面厳しい。ブルズはスーパーラグビーで2007年、09年、10年の3回優勝している。四半世紀に及ぶスーパーラグビーの歴史の中で、南アフリカで唯一優勝まで到達したフランチャイズである。また首都であるプレトリアはアフリカーナーの先祖がグレート・トレックを経て最終的に到着した土地である。アフリカーナーの代表としては、そのプライドを懸けて勝たなければならないという過大な期待をブルズは最初から背負わされている。

アパルトヘイト期の1980～90年代における国内大会カリーカップの全盛期にはブルズはその期待に応え、圧倒的な勝率でほかのフランチャイズの追随を許さず別格の存在だった。その頃、ロフタスヴァースフェルド・スタジアムは熱狂的な地元ファンで常に満席状態だった。しかし、スーパーラグビーの時代になり3度優勝はしたものの、2010年に3度目の優勝をして以来、世代交代に失敗し、決勝はおろかプレーオフ進出も3回のみで、過去の実績からすると低迷が続いた。そして2010年以降、低迷するブルズに引っ張られるように観客動員数が毎年5%

(51) プレトリア：南アフリカには首都が3つある。プレトリアは行政上の首都、ケープタウンは立法上の首都、そしてブルームフォンテーンは司法上の首都である。明確な三権分立の結果ではあるが、プレトリア、ブルームフォンテーンはアフリカーナー、ケープタウンはイギリス系の拠点であるため、独立時に両者の政治的なバランスを取った。対外的にはプレトリアを首都とし、多くの各国の在外公館が置かれている。

近く減少を続ける。勝っている時は熱狂的な声援を送るファンだが、負けが続くと見放すのも早い。友人のブルズファン数人からは「昔は毎週末ロフタスに行ってたけどね」と同じ言葉を聞いた。彼らは今でも熱狂的なブルズのファンだし、その復活を願っている。しかし、現状の低迷するブルズは受け入れられず、わざわざスタジアムに行く価値はないという。

20年には名将ジェイク・ホワイトがヘッドコーチに就任しチーム再建を託された。ホワイトは就任早々、スーパーラグビー・アンロックドとカリーカップの2冠を制し、久々に強いブルズを復活させた。ただ、残念なのは新型コロナ禍で全試合が無観客で行われたことである。ホワイト、そしてブルズは、ホームスタジアムを再び5万人超の観客で埋めることができるだろうか。

観客数減の三つ目の理由として付け加えるとすれば、営業不足ということになるだろうか。新しく綺麗なスタジアムであれば訪れただけでも気分が高揚するが、**表5**にあるスーパーラグビーの試合会場となる代表的なスタジアムはすべて、大きいが古く、けっして魅力のある施設ではない。だからこそ施設内の飲食店や店舗を充実したものにしたり、試合前にイベントを催したりして人々にスタジアムに〝行きたい〟〝来てよかった〟と思わせるよう付加価値を創出しなければならない。しかし、各チームとも、その部分の営業努力が少し足りないと思われ、スタジアムは単に試合をする場所でしかない。スポンサーが試合前やハーフタイム時に宣伝を兼ねたイベントをするケースはあるが、ファンクラブの上級会員のみが対象であるなど皆が楽しめるものではない。

そもそもスタジアムのキャパシティが大き過ぎて、多少の観客数では空いているように見えて

| スタジアム | チーム | 場所 | 座席数 |
|---|---|---|---|
| ロフタスヴァースフェルド | ブルズ | プレトリア | 51,762 |
| エミレーツパーク | ライオンズ | ヨハネスブルグ | 59,119 |
| キングスパーク | シャークス | ダーバン | 52,000 |
| ケープタウン | ストマーズ | ケープタウン | 51,900 |
| トヨタ | チーターズ | ブルームフォンテーン | 46,000 |
| ネルソン・マンデラ・ベイ | サザン・キングス | ポートエリザベス | 46,000 |

（出典：各スタジアムのウェブサイト）

**表5　南アフリカの代表的なラグビー・スタジアムとキャパシティ**

しまうということはある。現在のユナイテッド・ラグビー・チャンピオンシップに参画しているフランチャイズの本拠地は**表5**にある上から4つのスタジアムであるが、どのスタジアムも5万人以上のキャパシティがあり、規模的には秩父宮や花園ラグビー場の約2倍で、東京スタジアム（味の素スタジアム）より少し大きい。2、3万人のキャパシティが多いニュージーランドやオーストラリアのスーパーラグビーチームのスタジアムと比べても大きい。ただニュージーランドやオーストラリアはテストマッチやワールドカップで使用する大型スタジアムとスーパーラグビーの予選ラウンドで使う中規模のスタジアムを分けて使用している。
一方、南アフリカの場合はすべてのスタジアムがテストマッチやワールドカップでも兼用されており、ふだん使う分にはキャパシティが大きすぎる。収容人員2万人のところに1万人が入るのと、5万人のロフタスヴァースフェルド・スタジアムに同じく1万人が入るのとでは空席の割合が異なり、視覚的にロフタスのほうが空いているように見えてしまう。

余談であるが、南アフリカでは試合のチケット価格は、日本と比べると安価である。例えばここ数年のテストマッチのチケット価格は、VIP席を除くと、大体450ランド（約3400円）から1000ランド（約7500円）程度である。スプリングボックスの試合相手は、常にオールブラックス、ワラビーズ、イングランドのような一流どころである。日本でオールブラックスの試合を観るとなれば、ざっとその3、4倍はすると思われる。またスーパーラグビーはさらに安く、一般的な席は150ランド（約1100円）程度で、家族4人で行っても負担を感じずに買える価格設定になっている。ホームの最終戦ではさらにチケット半額セールというようなキャンペーンが催されることもある。これだけ価格を下げても例えばクルセイダーズやブランビーズのような海外の人気チームとの試合が9000人を切るような有様であった。SARU、そして各フランチャイズはこの現実を重く受け止め、早急に改善策を講じる必要がある。

また、ラグビーが国民全体に浸透していない理由の一つに、ラグビーがTVやラジオなどの地上波を通じて普通に放送されていないことが挙げられる。シヤ・コリシが少年時代、家にTVがなかったので、近所の居酒屋で2007年のワールドカップ決勝を観たというエピソードがある。しかし、南アフリカではTVがあるだけではラグビーを観ることはできない。なぜなら、スーパースポーツという有料チャンネルに加入しないとラグビーをはじめほかの人気スポーツを観ることが出来ないからだ。国営地上波のSABCは財政状況が悪く、放映権の高いスポーツを放送することができない。インターネットの時代とはいえ、所得格差が世界一激しい南アフリカ(52)

ではまだまだTVやラジオを情報源としている人たちは多い。人気スポーツのほとんどがケーブルTVに加入しないと観られないという状況は、国民を二分する要因とみなし、政府も問題視している。政府からの支援もあり19年ワールドカップはスプリングボックスの試合と準決勝以降の試合についてはSABCがラジオで放送する権利を得た。

今後、ラグビーを普及していかなければならない黒人層は中低所得者が多く、人口の8割を占める。彼らは一般にサッカーを好むが、これはラグビーが嫌いということではなく、単にこれまでラグビーに接する機会がなかったということもある。つまり、TVを所有する1100万世帯を対象に地上波でラグビーの試合を放送することが普及への第一歩となり得る。もちろんスーパースポーツは莫大な金額を放映権として払っている。そして、ビジネスとしてラグビーを取り扱っており、彼らに何らかのメリットがない限りSABCに協力することは難しい。しかし、ラグビーのファン層の拡大は究極的にはスーパースポーツのビジネス拡張にも繋がる。まずは双方が歩み寄り協力的な関係を築いた上で打開策を見出してほしい。

BMIの調査では、ラグビーをサポートしていると回答した白人は白人全体の64%だった。あくまで筆者の主観であるが、やはり南アフリカの白人男性の7割以上は確実にラグビー・マッド

(52) 南アフリカの所得格差：世界銀行のレポートでは2014年の南アフリカのジニ係数（所得格差を示す時に使われる指標。1に近づくほど格差が大きい）は0・63で世界ワースト1位となった。ちなみに、日本は0・32、アメリカ合衆国は0・41。

な人たちだと思う。基本的には日本のひと昔前の野球と同じ存在で、好むと好まざるにかかわらず南アフリカで白人として生まれた男性はどこかの段階でラグビーを経験している。例えば、職場で同僚同士の会話を聞いていると、日本でプロ野球がスポーツ人気を独占していた時代のファン同士の会話に似ている。贔屓チームの勝ち負けが話題になるのは当然だが、それ以外にも「○○がシャークスへ移籍するそうだ」とか「○○が前十字靭帯損傷で5週間休むことになった」など、多くの情報に議論の花が咲く。

彼らの情報入手先はスーパースポーツのラグビー・チャンネルはもちろん、インターネット、専門誌、そして新聞である。ラグビー・チャンネルは24時間ラグビーの試合、もしくはラグビーに関係するドキュメンタリーやニュースを放送している。24時間途切れずラグビー関連番組を放送し続けるのでプロレベルから大学、高校レベルまでを含めても国内の試合だけではコンテンツが足りず再放送も多い。さらに番組枠を埋めるため海外のプロリーグや、クラブチームレベルの試合まで放送されることもある。インターネットにおいても南アフリカ人のほとんどは英語が堪能で人によってはフランス語や他言語も理解できるため入手できる情報量は莫大である。

さらに、定期刊の専門誌は「SA RUGBY」のみだが、南アフリカでは新聞のラグビーに関する記事が充実している。一般にスポーツ欄が4面あれば半分はラグビーの記事で占められている。試合は基本的に土日に行われるので、試合翌日以外は試合の予想、チームや選手のコンディションなどを繰り返し報じることになり少々無理に記事をつくっている印象もある。またラグビー記事枠を埋めるため、新聞でも海外の記事が頻繁に取り上げられる。一例を挙げれば、日本代表の某選手が海外で不祥事を起こした際には、事件の詳細はもちろん、その選手が過去に起こした事件を克明に報道した。日本の新聞や雑誌でもそこまでは掘り下げないというほど、南アフリカのメディアはラグビーに関する事件は貪欲に調べ上げていた。

このように南アフリカでは各メディアから発信されるさまざまなラグビー情報に触れることができるため、ラグビーファンが持つ知識の豊富さには驚かされることが多い。

本項の最後に、スプリングボックス・サポーターの一人として南アフリカでのラグビーの存在をさらに大きくするために、SARUへの提言というとおこがましいが要望をしたためたい。

スプリングボックスは、オールブラックスのようにチームのブランド化を進めるべきではないだろうか。2019年ワールドカップでの3度目の優勝で、その好敵手とは実績に関しては肩を並べたわけである。しかし、人気や知名度での両者の差は大きい。スプリングボックスの場合はアパルトヘイトの過去がハンディになっている部分はあるが、実績や実力に関しては申し分なく、これまでの輝かしい戦績をブランド化すべく営業努力を重ねていくべきだ。最初のターゲットは地元であるアフリカ大陸だろう。アフリカにおいてラグビーが一般に認知されているのは南アフリカ以外では、隣国ナミビアとジンバブエ、そして7人制に注力しているケニアぐらいだろう。つまりアフリカはラグビーに関しては未開の地であり、それだけにポテンシャルは高い。所得の低い国も多く難しい市場ではあるが、アフリカ大陸はこの21世紀、経済的には最も伸びる可能性が高いと期待されている。また、アフリカではスプリングボックスに肩を並べるライバルはおらず、ブルー・オーシャンともいえる市場でさまざまな営業手法を試すことができる。そのためにもＳＡＲＵがアフリカ諸国全体を統括するアフリカ・ラグビーユニオン(53)を牽引するぐらいのリーダーシップを取れれば理想だが、残念ながら両者の関係は良好ではない。

２０２３年ワールドカップのホスト国はフランスだが、その選考会(54)でアフリカ・ラグビーユニオンはフランスに票を投じた。実はこの投票では日本もフランスを支持したため、南アフリカではスーパーラグビーでの共同体の一つである日本に裏切られたと非難の声が上がった。しかし、それ以上にアフリカ地域の同胞でしかもケープタウンのＳＡＲＵと同じビルに本部を置くアフリカ・ラグビーユニオンがフランス支持に回ったことはＳＡＲＵに衝撃を与え、両者の関係を露呈した。同ユニオンのボージャ・アブデラジー会長（当時）はモロッコ人だが30年以上パリに在住している親仏家であることを南アフリカのメディアは指摘したが、それだけではない。やはりＳＡＲＵとほかのアフリカ諸国のユニオンの関係が希薄なのである。

そういう意味ではスプリングボックスのブランド化は、まず足元のアフリカ大陸内のユニオンとの関係修復から始めるべきだろう。大部分のアフリカ諸国ではラグビーはマイナーな存在であり、財政的に厳しいユニオンが多い。したがって、資金的援助やコーチの派遣などの人的援助から開始することになるだろう。

アフリカの街中では、若者がよくマンチェスター・ユナイテッドやバルセロナなどのサッカーの人気チームのレプリカジャージを着て闊歩している。そこにスプリングボックスのジャージを加えるべく、ＳＡＲＵは知恵を絞らなければならない。

## 禁断の果実～ステロイドの誘惑

南アフリカでラグビー選手は〝Masculinity〟または〝Virility〟であるべきといわれる。日本語には訳しにくいが、英和辞書を引くといずれも「男らしさ」という抽象的な意味である。ただ、この二つの単語から南アフリカ人が連想するものは、古代ギリシャ彫刻のラオコーン像やミケランジェロのダヴィデ像のように鍛え抜かれた筋骨隆々の男性の裸体である。実際、スプリングボックスに選ばれるレベルの選手はFW、BK関係なく、皆それらの彫刻のように、まさしく鋼のような筋肉ボディを誇る。

(53) アフリカ・ラグビーユニオン(Rugby Africa または Rugby Afrique)：1986年に Confederation of African Rugby として設立。創設メンバーはチュニジア、モロッコ、セネガル、コートジボワール、タンザニア、ケニア、セーシェル、マダガスカル。フランス語圏の国が多く現在もフランスの影響は強い。南アフリカはアパルトヘイト廃止後の92年に加盟。現在は39の国と地域からなり、アフリカカップなどの地域大会を主催。また、各国で子ども向けに草の根のラグビー教室を開催し、アフリカ大陸におけるラグビー普及に努める。

(54) 2023年ワールドカップのホスト国選考会：18年11月にロンドンで行われた。事前の評価委員会の調査では南アフリカは最高評価を得たが、最終投票でフランスに敗れた。得票数はフランスが24票(うち日本2、アフリカ2)に対して、南アフリカ15票であった。なお、南アフリカは11～23年まで4回連続でホスト国に立候補している。

プロ、究極的にはスプリングボックスを目指す選手たちはそのような体になることを目指し、逆にそのような体でないとプロになれないと強迫観念に似た不安に駆られる。当然、一朝一夕で理想的な体型になれるわけではなく、長期間にわたり地道な努力が必要となる。知り合いの高校チームのコーチがよくぼやくのは、若い選手はすぐに結果を求め、できるだけ早く効率的にプロ選手レベルの体になりたがるということだ。そして、手っ取り早く筋肉質の体に変身するため思わず手を出してしまうのが、ドーピング禁止物質として扱われるアナボリック・ステロイドなどの筋肉増強剤である。

ステロイド剤は、接種したことによる死亡例も複数あり健康被害と引き換えという前提が付くが、一時的にはスピードやフィジカル面で効果がみられる。そのため、プロチームのスカウトやエージェントが選手の実力をチェックする品評会的な大会に備えて、ステロイド剤を使用する選手が後を絶たない。クレイブン・ウィークでは毎年ドーピング検査が行われ、2014年には3人、15年は5人、16年は4人、17年は3人に陽性の結果が出た。このような大きなイベントではドーピング検査があるのは誰もが承知している。しかし、毎年これだけ一定数の禁止物質使用例が発覚するということは、先のコーチが言ったように自分の体格やパフォーマンスをよく見せるために短絡的な行動を取る選手がいかに多いかということに繋がる。

このクレイブン・ウィークの例は氷山の一角であり、2004年にクワズールナタール州内の26校に在籍する1万2000人の18歳の高校生を対象に実施された調査では、実に10人に一人が何らかのステロイド剤を試したことがあるという結果だった。今の日本では考えられないが、南アフリカではこの種の薬物が高校生でも身近な存在なのである。

これは実話だが、元スプリングボック選手だった筆者の友人がたまたま息子の部屋に入った時に見慣れない薬品の瓶を見つけた。部屋にいた息子に何かと聞くと「ステロイド」と悪気なく答えたという。友人は激怒し、ステロイドがどれだけ身体に悪影響を与えるかを説明し。息子に二度と使用しないことを誓わせた。これが普通の親の反応である。しかし、南アフリカでは選手の両親がステロイドを購入し、子どもにその使用をすすめたという事例が複数件発生している。さらには、2019年にウェスタンケープ州のある強豪校の一軍コーチが選手にステロイド剤の使用をすすめ、実際に注射器での接種の手伝いまでしたという事件が生徒の密告により発覚した。

南アフリカの場合、いまだに技術云々の前にまず身体の大きさを重視する指導者が多い。選手が技術的な相談をしてもコーチは〝Bulk Up（＝デカくなれ）〟と鼓舞して済ますことがある。また、ラグビー名門校のコーチ陣は学校の教員や職員ではなくプロコーチであることが多い。つまり、教育機関のチームとはいえ、コーチ陣は教育的観点からモノをいうことはなく、勝利至上主義に走る傾向にある。

南アフリカにおけるステロイド剤などのドーピング禁止物質と選手との緊密性は、日本の常識では考えられない。まず違法薬物に対する意識、そして使用した場合の罰則や社会的制裁も日本とは異なる。日本の場合、チームから違法薬物を使用した選手が出た場合、連帯責任でチームにも何らかのペナルティが課せられることが多い。しかし、南アフリカでは連帯責任という考えはなく、単に選手個人が罰則として課せられた謹慎期間のみチームから離れることで終わる。例を挙げれば、2012年にブルズ18歳代表に16歳で選出されていた将来有望な選手がドーピング検査で陽性となり、SARUより2年の謹慎期間を言い渡された。彼は特に謝罪することもなくチームを離れ、2年後、何事もなかったように戦列に復帰した。おそらくこうした感覚は個人の不祥事がチームの活動自粛や、責任者の辞任などに繋がるのが当たり前とされる日本人には分かりにくい。日本の場合、賛否はあるが連帯責任に対する意識が強く、個人が問題行動を起こすことによりチーム全体へ迷惑がかかるという自覚がドーピング禁止物質への抑止力になっているのは確かである。

ここでステロイドが招いた悲劇を二例紹介したい。先に南アフリカでは違法薬物を使用しても個人の問題として処理されると述べた。ただし、使用者がスプリングボック級の選手になると話は変わってくる。知名度が高いだけに個人の問題では収まらず、国内外でラグビーのイメージを著しく悪化させることになるからだ。

一例目は、スーパーラグビーのライオンズに所属し、スプリングボックスのトライゲッターだったアフィウェ・デヤンティだ。2019年ワールドカップでは11番マカゾレ・マピンピ、14番チェスリン・コルビーの両翼スピードスターが大活躍した。しかし、前年の18年まで、この2名より断然評価が高く、ワールドカップでも活躍が期待されたウイングがデャンティである。デャンティは高校まではまったくの無名でヨハネスブルグ大学にはマーケティングを学ぶことを目的に一般入試で入学した。大学入学後、サッカーと迷った挙句ラグビーを選んだことで彼の人生は変わる。14年、学内の大会に出場したことをきっかけに、翌年には大学正規チームの一軍に昇格し、15年のヴァーシティカップに出場する。同カップでの活躍がライオンズ関係者の目に留まり、16年にプロ契約の運びとなる。17年のシーズンはカリーカップに出場、18年にはついにスーパーラグビーまで到達する。まさにとんとん拍子で、競技レベルを上げていった。

スーパーラグビーでもライオンズの南アフリカ・カンファレンス優勝に貢献し、トーナメント決勝進出への原動力となった。そして、この年、スーパーラグビーでの活躍が認められ、ラッシー・エラスムスがデャンティを代表メンバーに選出する。母国に迎えたイングランド戦、ラグビー・チャンピオンシップ、そして欧州遠征とてすべてのテストマッチに出場し結果も残した。同年、スプリングボックスとして13試合に出場し、6トライを挙げた功績を称えられ、ワールドラグビー・アワーズでは、新人賞に値するBreakthrough Player of the Yearを受賞した。まさに飛ぶ鳥を落とす勢いで頂点まで駆け上がったシンデレラボーイだった。

２０１９年ワールドカップ直前に行われたスプリングボックスのキャンプ中、ドラッグ・フリー・スポーツ協会が実施したドーピングテストにより、デャンティにメタンジエノン（筋肉増強剤の一種）など3種類の禁止薬物の使用が確認された。彼はワールドカップやスプリングボックスのポジションを失っただけでなく、ＳＡＲＵより4年間の公式戦出場禁止を言い渡された。ワールドカップ直前に、チームの大黒柱にまで成長した主力選手を失い関係者やファンは茫然自失となった。

ワールドカップ前、デャンティはスプリングボックスを代表してスーパースポーツのＣＭに出演した。ＣＭの内容は砂埃舞う土のグラウンドで、裸足でラグビーをしている黒人少年選手が貧しさと戦いながら成長し、最後にはスプリングボックスのジャージを着て、大観衆が待つピッチへ向かうシーンで終わるという感動的なものだった。子ども時代の回想シーンは子役俳優が演じているが、最後に登場するのがスプリングボックスのジャージを着たデャンティ本人だった。

あの勢いのままワールドカップに出場できていれば活躍したであろうし、エラスムスはウイングに誰を使うかさぞかし悩んだであろう。また、デャンティはCMに触発されてラグビーを始めた少年プレイヤーたちのヒーローにもなっただろう。薬物使用の発覚後、このCM放送は中止となり、TVで観ることはなくなった。なお、デャンティ自身は〝故意による〟ステロイドの使用を認めておらず、ドラッグ・フリー・スポーツ協会に公聴会の開催を要求している。

もう一例は、チリボーイ・ラレペレのケースである。シヤ・コリシが2018年にスプリングボックスの主将に就任した際には、「黒人初の主将」という記事が世界中に飛び交った。本書でもそう記したが、実は06年に黒人のラレペレが、スプリングボックスのイングランド遠征の開幕戦としてレスターで行われた世界選抜との試合で腕にキャプテンマークを巻いていた。ただし、この世界選抜戦は南アフリカにとって初めての海外遠征だった1906年のイギリス遠征100周年を記念して実施されたキャップ対象外の試合だった。彼はブルズやシャークス、フランスのトゥールーズで活躍したフッカーで、代表キャップも25持つ。この時、彼は20歳で黒人初、最年少主将という二つの栄誉ある称号を得た。

ラレペレはまた、この遠征チームの主将でもあり、翌年のワールドカップで優勝杯を掲げることになる名将ジョン・スミットとポジションも同じ、出身高校も同じ名門プレトリア・ボーイズ・

ハイスクールだったので、スミットの後継者として周囲の期待も高かった。そのまま行けば、彼はコリシ以前に黒人の英雄として崇められたであろうし、国民全体の期待の星になったと思われるが、好事魔多し。その後、ラレペレは、たび重なるドーピング禁止物質の使用により、その都度キャリアが中断し、2020年にはついに8年間の公式戦出場停止が言い渡された。34歳の彼にとっては事実上の引退勧告である。

コリシの主将就任時やワールドカップ期間中において、メディアがコリシを「黒人初の主将」と報じても、SARUがそれを訂正しようとする動きはなかった。先の世界選抜戦がノン・キャップ試合だったということもあるが、これだけSARUがラレペレの存在を無視するということは、あえて彼の存在に触れさせたくないという意図があるのだろう。もしくは少し斜めから見るとシヤ・コリシという国民的スターを育てたいという目論みがあったのかもしれない。

これらの例は、ラグビーのプロ化が生んだ悲劇ともいえる。もちろん、大多数の選手はドーピング禁止物質とは無縁のキャリアを歩んでいる。しかし、競争相手に少しでも勝ちたい、スカウトに体格のよさをアピールしたいなどの欲望がステロイドという闇へ選手たちを誘う。今後も南アフリカから日本へ選手の移籍は続く。だが、こうした現状から、日本と比較すると南アフリカの選手たちは、禁止薬物により近いリスキーな環境でラグビーをしてきたということを留意すべきであろう。

## 国内ラグビーの構成〜強さの源泉

南アフリカのラグビー組織の構成は、ニュージーランドやオーストラリアとさほど変わらない。小・中・高校までは学校のクラブとしてラグビーがある。その上に大学があるが並行して地元のクラブチームのユースチームを掛け持ちしている選手もいれば、どちらか一つでプレーする選手もいる。また、有望選手は大学に行かずそのままクラブチームやフランチャイズのユースチームに引き抜かれるケースもある。さらには近年増えているラグビーの専門学校的な研修機関アカデミーという選択肢もある。

SARUはラグビー選手を4つのカテゴリーに分けている。最上級が〝プロフェッショナル・プレイヤー〟でスーパーラグビー、PRO14、カリーカップのプレミア・ディビジョンに参画している選手である。2番目のランクが〝セミプロフェッショナル・プレイヤー〟でカリーカップのファースト・ディビジョンやスーパーラグビー・チャレンジなどのいわゆる2部リーグに相当するレベルの選手。3番目の〝ディベロップメント・プレイヤー〟は21歳以下で各チームのユースチームに所属している若手選手で、上部チームにけが人が出た場合には一時的に昇格する場合がある。そして最後が〝クラブ・プレイヤー〟で、これまでの3つのカテゴリーに相当せず、名称どおりクラブチームでラグビーを続けている選手である。彼らも上部チームのけが人の補填として呼ばれることがある。

ここで〝上部チーム〟と書いたが、これは地域ユニオン内の最高峰のチーム、つまり最初のプロフェッショナル・プレイヤーが所属するスーパーラグビーやPRO14などのトップチームのことである。つまりそれぞれのユニオンにおいて、すべての選手やチームは域内の最高峰チームを支える義務を負うのである。日本で例えると、関東代表がスーパーラグビーに参戦するとして、関東に拠点を置くリーグワンチームや関東大学対抗戦およびリーグ戦、そして末端のクラブチームに至るまで皆、要請があればシーズン中でも選手を派遣しトップチームの形成に協力するというものである。

シーズン途中で特に主力選手が抜けることは各チームにとっては痛手であり、コーチはチームの再編成を強いられ頭を抱えることになる。しかし、上のレベルへ選手を派遣することにクレームは出ない。むしろ、自分たちのチームから上のレベルへ選手を輩出したということはチームの高評価にも繋がる。このように南アフリカでは各ユニオンにおいて地域全体でトップチームを支えるというシステムが構築されている。

ではまず、高校ラグビーについて紹介したい。現在、南アフリカではラグビーは完全にプロスポーツであり、高校生でも将来有望な選手であればフランチャイズと契約するケースもある。高校内の練習場にはスポンサーの看板が掲げられ、チームのユニフォームにスポンサーの企業名が入っていることもあり、日本の高校ラグビーとは様相が異なる。ただ少数の強豪校が常にトップレベルに位置しており、高校代表、ひいてはスプリングボックスに数多くの選手を輩出しているところは日本と似ている。例えば、サニックス・ワールドラグビー・ユース交流大会で2回優勝しているポール・ルース・ジムナジアムからは、2019年ワールドカップ優勝メンバーに、スカルク・ブリッツ、ハーシェル・ヤンチース、スティーブ・キッツオフ、ウィリー・ルルー、そしてダミアン・ウィレミスの5人もの代表選手を輩出しており、強豪校に優秀な選手が集まる傾向はある。ちなみに同校はこれまで歴代最多の51名のスプリングボックスを輩出している。以下、グレイ・カレッジ（42名）、ビショップ・カレッジ（35名）、サウス・アフリカン・カレッジ・スクール（27名）、パール・ボーイズ・ハイスクール（20名）、パール・ジムナジアム（20名）と続く。

**表6**は、「SAスクール誌」が各校の戦績をもとに定期的に発表しているランキングである。2020年、21年度はコロナ禍の影響で試合数が少なかったこともあり、19年度のランキングを参考にする。日本の全国高校ラグビー大会のように各都道府県の予選から始まり、真の日本一を決めるような大会は南アフリカにはない。あらかじめ選抜された強豪校が単体で参加する大会として〝Premier Interschool Rugby（プレミア・インターナショナル・ラグビー）〟という大会がある。しかし、この大会は強豪校同士の定期戦を集めたようなもので総当たりではなく、優勝を決めるシステムでもない。例えば、21年は17校が参加し12試合しか行われていないため、実際にどこが1位なのかを厳密に決めることはできない。

過去の戦績やスーパーラグビーのフランチャイズ、ひいては高校代表チームのメンバー輩出数などからすると、**表6**に示した学校が上位20校に絞られるだろう。この上位20校を州別にみると、ウェスタンケープ州が7校、イースタンケープ州が4校、ハウテン州が4校、クワズールナター

FIRST XV RANKINGS 20 AUGUST, 2019

| ランキング | チーム | 州 | 試合数 | 平均獲得ポイント |
|---|---|---|---|---|
| 1 | グレイ・カレッジ | フリーステート | 17 | 7.547 |
| 2 | パール・ジムナジアム | ウェスタンケープ | 16 | 6.8 |
| 3 | パール・ボーイズ・ハイ | ウェスタンケープ | 16 | 6.694 |
| 4 | ポール・ルース・ジムナジアム | ウェスタンケープ | 14 | 5.571 |
| 5 | フレイムズベイ | イースタンケープ | 20 | 5.335 |
| 6 | セルボーン・カレッジ | イースタンケープ | 17 | 5.282 |
| 7 | セントアンドリュース・カレッジ | イースタンケープ | 17 | 5.059 |
| 8 | ハースフォンテイン | ハウテン | 15 | 5.04 |
| 9 | グレイ・ハイスクール | イースタンケープ | 16 | 5.006 |
| 10 | モニュメント | ハウテン | 19 | 4.858 |
| 11 | ヒルトン・カレッジ | クワズナタール | 13 | 4.785 |
| 12 | グレンウッド | クワズナタール | 19 | 4.716 |
| 13 | キングエドワードⅦスクール | ハウテン | 13 | 4.685 |
| 14 | ノースウッド | クワズナタール | 13 | 4.185 |
| 15 | ステレインバーグ | ウェスタンケープ | 18 | 4.111 |
| 16 | アッフィーズ | ハウテン | 17 | 4.094 |
| 17 | ビショップス | ウェスタンケープ | 17 | 3.959 |
| 18 | レウェンホーク | ウェスタンケープ | 11 | 3.945 |
| 19 | メンロパーク | ハウテン | 18 | 3.883 |
| 20 | オウテンネクウァ | ウェスタンケープ | 13 | 3.877 |

（出典：SA School Magazine）

**表6　南アフリカの高校ラグビーのランキング（2019年）**

ル州が3校、そしてフリーステート州からはグレイ・カレッジ1校が選出されている。高校ラグビーでは、南部のウェスタンケープおよびイースタンケープ州の高校が強く、中部はグレイ・カレッジ一強、北部のプレトリアやヨハネスブルグにある高校は意外と評価が低い。高校ラグビーの勢力図としては〝南高北低〟といえるだろう。

また上位20校は、順位は変わっても顔ぶれが変わることは少ない。しかし、そこは日本と同様で、学長の交代などで学校の方針が変わり優先順位がスポーツから学業にシフトされることもある。例えば、少し前までランキングの常連だったパーシー・モンゴメリーの母校であるサウス・アフリカン・カレッジ・スクール（ウェスタンケープ州）や、ジョン・スミットを育てたプレトリア・ボーイズ・ハイスクール（ハウテン州）は、ほかにも多くの名選手を輩出したが、まさにそうした事情でラグビーに関しては年々ランキングが下がっている。ちなみに、プレトリア・ボーイズ・ハイスクールはX社やテスラのカリスマ的実業家であるイーロン・マスクの母校でもあり、ノーベル賞受賞者を数人輩出している名門校である。

選手の流動性が高いプロの世界とはいえ、各ユニオンは、高校まで手塩にかけて育てた地元出身の選手には地元のチームに進んでほしいという希望は常に持っている。しかし、**表6**では4校がランクインしているイースタンケープ州はユニオンが財政的に脆弱で、看板のキングスが事実上倒産したこともあり選手の受け入れ先が少ない。そのため同州からは他州へ選手の流出が続いている。前述のとおり、イースタンケープ州ではアパルトヘイト期でも黒人間でラグビーが盛んに行われていた歴史があり、優秀な黒人選手を輩出している。

2019年のワールドカップメンバーを見ても、シヤ・コリシ、マカゾレ・マピンピ、ルカニヨ・アムといった主力組は同州の出身である。ちなみにヘッドコーチのラッシー・エラスムスとBKコーチだったムズワンディ・スティックも同州出身なので、当時、チームの中核だったヘッドコーチ、アシスタントコーチ、そして主将は同郷であった。

前項でも述べたが、各校ともクォータ制度の適用により非白人選手をチームメンバーに加える必要がある。**表6**の上位20校のほとんどはもともとアフリカーナーが通うアフリカーンス語で教育を行う学校がほとんどで、現在でも生徒のほとんどは白人である。実際、イースタンケープ州以外では黒人のラグビー競技人口は少なく、自州内で才能のある黒人選手を発掘することは難しい。したがって、イースタンケープ州から有能な黒人選手をスカウトすることになる。最近はヨハネスブルグやケープタウンにある資金の潤沢な有名校が、イースタンケープ州の黒人選手を〝青田買い〟していると指摘されており、同州からの才能の流出を危惧する声も高まっている。

しかし、黒人選手側からすると、ラグビーは貧困から抜け出す手段の一つとなっており、イースタンケープ州では黒人間でラグビー人気がさらに高まっている。近年は前述のスプリングボック選手たちのように、奨学金でラグビー名門校に進み、高収入を得られるプロ選手になるというルートが確立されている。現在、全国の高校で500余りのラグビーに関する奨学金のポストがある。

また詳細は後述するが、同州では草の根レベルで有望な選手を発掘し、育てるというVUKAラグビー・プログラムが実施されている。黒人の主要言語ズールー語で〝Wake Up〟の意味を持つこのプログラムは、南アフリカラグビー・レジェンド協会（SARLA）[55]とSARUとの共催で実施されており、特に貧困地域のラグビーに触れる機会の少ない子どもたちを対象にしている。その活動内容は、州内すべての教育機関においてラグビーの指導を継続的に行うことである。プログラムの持続性を考慮し、それぞれの地域でコーチを養成することになっているが、SARLAから協会メンバーであるスプリングボックス級のコーチを派遣することもある。現在、VUKAラグビー・プログラムはすべてのユニオンで実施されている（2019年時点では604校、3万989人の生徒が参加）。特にイースタンケープ州は、もともと黒人間でラグビーが行われていたという素地があったため最も成功した事例となっている。

ジュニアレベルの全国大会という意味では、その名称が何度か出てきている1964年に始まったクレイブン・ウィークがある。クレイブン・ウィークは、スプリングボックスのフランカーとして活躍したピエット・マランが、SARB設立75周年の記念行事として当時の同評議会会長であったダニー・クレイブンに中高生のための大会を提案したことから始まった。クレイブンはそのアイディアを気に入り、即座に役員会で承認を取って当時15あったスクールユニオンの代表チームによる全国大会を設立した。

現在、クレイブン・ウィークには、各地域ユニオン所属の高校チームから選抜された、いわば地域代表チームが参加する。強いていえば日本の国体に近いが、その競技システムは流動的である。発足時は15チームから始まったが、2000年には32チームまで増え、ナミビアとジンバブエからチームが参加した時期もある。01年からは20チーム程度が参加している。

ブルズ、ライオンズやウェスタン・プロビンスなど、強豪校を多く擁するユニオンは2チームを送ることもある。**表6**を見ても分かるように、フリーステート州ではグレイ・カレッジが孤軍奮闘の状態であり実力も突出しているため、同州の場合は選抜チームとはいえ、ほとんどのポジションはグレイ・カレッジの選手が占めている。過去10大会の優勝チームはウェスタン・プロビンス6回、フリーステート2回、ブルズ、ライオンズがともに1回である。今や、クレイブン・ウィークは、ジュニアレベルでは最もレベルの高いコンペティションとなり、国内はもちろん、海外からもエージェントやスカウトが集まってジュニア選手の品評会と化している。

また、各世代の有望選手や代表チームの強化もシームレスに進められている。2015年に発足したSARU主催のエリート・プレイヤー・デベロップメント・プログラムでは、各ユニオンから選ばれたU15～U18までの約70名の選手たちを定期的にトレーニング・キャンプに招待する。キャンプではやはり選び抜かれた有能なコーチ陣が技術指導をし、各世代の代表チームの構築に向けて選手を選別していく。このプログラムに参加した全選手はSARUのデータベースにインプットされ、個々の成長はセレクターによりモニタリングされる。したがって、U15で代表に選

(55) 南アフリカラグビー・レジェンド協会（South African Rugby Legend Association）：2001年に設立された非営利企業で、特に貧困層を対象とした草の根レベルでのラグビー普及と現役選手へのサポートを主な活動とする。メンバーにはジョン・スミットやジャン・デヴィリアスなどの歴代の主将をはじめ、スプリングボックスOBが数多く参加している。

ばれなかった選手がU16に選出されることは珍しいことではなく、選手間の競争は毎年激しく繰り広げられる。

U19とU20に関してはSAラグビー・アカデミー・プログラムに有望選手たちは引き継がれる。ステレンボッシュにある総合スポーツ・トレーニング・センター、ステレンボッシュ・アカデミー・オブ・スポーツにおいて50名程度のエリート選手が招聘され、年に2、3回キャンプが行われる。キャンプではジュニア・スプリングボックス（U20）のコーチ陣が指導に当たり、最終的に同代表チームのメンバーが選抜される。さらに、これらの有望な選手が競技を続けられるようにラグビー・エヂュケーショナル・ファンドという奨学金制度も整っている。

ここでVUKAラグビー・プログラムに戻るが、同プログラムの一環で各ユニオンの15歳以下の代表チームのイクゥアエ・ウィーク（Iqhawe=黒人の主要言語であるコサ語でWarrior=兵士）が、クレイブン・ウィークに合わせて実施されている。ただし、この代表チームは貧困地帯や発展が遅れた地域の選手で構成されている。この大会は数多くのスカウトや学校関係者が観戦し、奨学金の行き先、つまり有望な黒人選手の進路が決まる。コリシやほかの黒人選手のように地元の中学チームで頭角を現した選手が代表チームに選ばれ、さらにイクゥアエ・ウィークで活躍することにより名門高校チームから誘いを受けるのである。

また、同プログラムではエリート・パフォーマンスという選手のデータベースを構築しており、技術レベルにより3段階に分類され、それぞれに60〜80人の情報がインプットされている。このデータベースは前述のエリート・プレイヤー・デベロップメント・プログラムとともにジュニア・

スプリングボックスの選考に至るまでアップデートされる。つまりこのエリート・パフォーマンスのリストに載っている選手たちも20歳になるまでパフォーマンスの進捗状況を追跡調査される。この調査は強豪校だけではなく地方部の学校も網羅しているため有望選手がセレクターの目から抜け落ちることは少ない。

このほかにも流動的ではあるがクレイブン・ウィークと同様に、同ウィークの一つ下のレベルであるU18アカデミー・ウィーク、U16を対象としたグラント・クォーモ・ウィーク、そしてU15を対象とした前述のイクゥアエ・ウィークなどがある。これらのコンペティションに参加するすべての選手は、試合経験を積み、技術的にも精神的にも成長を遂げる。南アフリカラグビーの土台となるユース全体のレベルが一段階上がることで、その上にあるシニアクラス全体のレベルも比例してアップグレードされる。クレイブン・ウィークをはじめとするこれら10代の選手たちを対象とした競技システムは、南アフリカのラグビーの人材創出の源泉となっている。

大学ラグビーになるとプロフェッショナル色はさらに濃くなる。もちろん各大学チームの選手は原則としてその大学の学生である。しかし、主力級の選手はフランチャイズとプロ契約していることが多く、ユースチームに空きがないため大学チームへ派遣されているケースもある。その場合は日本でいうスポーツ推薦か、パートタイムのコースで大学に入学する。日本の野球と同じシステムで、高校でプロ球団からドラフト指名を得られず大学野球へ進み、卒業時に再びドラフトの機会をうかがうように、南アフリカの大学ラグビーもプロになるまでの繋ぎ的存在といえる。南アフリカでは大学へ行くことがプロへの遠回りになると考える風潮も根強くある。

さらに日本と異なる点は、選手が卒業にこだわらないことである。大学チームでプレーしている間にプロ契約ができればそのまま大学を辞めるケースもあり、特に貧困家庭出身の黒人選手は高校卒業後、できるだけ早くプロ選手になって家族を楽にさせたいという思いは強い。4年間大学でラグビーを続けるよりは1年活躍してプロに引き抜かれるほうがトータルでは高収入を得ることができる。ラグビーのキャリアにおいてもそれがエリートコースという考えもある。

例えば、ハンドレ・ポラードは2013年、ウェスタンケープ州の名門パール・ジムナジアムを卒業後、ハウテン州プレトリアに拠点を置くブルズと契約した。そして、ブルズはポラードがボーダコムカップ（スーパーラグビーの〝B〟チームによるコンペティション）と地元のプレトリア大学で並行してプレーできるようにアレンジする。ポラードは期待に応え、後述するヴァーシティカップではインサイドセンターとしてプレトリア大学を率い、キッカーとして68点を得点し優勝へ導いた。ポラードの実力を確認したブルズは早速カリーカップなどのシニアレベルのコンペティションに昇格させ、翌年には早くもスーパーラグビーにデビューさせている。結局ポラードがプレトリア大学でプレーしたのは13年の1シーズンのみである。ポラードがその後プレトリア大学を卒業したのかどうかは不明である。しかし、ラグビーに関していえばポラードは大学を1年で〝卒業〟し、その後プロチームに進むというプロ選手の王道を行ったのである。

ヴァーシティカップは、日本でいうと大学選手権に相当するものである。選手を含む関係者たちにはシーズン中ある程度の報酬が支払われるので南アフリカ国内でもヴァーシティカップはプロかアマチュアかで議論されることが多々ある。最近のメインスポンサーは南アフリカの5大銀行の一つであるＦＮＢ（First National Bank）で、ヴァーシティカップの正式名はＦＮＢヴァーシティカップ。その歴史は意外と浅く、強豪大学８チーム(56)により発足したのは２００８年のことである。

同時にその８大学の寮チーム代表同士のコーサイス・ラグビー・チャンピオンシップ（後にレス・ラグビーに改名。コーサイス：Kosuisはアフリカーンス語で寮の意味）も開始された。日本人には馴染みがないが、特にイギリス系の大学は寮の存在が大きい。例えば、オックスブリッジのカレッジ制度のように入学および卒業時には学部の審査と寮の認証の両方でその可否が判断される大学もある。２０１１年にはヴァーシティカップの２部リーグにあたるヴァーシティ・シールド、そして翌年にはさらにその下のリーグとなる20歳以下の選手が出場できるヤング・ガンズ・トーナメントが設立され、この４つの大会は一つのパッケージとして開催されている。

次ページの**表7**は２０２１年度のヴァーシティカップに参加した10チームである。発足時は８チームだったが、17年に９チーム、21年より10チームと参加大学が拡大された。**表7**から分かる

(56) 強豪大学8チーム：ステレンボッシュ大学、ケープタウン大学（以上、ウェスタンケープ州）、ノースウェスト大学（ノースウェスト州）、ネルソン・マンデラ大学（イースタンケープ州）、フリーステート大学（フリーステート州）、ヨハネスブルク大学、プレトリア大学、ツワネ工科大学（以上、ハウテン州）の８大学。通常は、ステレンボッシュ大学はマティーズというようにチーム名で呼ばれることが多いが、本書では大学名を使用。８大学ともに英タイム誌の世界大学ランキング（２０２１年）では１５５位以内に位置し、５名のノーベル賞受賞者を輩出したケープタウン大学を筆頭に国際的にも高く評価されている。

| チーム名 | 大学名 | 州 | 備考 |
|---|---|---|---|
| FNB バディバズ | ネルソン・マンデラ・<br>メトロポリタン大学 | ハウテン | 降格1回 (2018) |
| FNB CUT イクシアス | セントラル技術大学 | フリーステート | |
| FNB UFS シムラス | フリーステート大学 | フリーステート | 優勝1回 (2015) |
| FNB UJ | ヨハネスブルグ大学 | ハウテン | |
| FNB UP タークス | プレトリア大学 | ハウテン | 優勝3回<br>(2012, 2013, 2021) |
| FNB NWU イーグルス | ノースウェスト大学 | ノースウェスト | 優勝1回 (2016) |
| FNB マティーズ | ステレンボッシュ大学 | ウェスタンケープ | 優勝5回 (2008, 2009, 2010, 2018, 2019) |
| FNB UCT イケェイズ | ケープタウン大学 | ウェスタンケープ | 優勝2回 (2011, 2014) |
| FNB UWC | ウェスタンケープ大学 | ウェスタンケープ | |
| FNB ウィッツ | ウィットウォータズランド大学 | ウェスタンケープ | 降格1回 (2014) |

（出典：ヴァーシティカップのウェブサイト）

表7　ヴァーシティカップ参加大学チーム（2021年）

ように大学別にみると、南アフリカラグビーの中興の祖であるダニー・クレイブンの母校で教授として教鞭を執っていたステレンボッシュ大学が優勝5回、ケープタウン大学が同2回とウェスタンケープ州の大学の躍進が目立つ。高校と同じく大学レベルもまた〝南高北低〟といえる。

ヴァーシティカップはルールや規定が流動的で毎年のように変更される。特にルールに関してはヴァーシティカップだけの実験的な試みが行われている。例えば、自陣を起点とする攻撃からトライできた場合は7点が与えられたり、ストラテジー・ブレイク（作戦会議）が前後半に1回ずつ3分間取れるようになっていたり、レッドカードで退場者が出た場合は15分後に選手を補充できたりする。SARUはこれらの斬新な特別ルールをヴァーシティカップで試し、ゲームの活性化や効率化に繋がることが確認できれば本格的な採用を検討することにしている。

今でこそ当たり前になっているラインアウトのリフティングは、アパルトヘイトへの制裁により世界から孤立していた時期に、南アフリカにおいてカリーカップなどの国内リーグで開発され発展してきたものである。一般に保守的な南アフリカ人であるが、ラグビーの技術開発に関しては革新的な一面を持つ。

ただ、ヴァーシティカップでは選手のエリジビリティ（資格）が年々厳しくなってきている。2014年までは試合メンバーの23人中20人がフルタイムの学生でなければならないという規定があった。つまり、3人は入学しやすいパートタイムコースの学生としてプロ選手を補充できたのである。しかし、ヴァーシティカップはあくまで大学スポーツであるという原点に還るため、15年以降はメンバー全員をフルタイムの学生とした。これに加え、前年度に取得した単位数が60

ないと出場資格を失うという規定ができ、選手やコーチを悩ませている。また、11年にヴァーシティ・シールドという下部リーグが設立されたことにより、最下位チームは自動降格となるためチーム間の競争は年々激しくなっている。

前述のポラードをはじめ、現スプリングボックスのメンバーを見ても、マルコム・マークス（ヨハネスブルグ大学）、エベン・エツベス（ケープタウン大学）、ボンギ・ンボナンビ（プレトリア大学）、ローデ・デヤハー（ノースウェスト大学）などは、ヴァーシティカップを踏み台にスプリングボックスへ到達している。今後もヴァーシティカップは若手選手のプロへの登竜門として存在し続ける。

南アフリカではラグビー選手の進路として、日本のように高校、大学、社会人と明確な順序があるわけではない。繰り返すが、プロを目指す選手であればどの段階においてもできるだけ早くプロ契約を結びたいという考えが一般的である。そして、プロ契約を結ぶのは、スーパーラグビーに参加している4大フランチャイズであるブルズ、ライオンズ、シャークス、ストーマーズのいずれかが理想的である。

第2章で触れたが、スーパーラグビーは1996年、ラグビープロ化時代の到来とともにスーパー12として誕生した。南アフリカからはノーザン・トランスバール（＝ブルズ）、トランスバール（＝ライオンズ）、ナタール・シャークス（＝シャークス）、そしてウェスタン・プロビンス（＝ストーマーズ）の4大地域代表が創設メンバーとなった。ただし、地域代表フランチャイズが参加するニュージーランドとオーストラリアと異なり、南アフリカだけは前年のカリーカップが予選となりその上位4チームがスーパー12への出場権を得るというシステムを採択していた。例えば、翌97年は予選落ちとなったストーマーズの代わりにフリーステート（＝チーターズ）が出場した。この予選システムは98年まで継続された。

次ページの**表8**に示すとおり、スーパーラグビーは開始当初からの10年間はニュージーランドの2チーム、オークランド・ブルーズとカンタベリー・クルセイダーズのほぼ独断場だった。オーストラリアのACTブランビーズが2001年と04年、そしてブルズが07年に優勝しニュージーランド勢の連勝を中断させたが、それらの年以外はスーパーラグビー初期の優勝チームはこの両チームのいずれかであった。南アフリカのフランチャイズからはブルズとシャークスが毎年のように準決勝、決勝に進出したものの、07年のブルズまで頂点には立てなかった。スーパー12発足時、1995年のワールドカップでスプリングボックスが優勝したこともあり、南アフリカの4チームに対する期待は大きかったが、結局、現在に至るまで南アフリカの優勝はブルズの3回のみである。ワールドカップの優勝3回ということではスプリングボックスはオールブラックスと肩を並べているが、スーパーラグビーの戦績に関しては両国の差は大きく開いている。

南アフリカチームの苦境はクォータ制度や有望選手の海外流出などが複合的に影響しているのだが、特に発足時は別の問題が生じていた。現状とはかなり異なるが、南アフリカではスーパー12が始まった後も、国内大会であるカリーカップの人気は根強く絶大なものがあった。アパルトヘイトへの制裁で南アフリカが孤立していた時期、国内大会のカリーカップはファンが待望する唯一のビッグイベントだった。ファンの関心はカリーカップから離れず、スーパー12へはシフト

| 年 | 優勝 | 準優勝 | 準決勝敗退（3位） | | 備考 |
|---|---|---|---|---|---|
| 1996 | ブルーズ | シャークス | レッズ | ブルズ | スーパー12 |
| 1997 | ブルーズ | ブランビーズ | ハリケーンズ | シャークス | スーパー12 |
| 1998 | クルセイダーズ | ブルーズ | シャークス | ハイランダーズ | スーパー12 |
| 1999 | クルセイダーズ | ハイランダーズ | レッズ | ストーマーズ | スーパー12 |
| 2000 | クルセイダーズ | ブランビーズ | ハイランダーズ | キャッツ | スーパー12 |
| 2001 | ブランビーズ | シャークス | キャッツ | レッズ | スーパー12 |
| 2002 | クルセイダーズ | ブランビーズ | ワラターズ | ハイランダーズ | スーパー12 |
| 2003 | ブルーズ | クルセイダーズ | ハリケーンズ | ブランビーズ | スーパー12 |
| 2004 | ブランビーズ | クルセイダーズ | ストーマーズ | チーフス | スーパー12 |
| 2005 | クルセイダーズ | ワラターズ | ブルズ | ハリケーンズ | スーパー12 |
| 2006 | クルセイダーズ | ハリケーンズ | ワラターズ | ブルズ | スーパー14 |
| 2007 | ブルズ | シャークス | クルセイダーズ | ブルーズ | スーパー14 |
| 2008 | クルセイダーズ | ワラターズ | シャークス | ハリケーンズ | スーパー14 |
| 2009 | ブルズ | チーフス | ハリケーンズ | クルセイダーズ | スーパー14 |
| 2010 | ブルズ | ストーマーズ | クルセイダーズ | ワラターズ | スーパー14 |
| 2011 | レッズ | クルセイダーズ | ブルーズ | ストーマーズ | スーパーラグビー（15チーム） |
| 2012 | チーフス | シャークス | クルセイダーズ | ストーマーズ | スーパーラグビー（15チーム） |
| 2013 | チーフス | ブランビーズ | クルセイダーズ | ブルズ | スーパーラグビー（15チーム） |
| 2014 | ワラターズ | クルセイダーズ | シャークス | ブランビーズ | スーパーラグビー（15チーム） |
| 2015 | ハイランダーズ | ハリケーンズ | ワラターズ | ブランビーズ | スーパーラグビー（15チーム） |
| 2016 | ハリケーンズ | ライオンズ | チーフス | ハイランダーズ | スーパーラグビー（18チーム） |
| 2017 | クルセイダーズ | ライオンズ | チーフス | ハリケーンズ | スーパーラグビー（18チーム） |
| 2018 | クルセイダーズ | ライオンズ | ハリケーンズ | ワラターズ | スーパーラグビー（15チーム） |
| 2019 | クルセイダーズ | ジャガーズ | ブランビーズ | ハリケーンズ | スーパーラグビー（15チーム） |
| 2020 | 新型コロナ禍のためキャンセル | | | | |
| 2021 | 各国で国内大会として開催。ただし、ニュージーランドとオーストラリア間では<br>スーパーラグビー・トランス・タスマンが行われた | | | | |

（出典：スーパーラグビーのウェブサイト）

表8　スーパーラグビーの優勝、準優勝チーム（1996〜2021年）

していかなったのである。逆にニュージーランドやオーストラリアは最高峰であるスーパー12のチームに人気が集中し、チームの強化も進んだ。そして、南アフリカの国内大会重視の傾向はしばらく続き、スポンサー企業やTVをはじめとするメディアもそれに追従した。フランチャイズも、カリーカップとスーパー12のスケジュールが重なったり、試合の間隔が短かったりする場合は前者を優先した。つまり主力はカリーカップで、二軍とまではいわないが若手やカリーカップのリザーブ選手をスーパー12に配置するという、現在とはまったく逆の対応を取っていた。

余談だが、南アフリカの関係者やファンの間ではそもそもスーパーラグビーというシステム自体が不公平であり、南アフリカのチームには不利であるという意見が散見される。なぜなら、地理的に近接しているニュージーランドとオーストラリアは有利、離れている南アフリカには不利な点が多く、このような条件が異なる勝負をする価値があるのかという結論に繋がるのである。ニュージーランドとオーストラリアに比べ、南アフリカは長距離の移動が多く、移動時間も長い。さらに2か国を転戦することになれば遠征期間も長くなるため、南アフリカの選手はオセアニア2か国の選手より心身の負担が大きいといえる。

日本のサンウルブズがスーパーラグビーに加入した際に、SARUはさらに移動時間が増えることを憂慮し、南アフリカから直行便で行けるシンガポールや香港での開催を要求した。ヨハネスブルグから羽田または成田までのフライトの所要時間は途中で乗り換えが必要になるため、最短でも20時間強であり時差は7時間ある。対して直行便のあるニュージーランドやオーストラリアのチームが日本に来る場合、所要時間はその半分ですみ時差も小さい。確かに、世界のラグビー強豪国の中で、南アフリカの地理的位置はディスアドバンテージになっている。
スーパー12は、オーストラリアからウェスタン・フォースが、南アフリカからチーターズが加入し、2006年にスーパー14となる。SARU内ではチーターズとキングスの2チームが新規加盟チームの候補に挙がっていたが、当時から財政問題を抱えていたキングスは結果的に選ばれなかった。

南アフリカラグビーの歴史の中で国内チームのベスト4として挙げられるのはブルズ、ライオンズ、シャークス、ストーマーズである。しかし、稀にベスト5というくくりで表現される場合があり、その際にはこのベスト4のチーム群にチーターズが加えられる。後述するが、チーターズは国内大会のカリーカップではベスト4チームの次に優勝回数が多い。

彼らが本拠地を置くブルームフォンテーンは南アフリカの司法首都であり、アフリカーナーが築いたオレンジ・フリーステートが基盤となっており、今でも白人人口が比較的多い地域である。そのためラグビーが盛んな地域であり、**表6**の高校ランキングで1位のグレイ・カレッジやヴァーシティカップの優勝経験があるフリーステート大学があるラグビーどころといえるだろう。しかし、都市としては人口30万人程度の中都市で、製造業を営む中小企業が都市の経済を支えており、強大なフランチャイズを持つのは厳しい。チーターズは常に資金力に乏しく、高給が必要なスター選手を抱えることは難しく、選手層はベスト4に比べると確実に落ちる。そのため、高校ラグビーのトップに君臨するグレイ・カレッジの卒業生も、高額年棒が提示できるベスト4のいずれかのチームに引き抜かれることが多い。

1998年、SARFUはこれまでのカリーカップがスーパー12の予選になる形を見直し、4大地域代表をニュージーランドやオーストラリアと同じく地域フランチャイズ制にすることを決めた。そして、この機会にチーターズはライオンズと「合併」しゴールデン・キャッツという連合チームを結成した。キャッツは2005年まで継続され、戦績は00年が4位、01年は3位で決勝トーナメントに進出した（結果はいずれも準決勝敗退）が、それ以外は最下位が3回、11位が3回と散々たる戦績に終わった。

強豪2チームよる合併だったので、チーム力が倍増し、優勝カップを掲げ続けたニュージーランドの牙城を崩せるものとファンや関係者は期待を膨らませた。それだけにこの戦績は到底承服できるものではなく、結果的にはこの合併は失敗だったと評されている。その原因はチーム発足時にあった。

合併時にキャッツは1995年ワールドカップでオールブラックスのヘッドコーチを務めた名将ローリー・メインズを招いたが、選手との折り合いが悪くまずそこでつまずいた。特に主将を務めたラッシー・エラスムスとの確執は深刻化。コーチと選手の溝はメインズが翌年に辞職するまで拡がった。そして何より、選手間の関係が悪く最後までチームとしてまとまることがなかった。前述のとおり、南アフリカではアパルトヘイト期にカリーカップがスポーツイベントとして最大の盛り上がりを見せていたこともあり、地域間のライバル心が非常に強い。キャッツの場合、合併によりライバル関係だったヨハネスブルグのライオンズとそこから400キロ離れたブルームフォンテーンのチーターズの選手たちがいきなり一緒のチームになったのである。ジェームス・

ダルトン、オス・デュラント、ラッシー・エラスムス、そしてジェームズ・スモールなどの、特に個性の強い選手たちが揃ったがゆえに、個々の実力はあるものの最後まで結束はできなかった。05年に合同チームとしてのキャッツは解散した。そして06年、チーターズは、スーパー12が14に拡張された際に単独チームとしてコンペティションへの参加が認められた。

2007年にはブルズが南アフリカのチームとして初めてスーパー14で優勝した。しかもプレーオフ決勝の相手は同胞のシャークスである。スーパー14では苦汁をなめていた南アフリカのラグビー関係者とファンは溜飲を下げることができた。名将ヘイネケ・メイヤーが築いた強力なブルズは、ビクター・マットフィールド、バッキーズ・ボタ、ブライアン・ハバナやフーリー・デュプレアなど、多くの代表級選手を擁し、しばらくは黄金時代が続いた。07年ワールドカップのスプリングボックスにはこのブルズとシャークスから多くの選手が選出され、二度目の優勝に大きく貢献した。そして、メイヤーの後を継いだフラン・ルディケが09年、10年にスーパー14連覇を達成した。しかし、この10年の優勝を最後に南アフリカのフランチャイズがスーパーラグビーの頂点には立つことはなく、この2年間がスーパーラグビーにおいては南アフリカラグビーのピークであった。

2011年には、さらに1チームが加わり、スーパー14はスーパーラグビーになる。この時も、キングスはその一枠に名乗りを上げたが、最終的にはオーストラリアのメルボルン・レベルズが選ばれた。この前年、前々年は南アフリカのブルズが連続優勝していたためキングスが有利という下馬評はあった。しかし、レベルズが加われば各国5チームずつになるというバランスの問題と、やはり財政面での不安がキングスをスーパーラグビーから遠ざけた。

スーパーラグビーに次の動きがあったのは2016年である。20周年の節目にさらに3チームを加え、18チームに拡張されたのである。ここでキングスは悲願のスーパーラグビー入りを実現させた。キングスとアルゼンチンのフグアレス、そして日本のサンウルブズが加わり8チームで南アフリカ・カンファレンスを構成し、ニュージーランドとオーストラリアの10チームがオーストラジアン・カンファレンスを形成した。

キングスの初年度の戦績は2勝13敗で7位だった。最下位8位のサンウルブズ(1勝13敗1分)より勝数が一つ多かっただけ。獲得ポイントは同じ9点、得失点差はマイナス334点のサンウルブズを下回るマイナス402点と惨敗が続いた。しかし同16年、南アフリカラグビーにとって久々の朗報があった。現在、リーグワンの浦安D-Rocksでヘッドコーチを務めるヨハン・アッカーマンが長らく低迷していたライオンズの立て直しに成功し、この年より3年連続でスーパーラグビーのトーナメント決勝まで駒を進めたことである。結果は、ハリケーンズ(16年:●3-20)、クルセイダーズ(17年:●17-25、18年:●18-37)と、ニュージーランド勢にすべての決勝で敗れた。しかし、テストマッチ以外の試合でエミレーツパーク・スタジアムが久々にすし詰め状態になった。

2017年シーズン終了後、南アフリカラグビーに激震が走った。SANZARは、現行のままでは日程が過密になり、加えて上位と下位チームの実力格差が拡がったことを理由に、スーパーラグビーを15チーム制に戻すことを決定。離脱するのは、南アフリカからチーターズとキングス、そしてオーストラリアからフォースとなった。この決定に、南アフリカでは不満と怒りが渦巻いた。初年度こそサンウルブズと変わらない成績だったキングスは17年、6勝を挙げ全体で11位となり、チーターズも13位と上位ではないが、ともに中間グループに位置していた。何より15位に終わった低迷期のブルズ、そして2勝しかできなかった17位のサンウルブズよりも順位は上だった。ラグビーファンの怒りの矛先が南アフリカグループ最下位だったサンウルブズに向かったのは想像に難くない。SNS上では「実力格差をいうのであれば、出ていくのはサンウルブズではないのか」とこの決定に対する抗議が殺到した。

チーターズとキングスが活路を求めたのはヨーロッパ3大コンペティションの一つであるPRO14であった。実は2009年にもSARU内でスーパーラグビーのあり方に疑問を感じている派閥が、PRO14の前身であるセルティック・リーグと業務提携の交渉を始めたという噂が飛び交った。SARUは噂を否定したが、時差がなく飛行時間はその半分以下というヨーロッパに魅力を感じていたのは事実である。しかし、南アフリカのプロチームが初めてヨーロッパリーグに参画したことに対する評価は低い。まず両チームともに、PRO14では期待されたほど存在感を放てなかった。チーターズは1年目こそカンファレンスAで3位（12勝9敗）になり、プレーオフにも進出したが、2年目は6位（8勝12敗）、3年目は4位（6勝7敗）に終わった。キングスは3年間カンファレンスBの最下位から脱することはできず、わずか4勝しか上げることができなかった。両チームとも成績が振るわなかったこともあり、南アフリカ国内での注目度も低かった。

しかし、この両チームのＰＲＯ14への参画は２０２１年のＰＲＯ14レインボーカップへの布石となる。新型コロナ禍の影響でスーパーラグビーは壊滅状態になったが、先に収束できたニュージーランドとオーストラリアは、それぞれスーパーラグビー・アロテロア、スーパーラグビーＡＵと国内リーグから始め、最終的には両国間でスーパーラグビー・トランス・タスマンを開催。一方、変異株が発生し新型コロナ禍の被害が甚大だった南アフリカは取り残された形となった。

しかしＳＡＲＵは、この苦境を長年温めてきた構想を実現できるよい機会と捉え、４大フランチャイズのＰＲＯ14入りを発表した。00年、〝タイミングよく〟キングスは任意清算となり解散するに至った。これまでＳＡＲＵもできる範囲でキングスを支援はしてきたが、赤字が累積しついに破綻となった。そして、チーターズは残留を希望したが、新リーグの構想外となり離脱が決定。チーターズは〝流浪の民〟と揶揄されるが、実際、ＳＡＲＵの都合のよいように動かされている。

ＰＲＯ14レインボーカップは、南アフリカ、そして同様に変異株の発信国となったイギリス国内の新型コロナウイルスの拡大が収束せず、途中でスケジュールが変更された。先にヨーロッパと南アフリカがそれぞれリーグ戦を行い、双方の優勝チームが決勝戦のみを実施するという形を取った。21年の決勝はヨーロッパ予選を勝ち抜いたイタリアのベネトンとブルズの顔合わせとなり、８-35でブルズが敗退した。なお、ＰＲＯ14レインボーカップは、22年よりユナイテッド・ラグビー・チャンピオンシップと名称を変え、装いを新たに16チームで争われることになった。

本書で幾度も登場するカリーカップは、１８８９年に始まり、ラグビーの国内選手権としては世界最古の歴史を持つ。100年以上続くコンペティションで、競技の内容は何度か変更されている。かつてはスーパーラグビーよりも地域を細分化した14地区代表による総当りリーグ戦が行われていた。しかし、現在と変わらずスーパーラグビーに参画する4大チームとそれ以外のチームとの実力格差は以前から存在した。この問題を解消するため、2000年よりカリーカップはプレミア・ディビジョンと2部リーグに当たるファースト・ディビジョンに分かれて実施されている。両リーグのチーム構成にも変遷はあるが、18年以降は両リーグともに7チーム制になっている。ここであらためて14の地区代表（ユニオン）とその地理的位置関係を**図13**で確認する。図中の備考にもあるように、SARUはカリーカップのディビジョン分類とは関係なく、〝フランチャイズ〟〝エマージング・フランチャイズ〟〝ノン・フランチャイズ〟と各ユニオンを規模や過去の戦績により格付けしている。

312ページ**の表9**はカリーカップの優勝回数をまとめたものである。優勝回数だけをみると、34回と圧倒的にウェスタン・プロビンスが強いことがわかる。その後を追うのはブルー・ブルズで、現在も両チームの対戦は南北対決として、例えると巨人-阪神戦のような伝統の一戦という扱いである。表中ではあえて優勝回数を1967年までと68年以降で分割している。68年以降は、それまでのトーナメント制から、現在に近いプールステージを設けて上位チームがプレーオフに進める形へと移行されたからである。いずれにせよ、ウェスタン・プロビンスの34回の優勝のうち、21回（62％）は1892年の発足時から1967年までに達成している。この75年間のスパンでみるとウェスタン・プロビンスは29回開催されたカリーカップで21回（72％）の優勝を飾っ

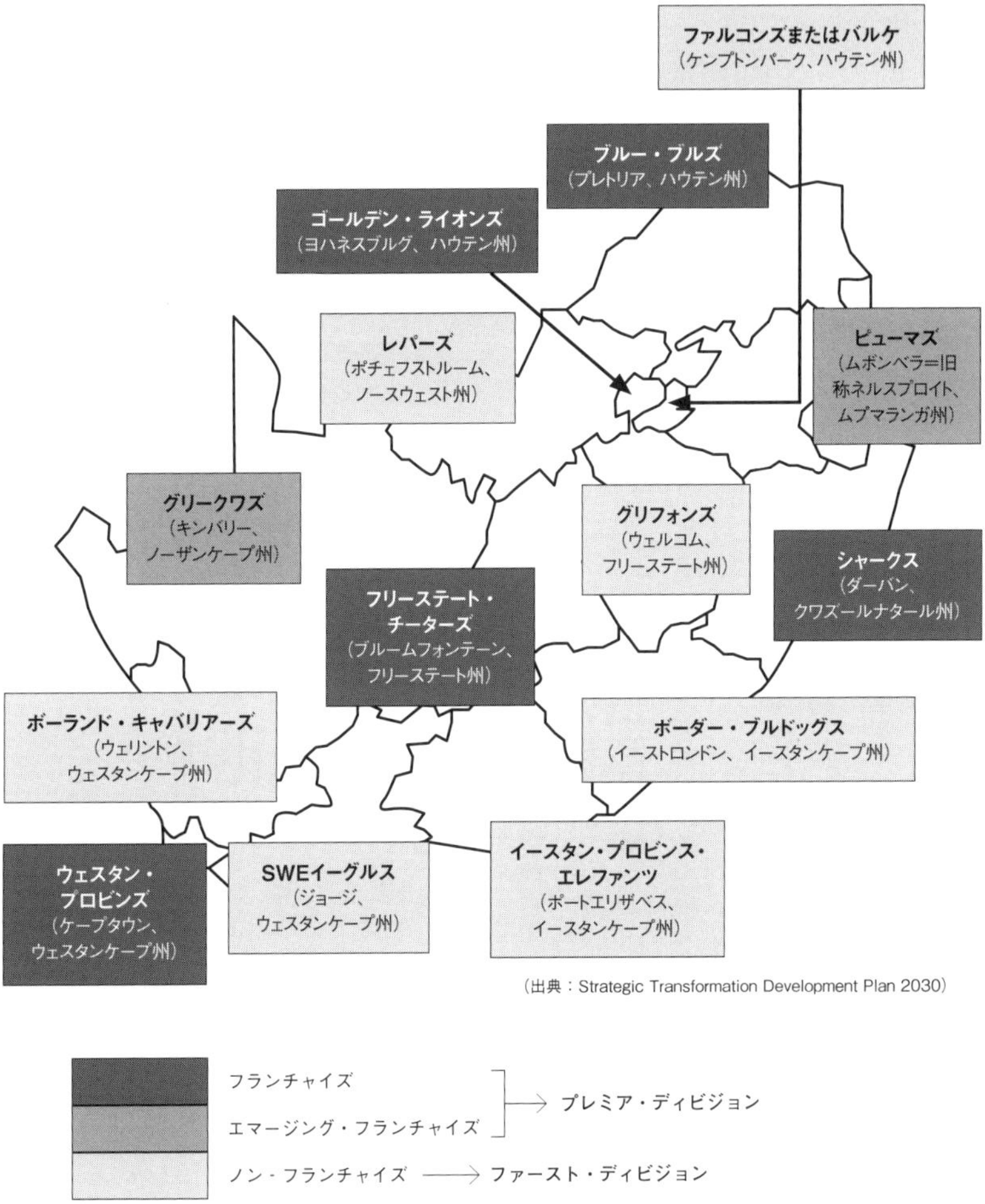

ファルコンズまたはバルケ
（ケンプトンパーク、ハウテン州）
ブルー・ブルズ
（プレトリア、ハウテン州）
ゴールデン・ライオンズ
（ヨハネスブルグ、ハウテン州）
レパーズ
（ポチェフストルーム、ノースウェスト州）
ピューマズ
（ムボンベラ＝旧称ネルスプロイト、ムプマランガ州）
グリークワズ
（キンバリー、ノーザンケープ州）
グリフォンズ
（ウェルコム、フリーステート州）
シャークス
（ダーバン、クワズールナタール州）
フリーステート・チーターズ
（ブルームフォンテーン、フリーステート州）
ボーランド・キャバリアーズ
（ウェリントン、ウェスタンケープ州）
ボーダー・ブルドッグス
（イーストロンドン、イースタンケープ州）
ウェスタン・プロビンズ
（ケープタウン、ウェスタンケープ州）
SWEイーグルス
（ジョージ、ウェスタンケープ州）
イースタン・プロビンス・エレファンツ
（ポートエリザベス、イースタンケープ州）
（出典：Strategic Transformation Development Plan 2030）
フランチャイズ
エマージング・フランチャイズ
プレミア・ディビジョン
ノン・フランチャイズ
ファースト・ディビジョン

図13　南アフリカラグビーの14地区代表(ユニオン)

| チーム名 | 優勝回数（合計） | | | 最近の優勝年次 |
|---|---|---|---|---|
| | （合計） | （1892-1967） | （1968-2021） | |
| ウェスタン・プロビンズ | 34 | 21 | 13 | 2017 |
| ブルー・ブルズ | 24 | 2 | 22 | 2021 |
| ゴールデン・ライオンズ | 11 | 4 | 7 | 2015 |
| シャークス | 8 | 0 | 8 | 2018 |
| フリーステート・チーターズ | 6 | 0 | 6 | 2019 |
| グリークワズ | 3 | 2 | 1 | 1970 |
| ボーダー・ブルドッグス | 2 | 2 | 0 | 1934 |

※1932年および34年はウェスタン・プロビンスとボーダー・ブルドックスの両チームが優勝　（出典：SA Rugby）

**表9　カリーカップのチーム別優勝回数**

ている。つまりカリーカップの黎明期から50年ほど前まではウェスタン・プロビンスの時代だったのである。しかし、66年の優勝を最後に13年後の79年にチーターズと同率優勝するまで低迷期に入る。

ウェスタン・プロビンスと入れ替わりで台頭してきたのが、ブルー・ブルズである。ブルズは逆に68年以降の優勝が22回あり、最近50年の南アフリカラグビーを牽引してきた存在といえる。ただし、68年以降はそれまでのウェスタン・プロビンスのように一つのチームが優勝を独占することはなく、群雄割拠の時代に入っていく。これはアパルトヘイトへの制裁の影響で海外との交流が難しくなり、カリーカップの存在が南アフリカ白人社会の中でも極めて大きくなったからである。カリーカップは、当時の白人社会の一大イベントかつ数少ない娯楽であり、リーグ戦であっても5、6万人の観客をスタジアムに集めた。そして、人気の高まりとともに各チームが強化を図り、どのチームも簡単には勝てなくなったのである。

この国内大会での激しい競争はスプリングボックスの強

化に直結していた。前項でも述べたが、カリーカップの絶大な人気は南アフリカが国際ラグビー社会に復帰し、スーパー12が始まってもしばらくは続いた。各フランチャイズはスーパー12よりカリーカップを優先したが、南アフリカのフランチャイズがなかなか優勝できないことから、スーパーラグビーを何とかしなければならないという気運も高まった。2007年にハイネケ・メイヤー率いるブルズが南アフリカのフランチャイズとして初めてスーパー14で優勝を達成するが、その数年前より各フランチャイズともスーパーラグビーを重要視するようになった。また、カリーカップと同時期にラグビーチャンピオンシップが開催されるため、カリーカップに出場するスプリングボックス級の選手は激減した。

現在、カリーカップはスーパーラグビーの2部リーグ的な存在に格落ちしている。実際、カリーカップにはスーパーラグビーの控え選手やけがで調整中の選手が起用され、若手選手の登竜門的存在になったといえる。ただそのような状況では観るほうは興味が持てず、スタジアムに足を運ぶファンも減っている。近年は決勝戦でもスタジアムが満席になることはない。この退潮したカリーカップの現状を嘆くオールドファンは多いが、主軸はスーパーラグビー、そしてユナイテッド・ラグビー・チャンピオンシップへ完全に移っており、カリーカップ復活の兆しは見えない。

このほかの国内大会としては、1998年に創設されたボーダコムカップがある。スーパーラグビー、カリーカップに次ぐ第3の存在であり、主にスーパーラグビーやカリーカップを目指す若手選手の鍛錬の場となっている。発足当時は参加14チームの総当たり戦で、実力格差を考慮して下位4チームで構成するボーダコムシールドをつくり、2部リーグ制にした年もあった。また、このボーダコムカップには、国内のチームだけではなくナミビア、ケニア、そしてアルゼンチンからの選抜チームを受け入れている。アルゼンチンはパンパスXVというロス・プーマスから数えると三軍に当たる代表チームを派遣し、2011年には優勝を飾った。日本よりひと足早くティア1に昇格したアルゼンチンは、このように次世代の強化に注力している。

実は、南アフリカとアルゼンチンの師弟関係は1900年代より存在していた。当時、南米に位置したため戦争の影響を受けずに農業や畜産で成功していたアルゼンチンに多くの南アフリカ人が移住した。その中にはスプリングボックスだったバリー・ヒートリーなども含まれており、多くのラグビー関係者が指導者として活躍した。アルゼンチンにラグビーを持ち込んだのはイギリスだが、いわばアルゼンチンラグビーの〝育ての親〟は南アフリカである。

ボーダコムカップの最多優勝チームはライオンズとグリークアズで、ともに5回の栄冠に輝いている。グリークアズはダイヤモンド鉱山として知られるノーザンケープ州の州都キンバリーの比較的規模の小さなチームである。日本での知名度は低いが、カリーカップでは3度(1899、1911、70年)優勝している古豪である。同じ中部のブルームフォンテーンに本拠地を置くチーターズとはライバル関係にあり、両者の試合は〝セントラル・ダービー〟と銘打たれる。グリークアズは、スーパーラグビーやPRO14には参加しておらず、カリーカップとこのボーダコムカップに専念できることが有利に働いている。

2017年、ボーダコムカップはラグビー・チャレンジという名称に代わり、形式も変更された。全16チームを北地区と南地区に分け、北にはナミビア、南にはジンバブエの代表予備軍クラスの選抜チームが参加している。新しい形式に変更され3年になるが、この間の優勝チームはウエスタン・プロビンス、ピューマズ、そしてグリークアズだった。ピューマズは南アフリカの西部に位置し世界的に有名なクルーガー国立公園に近いムボンベラ（旧称ネルスプリット）に本拠地を置く。ムボンベラ周辺は１８９０年代よりアフリカーナーの農業入植者が多く入ったため、現在でも白人人口が全体の半分を占める。ドゥウェイン・フェルミューレン、ファフ・デクラークの出身地である。ただピューマズ自体は資金力が脆弱ということもありカリーカップでもプレミア・ディビジョンとファースト・ディビジョンの昇格と降格を繰り返している状態である。ピューマズもグリークアズと同じでカリーカップとこのラグビー・チャレンジに集中できる状況にあることから、後者では好成績を残している。

最終的にプロになれなかった選手がラグビーを続ける場合はアマチュアのいわゆる地元のクラブチームという選択肢がある。ただし、ラグビーのプロ化以降、南アフリカに限らずニュージーランドやオーストラリアでも、このような各地域のクラブチームの存在は薄れてきている。以前はナショナル・クラブ・チャンピオンシップという全国規模の大会があり、２０１３年からはコミュニティカップ、16年にはゴールドカップと名称を変え、このレベルのクラブチームの全国規模の大会が存在した。しかし、新型コロナ禍の影響で移動が難しくなり、現在は地域ごとのリーグ戦のみを実施している。

そのほか、南アフリカでも女子ラグビーは年々盛んになってきている。カリーカップと同様に国内リーグがあり、ウィメンズ・プレミア・ディビジョン（6チーム）、ウィメンズ・ファースト・

ディビジョン（9チーム）に分かれて開催されている。参加チームもカリーカップとほとんど同じである。どのチームも女子部門は最近5年ぐらいの間に設立されたところが多く、レベルは横並びの状況が続いている。強いていえば、プレミア・ディビジョンではウェスタン・プロビンスが2連覇している。

南アフリカでは女子ラグビーの歴史は浅く、ワールドカップ・チャンピオンに3度輝いた男子と比べると、女子ラグビーは発展途上の段階である。ワールドラグビーのランキングでも13位（2021年9月現在。ちなみに日本は12位）で、ベスト10にも入っていない。17年アイルランドで開催された（女子）ワールドカップは予選敗退だった。ほかのティア1諸国は男子に比例して女子もランキング上位に位置するが、南アフリカだけは状況が異なる。これは、男性にはMasculinity（男らしさ）、女性にはFemininity（女らしさ）が求められるという南アフリカの白人社会の保守的な考えが影響している。ラグビーはまさにMasculinityの代表格であり、逆に女性が行うものではないという固定観念がある。しかし、国連が「持続可能な開発目標（SDGs）」でジェンダー・イコーリティを掲げる中、すべてに対してジェンダー・ギャップを改善するという世界的な潮流に南アフリカも迎合しなければならない。現時点では人気も知名度も低いが、最近では主要な試合がスーパースポーツで放送されるようになった。女子ラグビーの注目度は徐々に高まりつつあり、それに呼応し各フランチャイズも女子部門の強化を図っている。

女子ラグビーには圧倒的に黒人選手が多い。これは前述のとおり、白人社会の保守的な既成概念が白人女性をラグビーから遠ざけていることに加えて、黒人女性にとっても男性選手同様にラグビーが貧困から抜け出す手段の一つとなっているからだ。ただし現状では、南アフリカで女子ラグビーはビジネスとしては成立しておらず、女子選手がプロとして生活していくことは難しい。2019年、スプリングボックス・ウィメンの主将でプロップを務めるババルア・ラッシャがイングランドの名門サラセンズと契約を交わし、南アフリカラグビー史上初のプロ女子ラグビー選手となった。ラッシャの海外進出に刺激され、国内チームよりは高収入が得られる海外チームへの移籍を希望する選手が増えている。

最後に7人制ラグビーを紹介する。現在、南アフリカでは7人制ラグビーに特化した国内リーグはない。日本と同じように代表チームは、15人制のチームから7人制の適性を持った選手をスカウトし構成する。2012年に代表チームヘッドコーチ（当時）であるニール・パウエルが中心となり、スプリングボックス・セブンズ・アカデミーが設立され、本格的に7人制の人材育成を開始した。このアカデミーの一期生には、現在は15人制の代表にも選ばれたチェスリン・コルビーとクワッガ・スミスが名を連ねた。

この7人制代表チームはブリッツボックスと呼ばれ、毎年開催されるワールドラグビー・セブン・シリーズ、4年に1回開催年が重ならないように実施されているラグビー・ワールドカップ・セブンズ、コモンウェルス・ゲームズ、そして夏季オリンピックに参戦する。特にワールド・セブン・シリーズは半年以上かけて10か国を転戦することになるため、代表に選ばれた選手は所属するチームから離れ、SARUと契約して7人制に専念することになる。南アフリカの場合、7人制に転向してきた選手のほとんどは、スピードはあるが15人制では体格的に厳しいことからコーチより7人制をすすめられた経緯を持つ。一方で逆に、チェスリン・コルビー、クワッガ・スミス、ロスコー・スペックマンなど、小柄ではあるが7人制の活躍が認められてスプリングボックス入りした選手も増えた。加えて、ウェスタン・プロビンスのシアベロ・セナトラ（セナトラはブリッツボックス・キャップ203で最多キャップ数を誇る）、シャークスのヴェルナー・コック、そしてブルズのステッドマン・ガンズなどは、コロナ禍で国際大会が中断されたためカリーカップなどの国内大会に戻り、バックスの切り札として活躍している。7人制の経験が15人制でも活かされることが証明されたため、ブリッツボックスに選ばれた選手は各フランチャイズから引く手あまたの状態になっている。

ブリッツボックスの戦績は**表10**のとおりで、ワールドラグビー・セブンシリーズではこの20年間で3回優勝している。ただしニュージーランドは13回優勝しており、7人制においてもニュージーランドには圧倒されている。ただし、パウエルがヘッドコーチに就任した2013年度以降は、優勝2回、準優勝4回と、ニュージーランドとほぼ同等の成績を収めている。ラグビーとは関係ないが、パウエルはハリウッド俳優並みの端正な顔立ちで人気があり、南アフリカでは男性化粧品のCMモデルにもなっている。

ラグビー・ワールドカップ・セブンズでは1997年に準優勝、2018年には3位になっているが、優勝はまだない。コモンウェルス・ゲームズでは、14年に優勝しているが、それ以外の大会の戦績は芳しくない。しかし、16年のリオデジャネイロオリンピックでは3位決定戦で日本代表を54－14の大差で下し、銅メダルに輝いた。21年の東京2020オリンピックでは、本番直

| 年度 | 優勝 | 準優勝 | 3位 |
| --- | --- | --- | --- |
| 1999-2000 | ニュージーランド | フィジー | オーストラリア |
| 2000-2001 | ニュージーランド | オーストラリア | フィジー |
| 2001-2002 | ニュージーランド | 南アフリカ | イングランド |
| 2002-2003 | ニュージーランド | イングランド | フィジー |
| 2003-2004 | ニュージーランド | イングランド | アルゼンチン |
| 2004-2005 | ニュージーランド | フィジー | イングランド |
| 2005-2006 | フィジー | イングランド | 南アフリカ |
| 2006-2007 | ニュージーランド | フィジー | サモア |
| 2007-2008 | ニュージーランド | 南アフリカ | サモア |
| 2008-2009 | 南アフリカ | フィジー | イングランド |
| 2009-2010 | サモア | ニュージーランド | オーストラリア |
| 2010-2011 | ニュージーランド | 南アフリカ | イングランド |
| 2011-2012 | ニュージーランド | フィジー | イングランド |
| 2012-2013 | ニュージーランド | 南アフリカ | フィジー |
| 2013-2014 | ニュージーランド | 南アフリカ | フィジー |
| 2014-2015 | フィジー | 南アフリカ | ニュージーランド |
| 2015-2016 | フィジー | 南アフリカ | ニュージーランド |
| 2016-2017 | 南アフリカ | イングランド | フィジー |
| 2017-2018 | 南アフリカ | フィジー | ニュージーランド |
| 2018-2019 | フィジー | 米国 | ニュージーランド |
| 2019-2020 | ニュージーランド | 南アフリカ | フィジー |

（出典：https://www.world.rugby/sevens-series）

表10　ワールドラグビー・セブン・シリーズの結果（1999-2020）

前に選手やコーチ陣が新型コロナに感染するというアクシデントもあり、5位と振るわなかった。ただ、低迷の理由はクラスター感染の影響だけでなく、現在、選手の新旧交代の時期に来ているということもある。これまでブリッツボックスを牽引してきたセナトラやセシル・アフリカなどの7人制レジェンドが代表を退き、アンジェロ・デビッズやガンズなどの新しい力が注入され、チームに融合している最中といえる。

さらに7人制ラグビーは、以前のようにスピードだけでなく、フィジカル面の強度を要求される時代に来ている。強豪国の中ではスピード重視で比較的小柄なブリッツボックスは、選手構成の基準を再考する時期に来ているのかもしれない。また名将パウエルは2022年シーズンを最後にブリッツボックスのヘッドコーチを勇退しシャークスのディレクター・オブ・ラグビーになることが決まった。

## 南アフリカ社会を支えるラグビー～ラグビーの社会貢献

南アフリカには、SARU以外にもラグビーを支える組織がいくつかあり、それぞれが社会貢献プログラムを実施している。例えば、新型コロナ禍の中、前項で触れた南アフリカラグビー・レジェンド協会（SARLA）がスーパーラグビーのライオンズと共同で、ハウテン州の貧困層へ食料品を配った。SARLAは、2001年にスコットランドと南アフリカ代表キャップを持つジョン・アランが設立した非営利企業で、現在、約50名の元スプリングボックスのレジェンドたちが参加している。スポンサーからの寄付を主な財源とし、草の根レベルでのラグビーの普及を目的としており、主な活動として、前述のVUKAラグビー・プログラムの実施とレジェンドカップの開催がある。そのほか、教育機関への寄付を目的としたレジェンド間のチャリティーマッチや、ゴルフコンペなどのイベントも不定期に実施している。

VUKAラグビー・プログラムは、SARUと共同で行われており、特にこれまでラグビーが普及していなかった貧困地域でのラグビー教室がメインの活動になっている。活動は学校単位で行われ、男女を問わず15～19歳までの年齢層を対象にしている。このプログラムは持続性を重視しているところが高く評価されている。まず草の根レベルでの指導者を養成することから始め、彼らが継続的に指導を行うという形をとっている。

このプログラムは、ラグビー強豪国としては普及が進んでいなかった女子ラグビーのプロモーションにも大きく貢献している。レジェンド・カップはＳＡＲＬＡが各地でＳＡＲＵと共催している対抗戦またはトーナメント方式の大会である。指導した生徒たちが練習の先に試合という目標を設定できるように、周辺の指導対象校を集めて大会のコーディネートもしている。これらの主活動の結果、指導を受けた生徒たちが、高校、大学とスポーツ奨学金を獲得し、最終的にプロ選手になって貧困から抜け出したという事例も出てきている。さらに、これまでラグビーと接点のなかった非白人の選手数の増加がみられ、それに伴い非白人のファン層も厚くなった。ＶＵＫＡラグビー・プログラムは国家計画における青年教育の方針と合致し、地域社会の発展にも貢献しているということで、２０１７年、教育省より年間スポーツコード賞を受賞している。

ＳＡＲＬＡのほかにも、ラグビー関係機関としては、マイ・プレイヤーズ・オーガニゼーション（ＭＰＯ）という団体があり、彼らは、新型コロナ禍で国中がロックダウンしている時に貧困層へ食料を届ける活動をＳＡＲＬＡと共同で実施した。この団体は、いわばプロラグビー選手会のような存在である。もともとは、１９９５年以降の急激なプロ化についていけない選手たちの、特に契約問題、金銭管理、セカンドキャリア、メンタル面などをケアするため、１９９８年に設立された。現在、理事には引退したばかりのパット・ランビーやジョン・スミットなどのスプリングボックスＯＢが就任しているが、実務を担う管理職以下は現役選手を主体とする組織である。

団体だけではなく個人でも社会貢献をしている選手は数多い。現役選手の中で最も活動的なのは、スプリングボックス主将のシヤ・コリシである。コリシは２０２０年、南アフリカに存在するあらゆる格差を解消するという目標を掲げ、コリシ・ファウンデーション（財団）を妻のレイチェルと設立した。コリシの知名度の高さを利用し、集めた寄付金を財団の活動費に充てている。活動は多岐にわたり、貧困層のための食糧の確保、ジェンダー・バイオレンスの根絶、教育とスポーツの普及、そして人材育成を4つの柱としている。実際の活動としては、貧困家庭への食料品の配布、ドメスティック・バイオレンス撲滅の啓蒙活動、小学校への本や備品の寄贈、同じく小学校の遠足に対する補助、スポーツ施設の改善のほか、日本のパナソニックと組んで電化が進んでいない地域への太陽光発電ライトの供与などのプロジェクトも進行中である。

特にコロナ禍の第一波の時期にロックダウンと収入減により食料品が購入できない貧困層が暮らすタウンシップでの活動は何度となくメディアに取り上げられた。コリシ本人がタウンシップを訪れ、食料品の詰め合わせを直接手渡ししているシーンは多くの人に感銘を与えた。フェイスシールドなどの防御策は施していたが、新型コロナ感染者が急増していた人口密集地帯に足を踏み入れることは勇気のいることである。コリシ自身も育ったタウンシップの劣悪な環境で生活している人たちがコロナ禍でさらに苦境に立たされている。コリシのとった行動は売名行為ではなく、タウンシップの住民が直面している最悪の状況から、彼らを救済したいという心からの善行だということを誰もが感じ取った。

2019年ワールドカップを最後に代表からは退いたが、プロップとしてスプリングボックス史上最多の117キャップを誇るテンダイ・〝ビースト〟・ムタワリラも、翌20年にビースト・ファウンデーションを設立した。彼はジンバブエの首都ハラレの貧困家庭の出身だったが、ラグビーに秀でていたことで同国の名門校ピーターハウス・ボーイズ・スクールへの奨学金を得た。そこで頭角を現し、シャークス・アカデミーへと道が繋がった。ダーバンに着いた時はほとんど着の身着のままで所持金はほぼゼロ。チームメイトが車で試合会場や練習場へ行くのを横目に、彼はコーチから支給された自転車が足代わりだった。そのような〝下積み〟時代の苦労が実り、ジンバブエ人でありながらスプリングボックスの代表的な存在へと上り詰めた。彼自身、ラグビーとの出会いが人生を好転させるきっかけだったと自認しており、南アフリカ、そしてジンバブエの子どもたちにも同様に成功に通ずる機会を与えたいと考えている。

同ファウンデーションの活動は、スポーツ、教育、ライフスキル(57)の3本柱で構成されている。スポーツでは、ラグビーとバスケットボールを取り上げ、貧困により普通にスポーツができない子どもたちをトレーニングキャンプに招待し、一流コーチから適切な指導を仰げるようにしている。キャンプではトレーニングだけでなく選手とスカウトとのマッチングも催される。教育では、やはり経済的理由から進学が難しい生徒のために奨学金を供与している。最後のライフスキルは、ヘンレイ・ビジネス・スクールとパートナーシップを結び、主には選手の引退後に備えいくつかの職業訓練を施すというものである。実は彼自身、コンタクトが多いラグビーでは致命的な大けがによりこれまで築いたものを一瞬で失うかもしれないという不安を常に抱えていたからである。これらの活動には、シヤ・コリシ、エベン・エツベスなどスプリングボックスのチ

(57) ライフスキル (Life Skills):世界保健機構によるとライフスキルとは日常生活においてさまざまな問題や要求に対して、建設的および効果的に対応できる能力のこと。

ームメイトも参加している。

その〝ビースト〟・ムタワリラも発起人として名を連ねているのが、マカゾレ・マピンピが主催しているジェンダーに基づく暴力（GBV）、つまり女性に対する暴力をなくすキャンペーン〝#Mapimpi67〟である。前述のとおり、彼自身も貧困家庭、無法地帯のタウンシップの出身で、家庭内で男性が女性に暴力を振るうのは当たり前という環境で育ってきた。また、マピンピ自身が少年時代に同じコミュニティ内の知り合いの女性が性的暴行を受けたことにより別人に変わってしまったというショッキングな経験を持つ。

2019年ワールドカップ直前に日本と対戦した親善試合で、マピンピは3トライを記録したが、トライをするたびにカメラに向かって左手首のリストバンドをアピールしていた。実は前年ケープタウンで、郵便局員が荷物を取りに来た女子大生を暴行後、殺害するという痛ましい事件があった。マピンピのリストバンドにはその被害者の通称とRIP（Requiescat in Pacee＝ご冥福をお祈りします）という言葉が添えられていたのである。日本人の観客や視聴者はマピンピが何をアピールしているのか疑問に思ったかもしれないが、マピンピは南アフリカの視聴者にGBV撲滅を喚起したかったのだという。

双子の兄弟でともにスプリングボックスに選ばれたアコナとオドゥワ・ンドゥンガネ兄弟は、2018年にンドゥンガネ・ツインズ基金設立した。アコナは15年、オドゥワは17年にそれぞれ現役を退いた。アコナは現在、スーパースポーツのコメンテーターとして活躍している。現役時代、アコナはブルズ、オドゥワはシャークスに分かれて戦い、スプリングボックスでは同じウィングのポジションを競い合った。実際、アコナがスプリングボックスに選ばれたのは06年と07年、オドゥワは08年〜11年と重なってはいない。現役時代、代表の同じポジションを競う相手として兄弟の関係が多少ギクシャクしたことは想像に難くない。しかし現役引退後、お互いの緊張の糸は切れ、もともとの良好な兄弟関係に戻った。

そして生まれたのが、彼らの故郷イースタンケープ州の貧困家庭の子どもたちに、よい学校での高い教育と、適切なラグビーの指導を受けさせたいという二人の想いであった。最終的な目的は、子どもたちに貧困から抜け出す機会を与えることである。ンドゥンガネ・ツインズ基金では、南アフリカ最大手のブックメーカーであるハリウッドベッツがメインスポンサーとなり、貧困家庭の子どもたちに授業料、寮費、生活費、ラグビー関連費など、就学期間中に必要な費用をすべてカバーする奨学金を提供している。すでにこの基金の奨学生数人がシャークスのユースチームに選ばれ、クレイブン・ウィークに出場している。

南アフリカ国内に限らず、国際的な慈善事業に協力している元選手および現役選手もいる。モーネ・デュプレシスとブライアン・ハバナの2名は、世界中でスポーツを通じて暴力や差別、社会的格差をなくすことを目標に掲げるローレウス・スポーツ・フォー・グッド財団が各国で主催しているローレウス・ワールド・スポーツ・アカデミーのメンバーに選出されている。ちなみに現在、このアカデミーの会長は、元オールブラックスの闘将ショーン・フィッツパトリックが務めている。そして活動をサポートするアンバサダーとして、現役選手のチェスリン・コルビー、セシル・アフリカ、そして南アフリカ初の女性プロとなったババルア・ラッシャが、また現役を退いたスカルク・バーガー、ジャン・デヴィリアス、スカルク・ブリッツなど8名のレジェンドたちがボランティアで参加している。

南アフリカは富めるものと貧しきものの格差が世界で最も大きい国である。南アフリカ政府もこの格差問題に手をこまねいているだけでなく、税の優遇策や社会保障による所得再配分の仕組みを整えつつあるが、その効果は末端にまで行き渡っていない。交差点で信号待ちしている車に物売りや物乞いが寄ってくるのは、アフリカであればどこにでもある光景である。しかし、ほかのアフリカ諸国であればその車は20年前のくすんだ中古車であるが、南アフリカの場合は新車（南アフリカでは自国の自動車産業保護のため中古車の輸入は禁止されている）であり、ときにはポルシェやフェラーリなどの高級車であったりもする。格差の大きさを実感できる瞬間である。

南アフリカ政府が解決に取り組んでいるその課題を、ラグビーが微力ながら側面より支援している。第1章の冒頭で、選手やコーチの発言の節々に国や国民を想う気持ちが表出されていると書いたが、彼らが背負っているものは重い。ある意味では南アフリカの現状はラグビー選手にとって負担になり得る一方で、自らを奮い立たせる原動力にもなっている。このようなスポーツ選手の慈善活動は、一般にはノブレスオブリージュ、つまりスプリングボック選手のような成功者は社会に貢献する義務があると解釈されている。だが、前出の選手たちはそうした〝高貴さゆえの義務感〟から活動を行っているのではない。ネルソン・マンデラが道筋を付けたラグビーによる南アフリカ社会の融合を実現すべく行動している。そうすれば、子どもたちが自分たちのように辛酸をなめることなく、スポーツを普通に楽しむ環境をつくることができる。そしてその環境をつくることが地域や国の発展に繋がると確信しているからだ。

南アフリカ国民は、ラグビー選手や関係者たちの行動を見てその真摯な気持ちを感じ取っていた。これは副次的ではあるが、特にこれまでラグビーに対してよい感情を持っていなかった非白人層や、関心が持てなかった人たちがラグビーを受け入れるきっかけにもなる。彼らの地道な活動が、特異な歴史をたどり、特殊な環境を持つ南アフリカという国でラグビー・ラバーを増やしている。

## 南アフリカラグビーのマネジメント〜レジリエンスとインテリジェンス

まさに激動の歴史をたどってきた南アフリカラグビーは、今後も目まぐるしく変化する様相を呈している。特にこの国におけるラグビーの在り方である。アパルトヘイトが終焉を迎え、南アフリカラグビーの第二幕が始まって30年が経とうとしている。その30年間は南アフリカに限ったことでなく、世界のラグビー関係者にとっても激変の時代だった。なかでも最たる変化はラグビーユニオンのプロ化である。現状を鑑みると、そのプロ化も含め千変万化に変わり続けた環境に、南アフリカラグビーが上手く対応してきたのかというと疑問符が付く。すでに〝倒産〟に追い込まれたサザン・キングスをはじめ、どのフランチャイズも財務的に苦しくスプリングボックス級のスター選手を抱えることが難しくなっている。

この10年、南アフリカの経済は低成長を続けており、これまでフランチャイズやスプリングボックスを財政面で支えてきたスポンサー企業も苦しい状況が続いている。南アフリカは依然として鉱物資源の輸出に依存している。しかし、世界的な鉱物資源の価格下落に加え、脱炭素化が国際社会のスタンダードとなる中、石炭などの鉱業はさらなる打撃を受けている。今のところ南アフリカ経済が浮上する兆しは見えていない。

南アフリカラグビーが直面しているのは財政面や経済の問題だけではない。これはラグビーだけでなくスポーツ界全体が戦々恐々としていることだが、ジェネレーションZ(58)と呼ばれる若い世代はその前のミレニアル世代と比べてもよりスポーツを観ないからだ。アメリカのデータインテリジェンス企業、Morning Consult®（モーニング・コンサルト）が実施した調査によると、ミレニアル世代では31％が「スポーツが好きではない」と回答していたが、Z世代では47％に増えている。さらにミレニアル世代では「スポーツを観ない」との回答は20％だったが、Z世代では39％に倍増した。また「スポーツが好きではない」「スポーツを観ない」という層の増加に比例して「スポーツをやらない」という層も増えている。その原因として想像に難くないのは、eスポーツの台頭である。このZ世代をどうラグビーに取り込んでいくのか。南アフリカラグビーにとってはその存続がかかった喫緊《きっきん》の課題である。

南アフリカ地方政府協会が2018年、ヨハネスブルグで企業や公的機関の管理職を対象に「未来の働き方」というテーマの啓発セミナーを実施した。講師が力説していたことの一つは、「世界で一番大きなタクシー会社はUberです。でも、Uberは自社で一台も車を所有していない。同様に世界で一番大きなホテルチェーンはAirbnbですが、彼らも自社では一室も部屋を所有していない。皆さんの世代では考えられないことが現代では起きている。我々は抜本的に自分たちの常識を変えていかなければならない」ということだった。その通りである。これまで南アフリカラグビーは比較的保守的に運営されてきた。しかし、特に工夫やサービスもなく毎年同じことをしていてもファンがついてきてくれた時代はとうの昔に終わった。それはSARUや各ユニオンも認識しているはずである。南アフリカラグビーは、その存続のためにこれまでの常識を取り払い、変革を目指さなければならない。

次ページの**表11**に示すとおり、SARUの財務諸表を理解しやすい収支の部分で読み解くと、ここ数年の最高収益を計上した2019年と比較するとコロナ禍が影響を及ぼした20年は収入が半分近く減少している。当然である。スーパーラグビーは全18ラウンド中7ラウンドまでしか実施できなかった。そしてラグビー・チャンピオンシップには南アフリカだけが参加できず、コロナ禍を先に収束できたほかの3か国のみでトライ・ネイションズと名前を変えて開催された。そもそも新型コロナ対策として政府からの厳命で3月中旬~11月下旬まではラグビーの試合は控えることになった。そのため、通常8月から開始されるカリーカップは11月から無観客で開催され、3月以降SARUの収入源は限定された。

(58) ジェネレーションZ(Generation Z):いわゆる〝Z世代〟。1990年代後半から2000年代に生まれたデジタル・ネイティブの世代を指す。ミレニアルと呼ばれる80~90年代中盤までに生まれた前世代のジェネレーションYよりさらにインターネットに精通する。

| | 2020 年度 | 2019 年度 | 2018 年度 | 2017 年度 |
|---|---|---|---|---|
| 収入 | 710,463,584 | 1,295,800,115 | 1,263,620,767 | 1,153,679,814 |
| 他の営業収入 | 116,618,433 | 196,185,760 | 38,017,841 | 91,598,167 |
| 他の営業損失 | (9,927,734) | (1,526,850) | (4,491,410) | (1,549,349) |
| 他の営業経費 | (801,235,796) | (1,460,865,904) | (1,281,176,193) | (1,283,798,021) |
| 営業利益 | 15,918,487 | 29,593,121 | 15,971,005 | (40,069,389) |

（単位は南アフリカ・ランド、出典：SARU Annual Report 2018-2010）

表11　SARUの収支（2017〜20）

支出に関してはそれらの試合が実施されなかった分、営業経費は削減された。加えて月給2万ランド（約14万円）以上の選手、SARU役職員などすべてのラグビー関係者が25％の給与カットに同意した。特に高給を得ているマネジメントクラスは状況に応じて43％までの給与カットを承服した。また、通常は放映権料などの収益は各ユニオンに分配されるが、試合がなかったためこの分配金も99％削減された。これら身銭を切った努力の結果、営業利益としては黒字を保てた。損益計算書によると税金支払額などを加味した当期純利益についても黒字に収まっている。

ここで収入の内訳について見てみたい。**表12**は、2019年および20年の収入の明細を比較した表である。この表から、SARUの収入源のほとんどは放映権とスポンサーシップであることが分かる。ただ、その二つはともに今回の新型コロナ禍のような突発的でネガティブな事象に対しては脆弱であることが確認された。今後は異常事態にも対応できる第三の柱をつくる必要がある。フランチャイズとの業務分担の問題もあるが、ポイントはSARU内で遅れているデジタル化と

| | 2020 | 2019 | 2020 −2019(%) | |
|---|---|---|---|---|
| **収入** | | | | |
| スプリングボックス・サポーターズ・クラブ | 17,328 | 3,236,572 | (3,219,244) | -99% |
| 放映権 | 417,209,151 | 751,751,833 | (334,542,682) | -45% |
| ワールドラグビー・セブンズ・イベント | 41,261 | 80,311,047 | (80,269,786) | -100% |
| スポンサーシップ | 281,896,955 | 347,108,351 | (65,211,396) | -19% |
| 南アフリカ・ヘリテージ・トラスト | 0 | 484,105 | (484,105) | -100% |
| テストマッチ（アウェイ） | 0 | 8,495,891 | (8,495,891) | -100% |
| テストマッチ（ホーム） | 0 | 19,704,637 | (19,704,637) | -100% |
| マーチャンダイジング・ロイヤリティ | 11,298,889 | 24,135,207 | (12,836,318) | -53% |
| 南アフリカラグビー・トラベル | 0 | 60,572,472 | (60,572,472) | -100% |
| **その他の営業収入** | | | | |
| ワールドラグビーからの給付金 | 76,319,211 | 105,183,836 | (28,864,625) | -27% |
| 南アフリカ政府からの給付金 | 3,053,300 | 3,026,852 | 26,448 | 1% |
| その他の給付金 | 6,425,317 | 6,850,609 | (425,292) | -6% |
| 保険収入 | 0 | 62,821,043 | (62,821,043) | -100% |
| その他の収入 | 18,856,767 | 18,303,420 | 553,347 | 3% |
| デコンソリーデーションからの収入 | 11,963,838 | 0 | 11,963,838 | 100% |

（単位は南アフリカ・ランド、出典：SARU Annual Report 2020）

**表12　SARUの収入の内訳（2019-2020）**

スプリングボックスのブランド化を促進することだろう。

デジタル化に関しては、SARUのアニュアルレポート（年次報告書）にも、今後推進すべき分野として毎年のように挙げられている。しかし現状では、SARUはSNSを不定期に更新しているぐらいで積極的に進めているようには思えない。試合やプログラムのインターネット配信、eコマースへの進出など検討の余地は大いにある。加えて、アパルトヘイト時の監視システムに端を発するバイオメトリクス認証などは南アフリカ企業の得意分野である。いずれにせよデジタル化に関しては未開拓の分野が多いので伸びしろは大きい。

スプリングボックスのブランド化については、前述のとおり、まずは足元のアフリカ市場においてイメージの浸透を図ることが前提である。スプリングボックス関連のグッズは、現時点においてはレプリカジャージなどありきたりのものしかなく、商品開発を進め市場拡大に努めるべきである。また、**表12**の〝マーチャンダイジング・ロイヤリティ〟の利益にも繋がるが、ワールドカップ・チャンピオンであるスプリングボックスのイメージを、各方面に浸透させる営業活動を活発化すべきだ。オールブラックスと肩を並べる3度のワールドカップ優勝という輝かしい実績は、南アフリカラグビーは強いというイメージを定着させるためには申し分ない。このイメージを自社製品やサービスの広告塔として使いたいという大手企業は南アフリカ国内外に存在するはずである。この点では、オールブラックスのマーケティングおよびイメージ戦略が参考になるだろう。

それらの戦略にも関連するが、スプリングボックスのメインスポンサーには、これまで南アフリカ企業が選ばれてきた。アパルトヘイト時には国内企業に依存するしかなく関係者間のしがらみもあるが、そろそろ海外企業に目を向けてもよい時期かもしれない。例えば、アメリカの大手保険会社ＡＩＧとＮＺＲＵの契約金額は5年間で８０００万ＮＺドル（約63億円）ほどといわれている。これに対してスプリングボックスのスポンサー契約料は年間にするとその3分の1程度である。つまり、スプリングボックスの価値はオールブラックスの3分の1ということになるがそれはあり得ない。その価値が正当に評価されていないのである。

南アフリカ代表チームならば、同国を代表する企業がスポンサーになるべきという考えは分かる。しかし、繰り返すが低迷する南アフリカ経済の中で企業は激しい生存競争を戦っており、現状では国内でスプリングボックスに正当な金額を提供できるスポンサー企業は少ない。であれば、スプリングボックスの質実剛健なイメージを求める海外のメガ企業を中心に、そのマッチングの機会を設けてもよいだろう。ただしこのレベルになると企業は高額なスポンサー料を払う分、スポンサー側に対する評価基準が非常に厳しくなる。企業イメージを維持するためには、常勝であり続けなければならない。先のＡＩＧは、２０１９年ワールドカップで3連覇を逃し3位に終わったオールブラックスとは契約を更新しなかった。

また、7人制ラグビーの可能性にももっと注目すべきだろう。**表12**を見ても分かるように、南アフリカでは7人制の人気は高く集客力もある。その代表であるブリッツボックスは、スプリングボックス同様にワールドラグビー・セブン・シリーズを制した実績を誇り、何よりも15人制以上に黒人選手の占める割合が高い。15人制よりルールが分かりやすく同胞の黒人選手が多数出場するのであれば、これまでラグビーに馴染みのなかった全人口の8割を占める黒人層を吸収できる可能性は高い。実際、ヨハネスブルグのソウェトに本拠地を置く南アフリカを代表するサッカーチームであるカイザー・チーフスは、国内で唯一の7人制ラグビーの専門チームを持つ。巨大な黒人市場開拓を念頭に、あえて他競技に挑んでいる。余談だが、現在、カイザー・チーフスのサッカーチームの監督はサンフレッチェ広島やヴィッセル神戸でも指揮を執ったスチュアート・バクスターである。バクスターは南アフリカ代表チームの監督も二度務めており、南アフリカでの評価は高い。

しかし、肝心の各フランチャイズは現在、7人制部門を持つ余裕はなく、不定期に実施される7人制国内大会がある時だけ間に合わせのチームを急造している。将来的には7人制の国内リーグを創設し、各都市で2、3日のコンペティションを行い巡回するような形を取れば、ファンとの距離がさらに縮まる。例えば、夏のオフシーズンを利用して1か月程度の国内大会を定期的に実施し、「夏はセブンス」というイメージを固定できれば理想的である。もともと7人制国際大会の会場はエンターテイメント性が高くビールを片手にしたパーティ的なムードがある。特に南アフリカでは7人制が15人制のファンにも受け入れられてきた素地があるため、可能性は多方面に拡がる。

さて、これまでSARUやスプリングボックスについて述べてきたが、今度はそれらを支えるフランチャイズに目を向けたい。前述のとおり、どのフランチャイズも過去2年間は新型コロナ禍の影響を受け、収入の減少により財務的に厳しい状況が続いている。まずは4大フランチャイズの一つであり先進的な組織運営をしているシャークスを例に、フランチャイズの実態と将来的な方向性を確認したい。

シャークスを構成するステークホルダー（利害関係者）を大別すると、株主、スポンサー、職員、選手、関連子会社、そしてファンや顧客となる。これらの構成要素を個々に見ていきたい。

1995年のラグビーのプロ化により、クワズールナタール・ラグビーユニオンは、マネジメント部門を残し大部分をThe Sharks（Pty）Ltd.（便宜上、これ以降シャークスと表記）に法人化した。この時点では、この株式会社の株主は51％を占める同ユニオンと49％を持つメディア企業スーパースポーツだった。このユニオンと民間企業のシェアの割り当てはSARUが決定し、シャークスだけでなく全14のユニオンに周知徹底された。競技がプロ化されたため民間企業のビジネスノウハウや資本を取り入れる必要があったが、そこにはあくまで支配権はユニオンが握るという意図があった。ただ結果的にこのユニオン主導の形態は南アフリカラグビーの衰退を招くことになった。

やはり、アマチュアのユニオンではプロチームやプロ選手を管理できず、ラグビーをビジネスとして捉える的確な経営判断ができなかったのである。前述のとおり、イースタン・プロビンス・ラグビーユニオンのキングスは事実上倒産した。そして、昨今ウェスタン・プロビンス・ラグビーユニオンのストーマーズも財務的にかなり危険な状態にある。何より500人を超える選手の海外流出は、各フランチャイズの資金繰りが悪化したことにより、それだけの選手を抱えきれないということが要因の一つとなっている。これらの南アフリカラグビーが直面する課題からしても、アマチュアのユニオンではプロ組織を経営管理することが難しかったと判断できよう。

最近では変化の兆しが見えてはいるが、以前はユニオンの要職にはかつての名選手や名監督が名誉職的に就任することが多かった。アマチュアの時代であれば組織を運営するだけなので、求心力のあるレジェンドであれば要職を務めることができた。しかし、現在は組織運営とともに、ビジネスとして利益を上げることを両立しなければならない。特に後者については、その分野の専門知識と経験が必要とされる。スプリングボックス級の選手も引退後は、起業や新たなビジネスに挑戦するケースは多い。そうした優秀な人材がビジネス界から転身してくればよいが、タイミングよく適任者が見つかることは稀である。

例えば、シャークスの黄金期を支え、スプリングボックスでは2007年ワールドカップの優勝を主将として導いたジョン・スミットは現役引退直後の13年にいきなりシャークスのCEOに就任している。スミットは国民的英雄であり、リーダーとしても完璧な資質を持つが、経営者としての経験は皆無であった。結局、本人の失態とはいえないが、在任中に財務上の不正などが発覚し、特に実績を残すことなくスミットは3年で辞任となった。スミットの後任には、やはりシャークス、そしてスプリングボックスで同じく主将として活躍したゲイリー・タイヒマンが就いた。タイヒマンが選出された理由は、彼が建設業ですでに成功を収めるビジネスマンだったからだ。さらに19年には、エドワード・クッツェーがCEOを引き継ぐ。クッツェーはスプリングボックスにこそ手は届かなかったが、ブルズ、シャークスを経てアビロン・バイヨンヌなどフランスのTOP14で活躍したプロップだった。引退後は銀行やファイナンシャルサービス企業で経験を積み、14年にマーケティング・マネージャーとしてシャークスに帰ってきた。また、彼は名門クワズールナタール大学で経営学博士号を取得している。彼のCEOとしての功績は後述する。

実は別の理由でニュージーランドやオーストラリアのフランチャイズからも、このユニオンおよびスーパースポーツの51％、49％というシェアの割合が懸念事項として度々指摘されていた。彼らが憂慮したのは、南アフリカでラグビーを独占的に放送しているスーパースポーツが49％を占める株主であることだ。本来、放映権料などの交渉は売り手と買い手の立場で行わなければならないところ、企業と主要株主という関係で、果たして公正な交渉ができるのかという疑念が拭えなかったのだ。

しかし、新型コロナウイルスのパンデミックという異常事態の中、ついにSARUがこの株式比率の変更を認めた。2か国のクレームに屈したわけではなく、新型コロナ禍でもともと脆弱だった各フランチャイズの財務状況がさらに悪化したからである。これまで以上に民間資本を投入するなど追加の対策を取らないと、第二、第三のキングスが発現する可能性が高く、南アフリカラグビーを守るためには方向転換をせざるを得なかったのである。

シャークスのCEOクッツェーは、このSARUのルール変更に即反応し、ニューヨークに拠点を置く投資会社MVMホールディングス合同会社と交渉を始めた。最終的には2021年1月に契約交渉は成立し、MVMホールディングスは51％のシェアを握ることになった。そしてクワズールナタール・ラグビーユニオンが26％、スーパースポーツが23％で合わせても49％となり、南アフリカ側は支配権を失った。MVMホールディングスの投資額は非公表となっているが、同社はシャークスの前にストーマーズに食指を動かし水面下で交渉を開始していた。その際に提示されていた金額は600万ドル（約7億円）といわれている。ちなみにその契約交渉は、あくまでストーマーズが支配権を握るとし、MVMホールディングスが51％シェアすることを拒否したため決裂した。

ストーマーズにとっては皮肉なことだが、資本が注入されたシャークスはストーマーズからシヤ・コリシとボンギ・ンボナンビのスプリングボックスの主力を獲得した。さらには南アフリカのフランチャイズには珍しく、ワラビーズ・キャップ7のベン・タプアイとロス・プーマス・キャップ4のホアキン・ディアス・ボニーラという外国人選手を獲得しチームに刺激を与えた。そもそもシャークスでは、ルカニョ・アム、マカゾレ・マピンピ、トーマス・デュトイ、シブシソ・ンコシ、アフェレレ・ファッシー、オックス・ンチェなど多くのスプリングボックス選手が海外へは行かずダーバンに留まった。選手たちの意向や事情、そしてチームに対する想いもあるが、彼らを海外移籍から引き留めたのは、やはりシャークスがその実力に見合った年棒を出せるということだった。今回の補強により、シャークスは南アフリカのフランチャイズの中で群を抜いて現役のスプリングボックスが在籍するチームとなった。

もちろん、MVMホールディングスはビジネスとしてシャークスに出資しており、シャークスに対して出資金額にプラスして配当などの株主資本コストを加えた金額以上の売上を要求する。対して、シャークスは出資金を有効に使い、結果を出していかなければならない。今回クッツェーがMVMホールディングスをパートナーとして選んだ理由の一つは、同社の代表が南アフリカ人でダーバン出身のマルコ・マソッティだったからである。マソッティはクワズールナタール大学法学部を卒業後、奨学金を得てアメリカのヴァージニア大学ロースクールで法学修士号と弁護士資格を取得した。彼は大学院修了後もアメリカに留まり、大手法律事務所であるポール、ワイス、リフキンド、ウォートン&ギャリソンLLPに入職、プライベート・エクイティ・ファンドの分野で頭角を現し、MVMホールディングスを率いる。マソッティはシャークスとの契約の際に、自分が子どもの時からシャークスの熱狂的ファンでありチームを愛していること、そしてシャークスを通じて地域社会の発展に貢献したい旨を語った。その点では、ヨーロッパのプロスポーツで時に問題となる、ビジネスライクな判断をするオーナーとチームの勝利を目指すマネジメントやファンとの間に軋轢は生じにくいのではとみられている。

またクッツェー自身はもともと、アマチュアのユニオンが主体ではプロチームの運営は困難であるという考えを持っていた。したがって、アメリカですでにバスケットボール、アイスホッケー、アメリカン・フットボールなどのチーム経営に携わっているMVMホールディングスからプロスポーツ・ビジネスのノウハウを吸収することも今回のパートナーシップの目的の一つだった。またMVMホールディングスのメンバーの一人に、著名な起業家のマイケル・ヨーマークが名を連ねている。ヨーマークは現在アメリカで規模を拡大している総合エンターテイメント・エージェントのロック・ネイション(59)の社長でもある。ロック・ネイションとの連携によりプロ選手のマネジメントに関するノウハウも習得できる。実はスプリングボックスで最初にロック・ネイションと契約したのはシヤ・コリシだった。前述のコリシのストーマーズからシャークスへの移籍はシャークスがロック・ネイションを通じて交渉を進めたと推測されている。

クッツェーは、MVMホールディングとの契約後も引き続きCEOに就いており、同社から助言を受けながらチーム改革を実行している。まず110人抱えていた契約選手を45人に減らした上で、パフォーマンス・ボーナスを導入し、少数精鋭の筋肉質の組織を形成した。また、これから始まるユナイテッド・ラグビー・チャンピオンシップにおいて、スイスの国際都市ジュネーヴをヨーロッパでの拠点と決めてパートナーシップ契約を結んだ。あえてラグビー不毛の地であるスイスを選んだのは、一人当たりの名目GDPが世界2位を誇るスイスにラグビービジネスの可能性を見越した上での判断だった。今後、ジュネーヴにシャークス・アカデミーの支部を設立し、ラグビーの普及にも力を入れる予定である。

シャークスは外資が入ったことにより大きく変化した。MVMホールディングの動きを静観していたほかの米系投資会社も南アフリカの各フランチャイズに水面下でアプローチを始めている。南アフリカの各フランチャイズも、シャークスの動向を見守っている。シャークスの投資会社主導という形態がフランチャイズの運営を成功に導くのかを見極めたいのである。残念ながら、新型コロナ禍の影響で制限されていた活動も多く、状況を見極めるには時期尚早である。しかし、ほかのフランチャイズも現状のままでは組織としての発展は難しく、抜本的な変革が必要だと認識はしている。

スポンサーはすべてのフランチャイズにとって最も大きな収入源である。**表13**のとおり、シャークスの場合、スポンサーシップが収入の38%（2016年）を占める。金額的にも13年の

2億5300万ランド（約19億円）から4億5500万ランド（約33億円）へと増加している。シャークスのタイトルスポンサー（試合用ジャージの胸に社名が入るメインスポンサー）はCell Cという携帯電話企業である。南アフリカの携帯ネットワーク企業の中では後発であるが、他社より安い料金設定であるためマーケットシェアは常に20％前後を保持している。Cell Cがシャークスのタイトルスポンサーになったのは14年からで、20年には新たに3年間の追加契約を締結した。シャークスとしてはCell Cのように景気や為替に比較的左右されない安定した企業がスポンサーになったのは幸運だった。ちなみに国内携帯ネットワーク業界最大手のボーダ

表13　シャークスの収入内訳（2016年）

| 項目 | 割合 |
|---|---|
| スポンサーシップ | 38% |
| スィートリース | 16% |
| テストマッチ | 16% |
| シーズンチケット | 8% |
| イベントと飲食 | 5% |
| スタジアムの広告 | 5% |
| 商品販売 | 4% |
| スタジアムのネーミングライツ | 3% |
| ホームマッチ収益 | 2% |
| レンタル | 2% |
| マーケティング | 1% |
| スタジアム賃料 | 1% |

（出典：University of Cape Town）

（59）ロック・ネイション（Roc Nation）：2008年、ラッパーのジェイ・Zが自身のレーベルとして創業。その後、アーティストのマネジメント業にも事業を拡張、13年にはロック・ネイション・スポーツを設立し、スポーツ業界にも進出。野球、サッカー、アメリカンフットボール、ボクシング、ラグビーの一流選手と契約している。ラグビーでは、スプリングボックス勢のほかにイングランド代表のマロ・イトジェが所属。本部はニューヨークにある。

コムはブルズ、二番手のＭＴＮはスプリングボックスのタイトルスポンサーになっている。シャークスの場合、このタイトルスポンサーに加え、スポーツアパレル企業のMr. Price Sports、スポーツベッティング企業のHollywoodbets、そのほか４社がアソシエイトスポンサーである。このほかに、オフィシャルパートナーが16社、メディアパートナーが４社、スタジアムパートナーが２社、メディカルスポンサーが９社、クラブコンペティションスポンサーが２社、デベロップメントスポンサーが４社、クラブスポンサーが４社、アカデミースポンサーが３社と、一部重複はするが、実に51のスポンサー企業がシャークスを支えている。

シャークスは２０１６年より、それぞれのスポンサーの投資利益率、いわゆるＲＯＩを追跡調査するシステムを開発した。シャークスに投資したことで各スポンサーにどれだけリターンがあったのか数値を明示することで、スポンサーとの信頼関係を築くことが目的である。スポンサーとしても適切な情報をもとに、自分たちのシャークスに対する投資を評価すると同時に、次回の投資に関する意思決定ができる。シャークスはスポンサーを繋ぎ留める努力を怠っていない。

職員については、１９９５年のThe Sharks（Pty）Ltd.発足時、１００％白人だった。現在、人種別の職員構成比率は公表されていないが、約80名のシャークス職員は国内で最もトランスフォーメーションが進んだフランチャイズといわれている。また法人化されて以降、プロスポーツ企業としての組織形成も進められており、財務、法務、マーケティング、人事、ＩＣＴなど現在11部門があり、職員の専門性も多様化している。

当然選手は、フランチャイズにとって最大の財産といえる。選手の活躍がチームの勝利につながり、選手個人やチームの人気度を高める。そしてその人気が需要に繋がりチケットや関連商品が売れ、スポンサーをシャークスに惹きつける。つまり選手こそが、チームの利益と価値を生む源泉なのである。そしてもちろんシャークスが最重視するのは、セレブリティ・プレイヤーと称される、選手の中でも特に人気が高く、言い換えれば客を呼べ、儲けさせてくれる選手である。

シャークスには苦い経験がある。2015年に、ヤニー、そしてビスマルク・デュプレッシー兄弟、マルセル・クッツェー、フランソワ・ステインといった当時スプリングボックスにも選ばれていたスター選手が一斉に退団したのだ。4名の合計キャップ数は250を超え、スプリングボックスの中でも中核的な存在だった。彼らの退団により、翌年シャークスは南アフリカグループで3位に終わり、シーズンチケットの売上が約14%落ちた。16年当時、退団した4名のツイッターのフォロワー数の合計は13万7600人、シャークスは13万5900人だった。シャークスとしてはこの4人の退団がチーム力の低下のみならず経済的損失に繋がったと認識している。この教訓を踏まえ、ほかのフランチャイズでスプリングボックス級選手の海外流出が続く中、前述のとおり、シャークスはアム、マピンピ、デュトイ、ンコシなど生え抜きのセレブリティ・プレイヤーたちを引き留めることができた。さらには、MVMホールディングから資金を得てコリシというおそらくは南アフリカで最も客を呼べるセレブリティ・プレイヤーの引き抜きにも成功した。加えてシャークスのセレブリティ・プレイヤーには黒人が多いということがさらなる市場拡張に弾みをつけることになる。

ここでプロ選手の契約について触れておく。南アフリカでは、南アフリカラグビー雇用者組合

（South African Rugby Employers' Organisation = SAREO）と南アフリカラグビー選手協会（South African Rugby Players' Association = SARPA）が労働協約（Collective Agreement 2020）を締結している。SAREOは国内すべてのフランチャイズやユニオンにより構成されており、SARPAには正規契約だけではなく短期やローン契約までのほとんどのプロ選手が加盟している。SAREOとSARPAは雇用者、そして被雇用者として労働協約に従い個々の契約条件を決定する。この労働協約は110頁のボリュームがあり、プロラグビー選手としての活動範囲のすべてを網羅している。例えば、サラリーキャップ（プロスポーツチームが所属する選手に支払う年俸総額の上限）をはじめ、休暇、医療、保険、そして経費の分担比率などが事細やかに規定されている。いわば労働協定と就業規則を合わせたような内容になっている。

現在、シャークスには50%以上の株式を所有する子会社が3つある。シャークス・アカデミー（The Sharks Academy）、シャークス・メディカルセンター（Sharks Medical Centre）、そしてシャークス・キッチン（Sharks Kitchen）である。

シャークス・アカデミーは2001年に設立されたラグビーの専門学校であるが、現在はサッカーのプログラムも開設している。日本代表の松島幸太郎選手が高校卒業後、大学には進まずこのアカデミーに挑戦したことでも知られる。18～23歳までのプロ志望の選手が一学年に平均250人在籍しており、月曜～金曜日の午前7時45分～午後2時45分まで実技や座学の授業を受ける。アカデミーは教育機関だが、営利法人なので生徒からの授業料が主要な収入源になる。授業料だけでも年間約11万ランド（約82万円）かかるため、南アフリカでは、アカデミーから入学許可は得たが授業料が工面できず入学をあきらめる志願者も多い。もちろん、将来性のある生徒には奨学金が支給される。アカデミーからは、〝ビースト〟・ムタワリラ、JP・ピーターセン、フランソワ・ステイン、マルセル・クッツェー、トーマス・デュトイ、シブシソ・ンコシ、ジャンリュックとダン・デュプレア兄弟などのスプリングボックスをはじめ、シャークスや、ほかのフランチャイズで主力として活躍する人材を多数輩出している。

なお、シャークスの下部組織として3～13歳までを対象としたシャークス・キッズ（Sharks Kitz）が併設されている。3～9歳までは、ラグビーを楽しむことを目的にプログラムが組まれ、クリケットやホッケーなど他競技も取り入れてリクリエーション的な要素が強い。9～13歳までのプログラムになると、アカデミーのトレーニング方法による技術を向上させるカリキュラムに入る。14歳以降は選手に実力があればシャークス・キッズからラグビー強豪校に紹介することも行っている。

シャークス・メディカルセンターは、マルチ・ディシプリナリー・モデル（異なる専門性を持つ医師や医療専門家が協力して治療に取り組む形態）の医療機関として2005年に設立された。通常の医師による医療診断に加え、理学療法、バイオキネティック（生物動力学）、栄養学、スポーツマッサージなどの専門家による包括的な治療を施す。シャークスは同センター発足当初は地域コミュニティに貢献する医療施設になることを期待していたが、現状では患者はスポーツ選手が多く、負傷後のリハビリ医療施設的な存在となっている。

2015年、シャークスはキングスパーク・スタジアムで営業していた6つのケータリング会社を買収し、シャークス・キッチン（The Sharks Kitchen）を設立した。6つの会社はいずれも個人経営の零細企業であり、30年以上スタジアム内で営業を続けていたところもある。そうしたいくつかのケータリング会社は、買収が強引で一方的過ぎるとの不満をメディアに訴えた。しかしシャークスからすると、これまで放置してきた部分にやっと介入できたということである。現在、シャークス・キッチンは同スタジアム内の売店とともに、大小合わせると約300室あるスィート（個室）へのケータリングサービス、そしてシャークス・アカデミーやシニアチームへの食事提供などを主な業務としている。主な収入源はスタジアム内での売上になるが、ホームでは年間平均17試合しか開催されない。またホーム試合の日だけ約160人の臨時スタッフを雇用することになるため非効率的でサービスの質も保てない。シャークス・キッチンとしてはスタジアム外にビジネスを拡張すべく働きかけてはいるが、外食産業の競争は厳しく、今のところ芳しい結果は出ていない。

最後はファンと顧客についてである。ファンと顧客はサポーターというカテゴリーに統合され、営業的に分類するとスィートリース（個室の貸し出し）、テストマッチ、シーズンチケットの購入者である。**表13**のシャークスの収入内訳に戻ると、スポンサーシップが収入の38％と最も大きな割合を占めるが、このチケット収入の3つのカテゴリーを合わせると40％になる。特にスィートリースはシャークスにとりスポンサーシップに次いで大きな収入源となっている。このスィートリースは、日本のプロ野球のスタジアムにあるスィートルームに相当し、企業が顧客の接待用に購入する場合が多い。シャークスの場合は金融サービス企業が主な購入者となっている。そのためこの売上は、当然企業を取り巻くビジネス環境や企業方針の変更などに左右される。南アフリカは景気の低迷が続いており、追い打ちをかけるように新型コロナウイルス感染症が経済に打撃を与えた。スィートリースの売上は、2014年の3480万ランド（約2億6000万円）から、16年には3260万ランド（約2億4000万円）に6％ほど落ちている。

二つ目のテストマッチは、スィートリースとほぼ同じ売上を記録している。しかしこの売上には、2016年には待望のオールブラックスとのテストマッチがキングスパーク・スタジアムで行われたという幸運が影響している。最近はスーパーラグビーでもスタジアムは満員にはならない。そのためどのフランチャイズも観客が入るテストマッチを自分たちの本拠地へ誘致したい。また、テストマッチといっても対戦相手がどこでもよいというわけではなく、できれば最も人気の高いB&Iライオンズまたは永遠のライバルであるオールブラックスとの試合が開催できれば理想的である。相手国からすると失礼千万ではあるが、シャークスでは次ページの**表14**のように過去の実績からテストマッチの相手をバリュー指数により格付けしている。やはり12年に一度しか対戦できない希少性、そしてダーバン、クワズールナタール州の白人には比較的イギリス系が多いことから、B&Iライオンズ戦は高い価値を持つ。

次ページの**表15**は、過去20年、ダーバンで行われたテストマッチをリスト化したものである。2019年はワールドカップがあったため変則的なスケジュールになり、20年、21年は新型コロナ禍の影響でダーバンではテストマッチがなかった。このことがシャークスの収入減に直結しているのは明白である。**表15**からも分かるように、例えば、ドル箱のオールブラックスはこの20年

| バリュー指数 | 対戦相手 |
|---|---|
| 25 | B & I ライオンズ |
| 24 | オールブラックス |
| 21 | ワラビーズ、イングランド、フランス |
| 18 | ウェールズ、アルゼンチン |
| 13 | サモア、スコットランド、イタリア |

（出典：University of Cape Town）

表14　テストマッチ対戦相手のバリュー指数

| 年 | バリュー指数 | 対戦相手 |
|---|---|---|
| 2003 | 13 | スコットランド |
| 2004 | 21 | ワラビーズ |
| 2005 | 21 | フランス |
| 2006 | | 無 |
| 2007 | 24 | オールブラックス |
| 2008 | 21 | ワラビーズ |
| 2009 | 25 | B & I ライオンズ |
| 2010 | | 無 |
| 2011 | 21 | ワラビーズ |
| 2012 | 21 | イングランド |
| 2013 | 13 | イタリア |
| 2014 | 18 | ウェールズ |
| 2015 | 18 | アルゼンチン |
| 2016 | 24 | オールブラックス |
| 2017 | 21 | フランス |
| 2018 | 18 | アルゼンチン |
| 2019 | | 無 |
| 2020 | | 無 |
| 2021 | | 無 |
| 2022 | 18 | アルゼンチン |

（出典：SARU ウェブサイトより筆者が編集）

表15　ダーバンで行われた過去のテストマッチ

で2回、ワラビーズは3回しかダーバンに呼ぶことができていない。ラグビー・チャンピオンシップはホーム・アウェイ形式であるため、基本的には両チームとも毎年南アフリカに来ていた。しかし、両チームとのテストマッチの舞台としては、キャパシティの大きなスタジアムを持つヨハネスブルグ、SARUのお膝元であるケープタウン、白人の人口比率が高いプレトリアなどが選ばれることが多い。この3都市以外にもフランチャイズの本拠地があるブルームフォンテーン、ポートエリザベス、ムボンベラなどとは誘致合戦がある。シャークスはテストマッチのたびにSARUに営業活動をする必要がある。ダーバンは約350万人を擁し、人口に関してはヨハネスブルグ（約560万人）、ケープタウン（約470万人）に次いで3番目に大きな都市である。ただSARUからするとダーバンは市場としては大きいがインド系人口が多いためクリケットの人気が高いことや、クワズールナタール州全体で見ると白人人口が少ないことから、集客力に関しては不安を感じているようである。

そして三つ目はシーズンチケット。このシーズンチケット・ホルダー数こそ、シャークス・ファンの動向を分析するのに最適な指標となる。企業活動に使われることが多いスィートリースとは異なり、シャークスを応援したい真のファンが自腹で購入するからである。しかし、このシーズンチケットも売上は右肩下がりである。その販売数は、2009年の1万9280枚がピークであり、16年には9634枚と約50％減となっている。金額も13年に2080万ランド（約1億5000万円）あった売上が1600万ランド（約1億2000万円）へ約23％の減収となっている。前述のとおり、スタジアムへ足を運ぶファンが減っているという現状は南アフリカ全体の問題であり、すべてのフランチャイズでチケットの売上は落ちている。南アフリカではスーパーラグビーでもチケットの単価は低く抑えられており、チケット収入だけでは選手の人件費も賄えない。結果、フランチャイズはほかの収入源に依存する傾向があり、〝ラグビーはTVで観る〟という習慣が根付きつつある今、チケット販売に労力を使うべきかという意見もある。しかし、TVで試合を観た際にスタジアムの観客がまばらだったら余計に盛り上がらない。コンサートや演劇と同様にラグビーもTVで観るのとスタジアムで観るのとでは楽しみ方が異なる。時代によりファンの趣味嗜好も変化していくが、やはりスタジアムで選手たちのぶつかり合いを至近距離で観るからこそ生まれる感動や興奮がある。フランチャイズは、ラグビーという人の心を動かすコンテンツを提供するビジネスをしているのであれば、スタジアムを観客で埋めるという努力を怠るべきではない。

ただそういう意味でもクッツェーCEO率いる新生シャークスの先鋭的な取り組みには、SARUやそのほかのフランチャイズもまたその動向を注視している。前述のとおり、シャークスはコリシやアムなどの黒人のスター選手を集めることに成功し、クォータ制度とビジネスの両立を目指している。ダーバンのあるクワズールナタール州は人口が約1100万人で、南アフリカではハウテン州（約1500万人）の次に多い。そしてその約87％、約1000万人がズールー族を中心とした黒人である。シャークスはその巨大な黒人市場に、コリシ、アム、マピンピ、ンボナンビ、ンコシなど、黒人の英雄的存在であるスター選手たちが中心のチームを投入する。彼ら以外にもシャークスの2022年の登録選手では、51名中24名が非白人である。シャークスがこの黒人スター選手たちにより、これまでラグビーに関心を示さなかった黒人市場をどこまで取り込めるかが注目される。

ほかにもシャークスは、デジタル化のサービス市場への進出にも準備を進めている。例えば、シャークスのプラットフォーム内でのアプリ内課金、広告宣伝、オンラインストア、そして有料コンテンツのサブスクリプションサービスなどだ。現在、シャークスのフェイスブックには約50万人、ツイッターには21万人、インスタグラムには17万人のフォロワーがいる。これらのファンに向け、SNS内での有料サービスイベントなども計画されている。さらにセレブリティ・プレイヤーたちも多くのフォロワーを持つ。例えば、コリシの個人インスタグラムは75万人のフォロワーを擁し、彼らのSNSとの連携も考えられている。

クッツェーは、本項の冒頭で紹介した「今ある常識を変えていかなければならない」という考えの信奉者でもある。これらを軽視するわけではないが、ただこれまでどおりチケットやTV放映権を売ることで利益を得るという旧態依然としたビジネスモデルを続けていれば、そこにフランチャイズの未来はないと考えている。その二つの収入源に続く三つ目の柱を築くため、彼は試行錯誤を重ねている。これらのシャークスの試みはほかのフランチャイズの経営方針策定の際にも参考になっており、SARUとしても今後のフランチャイズの在り方を見極める試金石だと捉えている。

最後はやはり、人種問題に触れておこう。クォータ制度という制限がありながら、南アフリカラグビーは進化を続けている。ラッシー・エラスムス、そしてその右腕的存在であるジャック・

ニーナバーがスプリングボックスの覇権を握っている限りは、人種の融合はバランスよく進んでいくものと予想される。彼らは歴代のコーチほど体格にこだわらないので、セカンドロー以外は非白人選手の起用が増える可能性が高いからだ。この傾向が続くのであれば、ラグビーに関しては10年以内にクォータ制を廃止しても選手の人種割合の問題はなくなるのではないかと思う。

ラグビーの世界では成功に近づきつつあるこの人種の融合は、南アフリカの一般社会ではまだその波及効果は見られない。やはり白人と黒人の経済格差が大きすぎる。アメリカやイギリスなどの多民族国家と比較しても人種の壁は高く、お互いがまだ理解し合えていない。できることなら白人と黒人は交わらずに生活したほうがうまくいくという意見を持つ人は双方に多い。

２０２１年の統一地方選挙では、盤石な与党ＡＮＣの得票率が46％と、１９９４年の民主化以降初めて過半数を割った。長期にわたる経済の低迷や高い犯罪率、行政サービスの悪化、貧困などの社会の混迷に不安を抱く有権者が出した答えだった。ＡＮＣに代わって黒人の支持を徐々に獲得しているのが、白人が所有する土地の強制収用など過激な白人排斥を掲げる極左野党である経済的解放の闘士（ＥＦＦ）である。ＥＦＦは、今回の地方選ではＡＮＣに不満を持つ層を取り込み、得票率10％を獲得した。これに対して得票率22％だった白人を支持基盤とする民主同盟（ＤＡ）は、ほかの少数野党とともにウェスタンケープ州の独立に関する議論を開始している。ラグビーでは実現に近づきつつあるネルソン・マンデラが描いた虹の国は、一般社会においては遠のいていているような印象さえある。アパルトヘイトの残滓《ざんし》がいまだに社会に残っている以上、このセグリゲーション（Segregation＝分離）を完全に解決することは難しい。このように、南アフリカで再び人種間の対立が表面化してきた今だからこそ、ラグビーに果たせる役割があるのかもしれない。

やはり、南アフリカでは人種問題がなくなることはないのであろうか。ただ、いずれにせよ全人口の9割を占める非白人、特に8割を超す黒人の選手やファンが、南アフリカのラグビーの未来を決めるといっても過言ではない。現在のところ、クォータ制度はすべての分野において当面は継続され、究極的には白人と非白人の割合を人口比程度にしたいというのが南アフリカ政府の方針である。特にラグビーの場合、非白人選手がメンバーの半分を占めても世界一になれるということが2019年ワールドカップで証明されたわけで、今後、各フランチャイズに占める非白人比率がさらに高くなっていくのは間違いない。黒人選手が増えることで、黒人のファン層も厚くなる。

そして、繰り返しになるが、そのラグビー人気の勢いを国内だけに留めず、最終的にはアフリカ大陸全土へ拡大するのが、南アフリカラグビーに課せられた使命である。まずは、ナミビア、ジンバブエ、モザンビークなどの近隣諸国との連携を強化することから始まる。特にナミビアとジンバブエは歴史的にも南アフリカとは関係が深く、アフリカでは珍しくラグビーが人気スポーツの一つとしての位置を確保している。さらには、近年7人制ラグビーで実績を残し、国内での競技普及が進んでいるケニア、1995年ワールドカップに出場し、現在もフランスのTOP14などで活躍する選手が代表チームの半数以上を占めるコートジボワールと連携を深め、東西アフリカにラグビー普及の拠点が置ければ理想的である。敏捷性が高く長身者の多い東アフリカ、そして筋肉質で均整の取れた体格が多い西アフリカの人々が本格的にラグビーに取り組みだしたら、世界のラグビー界にインパクトを与えるであろう。アフリカの黒人であれば身体能力が高いという見方は偏見とも捉えられるであろうが、確かにアフリカには磨けば光る才能を持った人材が豊富に存在する。しかし、その逸材のほとんどが日の目を見ることなく野に埋没している。

昨今、アフリカ諸国といえば、公共サービスがデジタル化される電子政府や電子マネーの普及などの先進的な取り組みだけが切り取られ、〝21世紀はアフリカの時代になる〟という内容の記事を経済紙などでよく見かける。確かに、そのように目覚ましく進歩した分野はあるが、国全体の開発計画からするとごく一部のことである。実際には、アフリカ諸国はどの国もまだ貧困層が人口の多くを占め、普通にスポーツができる人たちの割合は極めて小さい。そういう意味ではテンダイ・〝ビースト〟・ムタワリラのような前例もあることだし、将来的には南アフリカ国内の生徒を対象にしている奨学金制度をアフリカ諸国に拡大していくことも一案かと思われる。

ただし、重要な必須条件が一つある。起点となるスプリングボックスや各フランチャイズにおいて、黒人選手がチームメンバーの半分以上を占めることである。やはりアフリカでは、白人選手が多いと黒人の人々の共感を得ることは難しい。しかし、2019年のワールドカップでラッシー・エラスムスが確立した黒人選手のアジリティと白人選手のフィジカリティの融合が、南アフリカの強みとなった今、南アフリカラグビーの方向性はすでに決まっている。

人の心から、偏見や差別意識を完全に取り除くことは難しい。スプリングボックスに黒人やカラード選手が増えることに苛立ちを覚える白人ファンもいれば、ラグビーと聞いただけで拒否反応を起こす非白人はいまだに一定数存在する。残念ながらこの状況は今しばらく続く。南アフリカにいて思うのは、あと20年経てば、この国は真のレインボー・ネーション（虹の国）として、よりよい国になるのではないかということだ。

南アフリカで現在、40代以上の人たちは、黒人でも白人でもアパルトヘイト期の記憶が鮮明に残っている。ある意味、双方とも歴史の犠牲者といえる。それだけにこの年代は人種間で今なお心の壁が存在しており関係性が希薄である。このことはラグビーやスポーツだけに当てはまることではなく、南アフリカのすべての組織やグループに通じることである。そして現在、この年代が各組織の長やディシジョン・メーカーという要職に就いている。しかし、その下の30代以下の若年層は、アパルトヘイトの廃止後、白人と黒人が学校で机を並べて勉強し、一緒にスポーツを楽しみながら大人になった世代である。20年後、今の40代が定年となり、入れ替わりに今の30代以下の世代が社会を牽引する時代が来る。そこでようやくアパルトヘイトという呪縛から解き放たれ、真の新生南アフリカが誕生するものと期待している。

そして、その頃にはラグビーでも各人種の強みを活かした融合が進み、南アフリカはさらに強靭なラグビー強豪国に進化していくだろう。南アフリカラグビーは、人種問題だけではなく、犯罪、貧困、格差社会など、ほかのラグビー強豪国にはない苦難に現在も直面しており、これからも対峙していかなければならない。しかし、南アフリカラグビーにはこれまで幾多の試練を乗り越えたからこその強さがある。そしてその象徴であるスプリングボックスは、ときには〝宗教〟と崇められ、またある時は〝悪の権化〟と蔑まれ、数奇で複雑な歴史に翻弄されたことにより、レジリエンス（しなやかさ）とインテリジェンス（知性）を兼ね備えた屈強なチームとなった。今後もこの興味深く、魅力に富んだ南アフリカラグビー、そしてスプリングボックスに刮目《かつもく》していきたい。

# エピローグ

筆者が南アフリカに最初に行ったのは1991年、今から31年前のことだ。当時、情報源となるインターネットはなく、現在でも一般の日本人からすると遠い存在であるアフリカが、さらに遠い時代だった。そうしたアフリカの中でも、実態はよく分からないが人種差別が蔓延し〝悪い国〟というイメージがあった南アフリカへ行くということで、周りから奇異な目で見られたことを覚えている。南アフリカへ行った目的は二つあった。一つはネルソン・マンデラが解放され、アパルトヘイトが終焉を迎える過渡期の南アフリカを見ておきたかったこと。そしてもう一つは、ラグビーだった。自分としては、ベールに包まれた南アフリカラグビーの実態を少しでも解明したかったからだ。

そもそも南アフリカラグビーとの遭遇は偶然だった。高校時代、1987年の第1回ワールドカップでオールブラックスが優勝した時のことだと記憶する。オールブラックスの優勝を報じたある新聞記事で、今回は出場していない南アフリカ代表のスプリングボックスはオールブラックスに勝ち越しているというトリビアな情報を目にした。それまで、自分の狭い知識の中ではオールブラックスが世界最強のチームだった。海外のラグビーに関する知識や関心はほとんどなかったが、指導者から事あるごとにオールブラックスのすごさを聞かされており、そう思い込んでいた。そのため、これだけ強いオールブラックスよりさらに強いチームが世界に存在していることを知った時は衝撃を覚えた。

その日以来、スプリングボックスは、自分の中で少しぼんやりとはしているが、いずれは解き明かしたいミステリアスな存在となる。しかし、当時スプリングボックスはアパルトヘイト政策に対する制裁で国際社会から孤立しており、そうでなくとも当時の高校生が海外ラグビーの情報を入手することは難しかった。そのため、スプリングボックスに関する情報をアップデートできたのは随分後になる。

1991年、オーストラリアのシドニーに滞在中、ラグビークラブのチームメイトからスプリングボックスのビデオが手に入ったので一緒に観ないかと誘いを受けた。ビデオは本書でも取り上げた1986年、秘密裏に計画されたキャバリアーズ（＝オールブラックス）の南アフリカ遠征の試合だった。キャバリアーズのフォワードがスプリングボックスに20、30メートルぐらい押し込まれるシーンもあり、オールブラックスが〝普通〟のチームに見えたことが驚きだった。ますますこのスプリングボックスというチームに対して興味が湧いてきたところに、同年の年末に南アフリカへ行く機会を得たのである。

その訪問は短期の強行スケジュールだったためラグビーに割ける時間は少なく、特に南アフリカラグビーの何かが分かったわけではなかった。しかし、ラグビーの話題を持ち出すと会話が弾んでなかなか終わりにならないラグビー・マッドな白人に対して、非白人の人々はラグビーに嫌悪感を示すという違いは明確に感じることができた。そして、快適な気候、荒涼とした土漠地帯から美しい海岸線へと続く変化に富んだ自然、広大なサファリ、都市部に点在する歴史的建造物、幻想的な街並みが点在するガーデンルートなど、筆者は南アフリカに魅了された。それ以降は、仕事とプライベートの両方で定期的に訪れるようになって友人も増え、特にラグビー関係者とのネットワークが拡がった。今回、本書を書き始めたことを伝えた際には、皆、日本人が南アフリカのラグビーを書くことに興味を抱き喜んでくれた。すでに廃版になった貴重な書籍を譲ってくれたり、インタビューに応じて情報を提供してくれた友人たちには感謝しかない。この場を借りてお礼を申し上げたい。Ndiyabulela、Ngiyabonga、Ke a Lebona、Dankie、そしてThank you。

さて、2019年ワールドカップにおける南アフリカの優勝は、これまでの2回の優勝とは異なり、特別な意味があった。過去2回の優勝は白人主体のチームによるものであり、すべての南アフリカ国民の目を一つに向けるツールにはまだなっていなかった。しかし、19年はスターティングメンバーとして主将のシヤ・コリシ以下7名の非白人選手が、決勝戦の舞台である横浜国際総合競技場の芝を踏んだ。南アフリカの国民が人種の垣根を越えてワンチームとなり、これほどまでに熱狂し、歓喜したワールドカップはこれまでなかった。またその記念すべき優勝の舞台が日本だったことに個人的には感銘を覚えた。

南アフリカの人々も、前回のワールドカップでの屈辱的な敗戦や次回ワールドカップのホスト国選考会での確執など、日本に対して複雑な感情を持つ人もいたと思うが、幾分その印象がよくなったのではないかと思う。日本が優勝を手助けしたわけではないが、参加国の中で最も滞在期間が長かったスプリングボックスを日本人がどのように礼を尽くして歓迎したかを同国メディアは逐一本国に伝えていた。そして、敗れはしたものの決勝トーナメントの準々決勝という真剣勝負の場で、前半まではスプリングボックスと接戦を繰り広げた日本代表の評価は、さらに高まった。最近、南アフリカ人とラグビーの話をすると、同じ目線で対等な立場で会話をしていることに気付く。31年前に筆者がラグビーの話をすると「日本でもラグビーをするのか」と驚かれたことからすると隔世の感を覚える。

さて、今年2023年はワールドカップの年である。本書でも記したが、これまでスプリングボックスはワールドカップで優勝すると、翌年以降から調子を落とすというジンクスがある。しかし、前回の優勝後は調子云々ではなく新型コロナによりラグビー自体が休止するという異常事態に見舞われた。ラグビー強豪国の中では新型コロナによる被害が最も深刻だった南アフリカは、なかなか活動を再開できず、スプリングボックスは完全にスタートダッシュが出遅れた感があった。しかし、2年前には準備不足であったにも関わらずB&Iライオンズを撃破し、オールブラックスともこの2年間は1勝1敗のイーブンで終わっている。調子は悪くないように思える。

またスプリングボックス新ヘッドコーチのジャック・ニーナバーは、2019年の優勝メンバーにこだわることなく新しい人材を積極的に使っていることも頼もしい。代表合宿にも多数のノンキャップ選手が入っており、チームに新風を吹き込んでほしい。また4大フランチャイズが同じく2年前にスーパーラグビーを離脱し、ヨーロッパリーグへ移ったことが吉と出るかどうかも、ワールドカップの結果で判断できる。

いずれにせよ、フランスワールドカップでのディフェンディング・チャンピオンの動向に注目したい。10月28日、スタッド・ド・フランスでスプリングボックスとブレイブ・ブロッサムズの再戦が観られることを祈願しつつ、筆を置くことにする。

本書では史実や事実を忠実に伝えることを目的としているが、章によっては随所に個人的な意見や見解を挿入している。これらはすべて筆者個人のものであることを付記させていただく。

最後に本書出版のためにご尽力いただいたベースボール・マガジン社の冨久田秀夫さん、田村一博さん、編集を担当いただいた石田佳子さん、そして貴重な機会をつくっていただいた早稲田大学ＧＷラグビークラブＯＢの皆さんに感謝申し上げます。本当にありがとうございました。

２０２３年9月吉日　　　　杉谷健一郎

enaar, F. and Griffiths, E.: Rainbow Warrior - The hard-hitting Autography, (Harper Collins Willow, 2000)
Rich, G.: Our Blood is Gold - The Springboks in their own words, (Zebra Press, 2019)
Schoeman, C and McLennan, D: Lions in Africa – 130 Years of Rugby Rivalry 1891-2009, (Flyleaf Publishing and Distribution, 2021)
Schoeman, C.: Rugby Behind Barbed Wire: The 1969/70 Springboks Tour of Britain and Ireland, (Amberley Pub Plc, 2020)
Schoeman, C.: South Africa's Rugby Legends: The Amateur Years, (Zebra Press, 2020)
Sommerville, D.: The Encyclopedia of Rugby Union, (Aurum Press, 1977)
Thomas, C&G: The History of British and Irish Lions, (Mainstream Publishing, 2001)
Tobias, E.: Pure Gold, (Tafelberg, 2015)
Van den Berg, W.: The Extraordinary Book of South African Rugby, (Penguin Books. 2012)
White, J. and Ray, C.: In Black and White – the Jake White Story,(Zebra Press, 2009)
White, J., Smit, J., Pistorius, O., Kallis, J. and others: Rugby in Our Blood, (Tafelberg, 2011)
アパルトヘイトとスポーツ 南アフリカとスポーツ交流に関する各国政府の行動
(国際連合広報センター編)
アパルトヘイトと日本（楠原彰著　亜紀書房）
アパルトヘイト白書英 連邦調査団報告（英連邦賢人調査団著　笹生博夫ほか訳　現代企画室）
ある国にて 南アフリカ物語（ローレンス・ヴァン・デル・ポスト著　戸田章子訳　みすず書房）
異郷のイギリス（堀内隆行著　丸善出版）
５００年前からのラグビーから学ぶ（杉谷健一郎著　文芸社）
生体認証国家 グローバルな監視政治と南アフリカの近現代（キース・ブレッケンリッジ著　堀内隆行訳）
ボーア戦争（岡倉登志著　山川出版社）
マンデラの南アフリカ アパルトヘイトに挑んだ外交官の手記（天木直人著　展望社）
南ア共和国の内幕増補版（伊藤正孝著　中央公論新社）
南アフリカ アパルトヘイト体制の行方（林晃史編　アジア経済研究所）
南アフリカ金鉱業の新展開 １９３０年代新鉱床探査から１９７０年まで（佐伯尤著　新評論）
南アフリカの子どもたち スポーツにかける黒人とカラードの物語
(シェリル・ロバーツ著「南アフリカの子どもたち」翻訳チーム訳　柘植書房）
南アフリカの歴史（レナード・トンプソン著 宮本正興訳 吉國恒雄訳 峯陽一訳 鶴見直城訳　明石書店）
二〇一〇年の南アフリカ（伊高浩昭著　長崎出版）

# 参考文献 - Bibliography

## ■ 書籍

Black, D. and Nauright, J.: Rugby and the South African Nation: :Sport, Cultures, Politics and Power in the Old and New South Africas (Manchester University Press, 1998)

Brink, A.: A Dry White Season (Harper Perennial, 2006)

Buckley, M.: "A Colour Line Affair" Race, Imperialism and Rugby Football contacts between New Zealand and south Africa to 1950 (University of Canterbury, 1996)Burnard, L.: Miracle men – How Rassie's Springboks won the world cup? (Jonathan Ball Publishers; Illustrated edition, 2020)

Carlin J.: Playing with Enemy: Nelson Mandela and the Game That Made a Nation, (Atlantic Books, 2009)

Carter, D.: Dan Carter: The Autobiography of an All Blacks Legend, (Headline; Reprint, 2015)

Collins, T.: The Oval World: A Global History of Rugby, (Bloomsbury Pub Plc USA, 2015)

Coetzee, E.: Transformation in South African Rugby: ensuring financial sustainability, (Graduate School of Business, University of Cape Town, 2016-From his dissertation for MPhil Inclusive Innovation)

Daniel, J.: Siya Kolisi: Against All Odds, (Jonathan Ball, 2019)Department of Statistics South Africa: Statistical Release P0302 - Mid-year population estimates 2020, (Department of Statistics, 2020)

De Villiers, P.: Politically Incorrect: The Autobiography, (Zebra Press, 2012)Dobson, P.: Rugby's Greatest Rivalry: South Africa Versus New Zealand 1921-1995, (Human & Rousseau (Pty) Ltd, 1996)

Greyvenstein, C.: Springbok Saga-From 1891 to the new beginning, (Don Nelson Publishers, 1992)

Hathaway, A.: The Greatest Springbok Teams: Past to Present, (Chugger Publishing, an imprint of Chase my Snail Ltd, 2015)

Jones, E.: My Life and Rugby: The Autobiography, (Macmillan Pub Ltd, 2020)

Keohane, M.: Monty, (Highbury Safika Media, 2008)

Knight, M.: Between the Lines - The Spirit of South African Rugby, (Penguin Books, 2012)

Louw E. and Mershal G.:Packing for Perth: The Growth of a Southern African Diaspora, (Asian and Pacific Migration Journal, Vol. 10, 2001)

Mandela, N.: Long Walk to Freedom, (Little, Brown and Company, 2008)

Mandela, N. and Langa, M.: Dare Not Linger: The Presidential Years, (Macmillan, 2018)

McCaw, R.: The Real McCaw: The Autobiography, (Aurum, 2012)

Mclennan, D. and Schoeman, C.: Rugby at Newlands: A History in 50 Test Matches:1891-2015, (Jacana Media, 2017)

Meyer, H., Botha, M., Hansen, S.: 7 - My Notes on Leadership and Life, (Flyleaf, 2020)

Odendaal, A.: The Story of an African Game: Black Cricketers and the Unmasking of One of South Africa's Greatest Myths, 1850 – 2003, (David Philip Publishers, 2003)

Omond, R.: The Apartheid Handbook (Penguin Books Ltd., 1985)

Pi

## ■新聞・雑誌・オンラインニュース

朝日新聞
読売新聞
The Australian
Dairy Sun
The Daily Telegraph
The Guardian
The Independent
Independent News and Media
IOL/Pretoria News
The Irish Times
Mail and Guardian
MyPlayer's Magazine
News 24
New Zealand Herald
Otago Daily Times
Rapport
SA Rugby
The South African
Stuff
Sunday Times
The Sydney Morning Herald
The Times

## ■ウェブサイト

アルゼンチン・ラグビーユニオン：https://uar.com.ar/
インペリアル・カレッジ・ロンドン：https://www.imperial.ac.uk/
ヴァーシティカップ：https://www.varsitycup.co.za/
オールブラックス：https://www.allblacks.com/
カリーカップ：https://www.sarugby.co.za/tournaments/carling-currie-cup-premier-division/
国際オリンピック委員会：https://olympics.com/ioc
ＳＡＮＺＡＡＲ（スーパーラグビー）：https://super.rugby/superrugby/
ＳＡＮＺＡＡＲ（ラグビー・チャンピオンシップ）：
https://super.rugby/therugbychampionship/
ジャパンラグビー・リーグワン：https://league-one.jp/
スクール・オブ・ラグビー：http://www.schoolofrugby.co.za/
スーパースポーツ：https://supersport.com/
セル・Ｃ・シャークス：https://sharksrugby.co.za/
タフェル・ラガー・グリークアズ：https://www.griquasrugby.co.za/
ＴＯＰ１４：https://www.lnr.fr/rugby-top-14
ＤＨＬストマーズ：https://thestormers.com/home/
トップリーグ：https://www.top-league.jp/
トヨタ・チーターズ：http://www.fscheetahs.co.za/
日本ラグビー協会：https://www.rugby-japan.jp/
ニュージーランドラグビー：https://www.nzrugby.co.nz/
ニューネーション・プーマズ：https://pumas.co.za/
ヌベオ：https://www.numbeo.com/crime/
南アフリカ・スポーツリクレーション省：https://www.srsa.gov.za/
南アフリカ統計局：http://www.statssa.gov.za/
南アフリカラグビー：https://www.sarugby.co.za/
南アフリカラグビー・レジェンド協会：https://www.sarugbylegends.com/
Ｂ＆Ｉライオンズ：https://www.lionsrugby.com/
プレミアシップ・ラグビー:https://www.premiershiprugby.com/
ボーダコム・ブルー・ブルズ：https://bullsrugby.co.za/
モーニング・コンサルト：https://morningconsult.com/
ユナイテッド・ラグビー・チャンピオンシップ：https://www.unitedrugby.com/
ライオンズ：https://lionsrugby.co.za/
ローレウス・スポーツ・フォー・グッド財団：https://www.laureus.com/
ラグビーオーストラリア：https://australia.rugby/
ワールド・エコノミック・アウトルック：https://www.imf.org/en/Publications/WEO
ワールド・ファクトブック - ＣＩＡ：https://www.cia.gov/the-world-factbook/
ワールドラグビー：https://www.world.rugby/
ワールドラグビー・セブンズ・シリーズ：
https://www.world.rugby/sevens-series
ワラビーズ：https://wallabies.rugby/

**杉谷 健一郎**（すぎや・けんいちろう）

1967年、大阪府生まれ。コンサルタントとして世界50か国以上でプロジェクト・マネジメントに従事する。高校より本格的にラグビーを始め、大学、社会人リーグまで続けた。オーストラリアとイングランドのクラブチームでの競技経験もあり、海外ラグビーには深い知見がある。南アフリカには、アパルトヘイトが廃止される以前の1991年に渡航して以来、今日に至るまで仕事とプライベートの両方で定期的に訪問を続けている。英国インペリアルカレッジロンドン大学院経営学修士（MBA）修了。英国ロンドン大学院アジア・アフリカ研究所開発学修士課程修了。立命館大学経営学部卒業。著書に『500年前のラグビーから学ぶ』（文芸社）がある。

編集　石田 佳子／冨久田 秀夫
デザイン　黄川田 洋志／井上菜奈美／田中ひさえ
写真　ラグビーマガジン／Getty Images

ラグビーと南《みなみ》アフリカ
ワールドカップ王者《おうじゃ》のたどった光《ひかり》と影《かげ》

2023年9月30日　第１版第１刷発行

著　者　杉谷《すぎや》 健一郎《けんいちろう》
発 行 人　池田哲雄
発 行 所　株式会社ベースボール・マガジン社
〒103-8482 東京都中央区日本橋浜町 2-61-9
TIE 浜町ビル
電　話　03-5643-3930（販売部）
03-5643-3885（出版部）
振替口座　00180-6-46620
https://www.bbm-japan.com/

印刷・製本　大日本印刷株式会社

ISBN 978-4-583-11636-5 C2075